GUIDE PRATIQUE DE LA SCI

Éditions d'Organisation
Groupe Eyrolles
61, bd Saint-Germain
75240 Paris cedex 05

www.editions-organisation.com
www.editions-eyrolles.com

ISBN : 978-2-212-54510-4

Pascal Dénos

Diplômé d'expertise-comptable
DESS en Banques et Finances

GUIDE PRATIQUE DE LA SCI

Cinquième édition

EYROLLES
Éditions d'Organisation

Du même auteur
Dans la même collection

Guide pratique de l'entreprise individuelle
Guide pratique de la SARL et de l'EURL
Guide pratique de la SAS et de la SASU
Gestion de patrimoine : optimisez votre investissement immobilier

SUPPLÉMENTS INTERNET

Pour obtenir les suppléments Internet de cet ouvrage (déclarations fiscales, plan de financement et actes types pour le suivi juridique), rendez-vous sur le site des Éditions d'Organisation :
http://www.editions-organisation.com, puis tapez le code de l'ouvrage (54510), dans le champ de recherche en haut à gauche.

Une fois sur la fiche de l'ouvrage, vous pouvez télécharger les suppléments dans la rubrique Téléchargements de la colonne de droite.

Sommaire des annexes disponibles en téléchargement

SOMMAIRE

Chapitre 3

La gestion de la SCI

1

CONSTITUER UNE SCI POUR MIEUX GÉRER SON PATRIMOINE IMMOBILIER

1. La SCI en bref

L'essentiel sur la société civile immobilière (SCI)

Une SCI est une société civile qui gère un patrimoine Immobilier. **La SCI constitue un merveilleux instrument de gestion patrimoniale et fiscale**. Les associés ont une responsabilité indéfinie. Le cadre légal est peu contraignant. Les associés disposent d'une grande liberté d'organisation de la SCI afin de définir le montage adapté à leurs projets tant pour gérer un patrimoine privé que professionnel.

Le capital peut être variable, faible ou élevé, et faire l'objet d'une libération immédiate ou différée. En général, le gérant exerce ses fonctions gratuitement dans une SCI familiale. Le formalisme juridique et comptable doit être respecté pour que la SCI n'ait pas un caractère fictif.

Le résultat de la SCI est imposé sur le revenu selon les règles des revenus fonciers directement au niveau des associés. La SCI peut cependant opter pour l'impôt sur les sociétés. La SCI peut être assujettie à la TVA. En principe, les parts sociales ne sont pas exonérées d'ISF.

Les parts sociales de la SCI peuvent être vendues ou transmises par voie de succession ou de donation.

Une **SCI** est une **société civile** qui gère un **patrimoine immobilier** :

- La SCI constitue un instrument de gestion patrimoniale qui permet d'isoler et de protéger certains éléments de son patrimoine. La SCI permet d'acquérir, de gérer et de transmettre un patrimoine immobilier privé ou professionnel. Les associés peuvent apporter l'immobilier à la SCI. La SCI peut aussi être constituée pour financer l'achat de l'immobilier par emprunt, par crédit-bail...
- L'activité de la SCI doit rester civile. À défaut, la responsabilité des associés est solidaires et la SCI est soumise à l'impôt sur les sociétés.

La SCI détient la personnalité morale. Elle est donc immatriculée au registre du commerce et des sociétés. Les associés ont une **responsabilité indéfinie** en fonction de leur participation dans le capital de la SCI. Leur responsabilité n'est pas solidaire. Le cadre légal est peu contraignant. Les associés ont une grande liberté d'organisation de la SCI afin d'adapter la structure juridique à leurs objectifs. Cette **grande souplesse d'organisation** autorise de nombreux montages tant pour gérer un patrimoine privé que professionnel. C'est la raison pour laquelle la SCI constitue un merveilleux instrument de gestion patrimoniale et fiscale.

Le **capital** peut être variable, faible ou élevé, et faire l'objet d'une libération immédiate ou différée. En général, le gérant exerce ses fonctions gratuitement dans une SCI familiale. Le formalisme juridique et comptable doit être respecté pour que la SCI n'ait pas un caractère fictif. Les associés décident en assemblée, par écrit ou dans un acte unique. La SCI peut louer l'immeuble ou le mettre à disposition de ses associés. La SCI peut être assujettie à la **TVA**. La taxe professionnelle n'est pas due.

Le résultat de **la SCI est imposé sur le revenu** selon les règles des revenus fonciers directement au niveau des associés (la SCI est semi-transparente fiscalement). Si elle distribue des dividendes à ses associés, ils ne seront pas imposés car ils correspondent à des bénéfices déjà imposés.

La SCI peut opter pour **l'impôt sur les sociétés**. Elle devient opaque fiscalement. C'est la SCI qui paie directement cet impôt. Si elle distribue des dividendes à ses associés, ils seront alors imposés au niveau des associés dans la catégorie des revenus de capitaux mobiliers le bénéfice de l'abattement de 40 %.

Les parts sociales de la SCI sont soumises à **l'impôt de solidarité sur la fortune** sauf si elles constituent l'outil de travail de l'associé.

La **vente des parts sociales** de la SCI est soumise à la procédure d'agrément des associés. La plus-value réalisée est imposée, en principe, selon le régime des plus-values immobilières. L'acquéreur doit payer des droits d'enregistrement au taux de 5 %. La SCI peut vendre l'immeuble social et être ensuite liquidée. Les parts sociales peuvent également être **transmises à titre gratuit** par succession ou par donation. La plus-value latente n'est pas imposée. Cependant, les droits de succession ou de donation sont en principe exigibles.

Zoom n° 1

Société civile immobilière, société civile de portefeuille ou société civile de patrimoine ?

Un contribuable a constitué une **société civile** pour acquérir un immeuble. Cette société peut être qualifiée de **société civile immobilière** (SCI). Cet immeuble dégage de la trésorerie. La société civile investit cette trésorerie dans un portefeuille de valeurs mobilières (SICAV, etc.). Au final, la société civile gère l'ensemble du patrimoine. Cette société peut être qualifiée de **société civile de patrimoine**. Elle peut opter pour l'impôt sur les sociétés (IS) pour globaliser les revenus afin de compenser les déficits d'une activité avec les revenus d'une autre activité... La nue-propriété des parts peut être transmise aux enfants. La société civile assure une meilleure protection du patrimoine... Si la gestion du portefeuille est isolée au sein d'une autre société civile, cette société peut être qualifiée de **société civile de portefeuille**. Au final, il s'agit toujours de société civile avec les mêmes règles, quelle que soit la dénomination !

2. La gestion d'un patrimoine privé

2.1. Pourquoi se constituer un patrimoine ?

La constitution d'un patrimoine est vitale dans un environnement familial et économique complexe. La durée de vie s'allonge, alors que la vie active se raccourcit : on commence à travailler plus tard et on prend sa retraite plus tôt ! Il en résulte un essoufflement des systèmes de retraite, doublé d'une précarisation des situations professionnelles. Le patrimoine permet d'assurer un complément de revenu pendant les périodes d'inactivité et à la retraite.

Les situations familiales deviennent complexes. Cette complexité est générée notamment par l'augmentation de l'espérance de vie, le divorce, le remariage, l'union libre ou le pacte civil de solidarité. Les familles sont recomposées : il faut verser une pension alimentaire à son ancienne famille tout en assurant l'éducation des enfants du remariage !!!

L'idéal est de **découpler ses revenus de son activité**. Plus vous travaillez, plus vous augmentez vos revenus professionnels. Dès que vous diminuez la cadence, vos revenus professionnels chutent. En privilégiant les revenus du patrimoine, vous pouvez réduire votre activité sans baisser votre train de vie !

2.2. Acquérir un patrimoine immobilier

Vous pouvez constituer une SCI pour réaliser un investissement locatif[1] (la SCI loue l'immeuble), ou pour acquérir une résidence de loisirs (la SCI laisse l'immeuble à la disposition de ses associés).

2.2.1. Développer une activité d'investisseur en immobilier locatif

La SCI permet de développer une activité d'investisseur en immobilier locatif afin de vous constituer un patrimoine immobilier.

Vous pouvez investir dans l'immobilier d'habitation ou l'immobilier professionnel :

- L'immobilier d'habitation est plus accessible pour un particulier car il permet une **meilleure division des risques** : avec un budget de 500 000 € vous pouvez acheter cinq studios que vous louez à

1. Pour une approche plus globale, voir *Gestion de patrimoine : optimisez votre investissement immobilier* de Pascal DÉNOS aux Éditions d'Organisation.

cinq locataires, au lieu d'acheter un seul entrepôt que vous louez à un seul locataire.

- En revanche, le **taux de rendement** de l'immobilier d'habitation (en moyenne, les loyers représentent 5 % du prix d'acquisition) est moins élevé que le taux de rendement de l'immobilier professionnel (en moyenne, les loyers constituent 10 % du prix d'acquisition). L'objectif de tout investisseur étant de distordre le couple risque/profit.

L'immobilier locatif peut être géré de différentes manières :

- La **location nue** est une **activité civile** qui est imposée dans la catégorie des **revenus fonciers**. Le déficit foncier est imputable sur les autres revenus du contribuable dans la limite de 10 300 € ; le solde étant reportable sur les autres revenus fonciers pendant 10 ans. Les dispositifs de **défiscalisation Scellier** et **Demessine** en zone de revitalisation rurale (ZRR) permettent d'optimiser fiscalement l'investissement. L'immobilier est alors inscrit directement dans le patrimoine privé du contribuable ou isolé au sein d'une **société civile immobilière (SCI)**.
- La **location meublée** (habitation) **ou équipée** (professionnelle) est une **activité civile** qui est imposée dans la catégorie des **bénéfices industriels et commerciaux (BIC)**. Tant que cette location reste une simple activité de gestion patrimoniale, le **BIC** est **non professionnel**. Le résultat fiscal est déterminé comme celui d'un commerçant. Le déficit n'est pas imputable sur les autres revenus du contribuable. Il peut seulement être reporté sur les BIC de même nature des six années suivantes (le déficit est « tunnélisé »). L'immobilier est alors inscrit directement dans le patrimoine privé du contribuable[1] ou isolé au sein d'une société soumise à l'IR[2] (société « transparente » fiscalement : SNC, SARL de famille qui opte pour l'IR ou EURL).
- La **location meublée** (habitation) peut être exercée dans le cadre d'un statut de **loueur en meublé professionnel (LMP)**. Vous

1. Voir le *Guide pratique de l'entreprise individuelle* de Pascal DÉNOS aux Éditions d'Organisation.
2. Voir le *Guide pratique de la SARL et de l'EURL* de Pascal DÉNOS aux Éditions d'Organisation.

devez vous inscrire au registre du commerce et des sociétés (RCS) et réaliser plus de 23 000 € de loyers. Ces recettes doivent dépasser l'ensemble de vos autres revenus professionnels. Cette activité peut être exercée dans le cadre d'une entreprise individuelle[1], d'une SARL de famille ou d'une EURL soumise à l'IR[2]. Le déficit de l'activité de LMP peut être imputé sur les autres revenus du contribuable, car il s'agit d'une véritable activité professionnelle. À défaut, vous avez le statut de **loueur en meublé non professionnel (LMNP)**. Si l'investissement est réalisé dans des résidences avec services (résidence pour étudiants, résidence de tourisme classé, EPHAD), vous avez droit à une **réduction d'impôt de 25 %** du prix de revient du logement étalé sur neuf ans (même dispositif que pour le Scellier, voir page 336).

- La **location en meublé** assortie de **prestations parahôtelières** est une **activité commerciale** qui est imposée dans la catégorie des **bénéfices industriels et commerciaux (BIC)**. Si le contribuable s'implique de manière « personnelle continue et directe » (CGI, art. 156-1-1°), le **BIC** est **professionnel**. Le déficit est alors imputable sur les autres revenus du contribuable et permet ainsi de faire une économie d'impôt sur le revenu. Les loyers peuvent être soumis à la TVA sur option. En contrepartie, la TVA sur l'achat de l'immobilier (dans le neuf) ou sur les travaux de rénovation de l'immeuble ancien est récupérée. Cette activité peut être exercée dans le cadre d'une entreprise individuelle[1] ou d'une société commerciale soumise à l'IR (SNC, SARL de famille à l'IR ou EURL[2]).

Zoom n° 2

BIC professionnel – BIC non professionnel

Un hôtelier est imposé dans la catégorie des BIC (Bénéfices industriels et commerciaux). C'est un commerçant qui exerce une véritable activité professionnelle. Son **BIC** est **professionnel**.

.../...

1. Voir le *Guide pratique de l'entreprise individuelle* de Pascal DÉNOS aux Éditions d'Organisation.
2. Voir le *Guide pratique de la SARL et de l'EURL* de Pascal DÉNOS aux Éditions d'Organisation.

(Suite zoom n° 2)

— .../...

Si son activité est exercée dans le cadre d'une entreprise individuelle ou d'une société soumise à l'IR, le déficit dégagé par son activité est alors imputable sur les autres revenus de son foyer fiscal, et lui permet ainsi de réduire son impôt sur le revenu. Un investisseur dans une résidence hôtelière dont le lot de copropriété est exploité dans le cadre d'un mandat de gestion se contente de gérer son patrimoine privé. Il ne participe pas de manière « personnelle, continue et directe » (CGI, art. 156-1-1°) à la gestion de l'hôtel. Son **BIC** est **non professionnel**. Le déficit généré par son investissement (+ loyers – intérêts d'emprunt – amortissements accélérés calculés en dégressif – autres charges d'exploitation = déficit) n'est pas imputable sur les autres revenus du contribuable et ne lui permet donc pas de réduire son imposition... Le **déficit** est **« tunnélisé »**. Ce déficit n'est pas perdu : il est seulement reportable sur les BIC non professionnels des six années suivantes.

La SCI permet également de réunir des capitaux pour acquérir un ensemble immobilier et de se regrouper pour acquérir un patrimoine immobilier locatif. La SCI permet ainsi aux investisseurs d'augmenter leur capacité financière. Si vous n'avez pas les moyens financiers d'investir seul dans l'immobilier (exemple : vous êtes endetté parce que vous avez acquis votre résidence principale en empruntant), vous pouvez vous associer à plusieurs afin de réunir les capitaux nécessaires à l'investissement envisagé, et obtenir plus facilement des crédits bancaires.

Même si vous avez les moyens d'investir seul, vous pouvez vous associer au sein d'une SCI afin d'acheter un appartement locatif, et utiliser le reste de votre argent pour un autre placement. Vous diversifiez ainsi vos investissements.

Cas n° 1

Constitution d'une SCI pour acquérir un immeuble locatif

Un expert-comptable en fin de carrière, un artisan qui vient de s'installer et un agent immobilier souhaitent acquérir un vieil immeuble afin de le donner en location après l'avoir restauré.

Afin de réaliser cet investissement, ils constituent une SCI.

Les avantages sont les suivants :

- l'artisan augmente sa capacité financière *via* la SCI grâce à la présence d'autres associés ayant déjà un patrimoine ;
- la SCI permet de diversifier les investissements. Les associés peuvent placer le reste de leur argent dans un autre type de placement (valeurs mobilières...) ;
- la réunion de différentes personnes au sein d'une SCI permet de bénéficier des qualités de chacun des associés : l'agent immobilier peut négocier le prix d'acquisition de l'immeuble et le montant des loyers ; l'expert-comptable s'occupe de la comptabilité et de la fiscalité ; l'artisan peut remettre en état les appartements.

Pour la réalisation d'un investissement locatif, le mode de financement de la SCI dépendra de vos objectifs	
Vos objectifs	**Mode de financement**
Obtenir des revenus	**Financement principalement par les associés** La SCI n'a pas de dettes. Elle dégage donc un bénéfice (loyers encaissés moins charges courantes) qui est réparti entre les associés au prorata de leur participation dans le capital.
Augmenter votre patrimoine immobilier sans payer trop d'impôts	**Financement par emprunt** La SCI ne dégage pas de trésorerie (les loyers sont inférieurs aux remboursements d'emprunt). Les associés n'encaissent pas de revenus, mais se constituent un patrimoine en payant très peu d'impôts (les loyers sont absorbés pour partie par les intérêts de l'emprunt).

2.2.2. *Investir dans une résidence de loisirs*

Pour la gestion de grands ensembles immobiliers de loisirs, le législateur a créé la société de multipropriété. Cependant, pour l'acquisition d'une résidence de loisirs (appartement à la montagne ou au bord de la mer), la SCI classique est tout à fait adaptée.

Acquérir une résidence de loisirs à plusieurs, au sein d'une SCI, permet de réunir les capitaux nécessaires à l'acquisition, et de réduire les charges. En effet, une résidence de loisirs coûte cher, bien qu'elle soit inoccupée une grande partie de l'année. À défaut d'acquisition commune, il est préférable de louer la résidence de loisirs.

Zoom n° 3

Une résidence de loisirs coûte cher

Bien qu'elle soit inoccupée une grande partie de l'année, une résidence de loisirs coûte cher : la taxe foncière ; la taxe d'habitation qui est due même si la résidence n'est pas occupée ; les charges de copropriétés qui sont réparties en fonction des millièmes de chaque copropriétaire, et non en fonction de l'utilisation effective des locaux ; les travaux d'entretien et de réparation…

Pour envisager l'acquisition d'une résidence de loisirs à plusieurs au sein d'une SCI, il faut prévoir des statuts adaptés, et un règlement intérieur concernant l'utilisation des locaux.

Cas n° 2

Acquérir un chalet, déduire les charges et récupérer la TVA

M. et Mme Vautrin désirent acquérir un chalet pour se constituer un patrimoine immobilier et l'utiliser pendant leurs vacances. Ils souhaitent acquérir un chalet neuf, en assurer la transmission, le financer par emprunt, le donner en location en dehors de leurs périodes d'occupation personnelle, ne pas payer trop d'impôt sur le revenu, et adopter un mode de gestion simple. M. et Mme Vautrin constituent une SCI.

- ***Objectif n° 1 : assurer la transmission***. Ils donnent la nue-propriété des parts à leurs enfants mineurs et conservent l'usufruit afin d'assurer la transmission optimale des parts de leur SCI.
- ***Objectif n° 2 : récupérer la TVA sur le coût d'acquisition***. La SCI emprunte et fait construire le chalet. Le coût de la construction est donc soumis à la TVA immobilière. Pour récupérer la TVA sur le coût d'acquisition, la SCI loue le chalet dans le cadre d'une location meublée accompagnée de prestations parahôtellières imposées à 5,5 %.
- ***Objectif n° 3 : ne pas payer trop d'impôt***. La SCI est obligatoirement soumise à l'IS. Elle bénéficie du taux réduit de 15 % et peut déduire les intérêts de l'emprunt ainsi que l'amortissement du chalet.
- ***Objectif n° 4 : mode de gestion simple***. La SCI peut donner un mandat de gestion et négocier une rémunération globale pour l'ensemble de la période de location.

Cas n° 3

Comment acquérir un château ou un hôtel particulier à bon compte ?

Une SCI acquiert un château ou un hôtel particulier délabré et classé monument historique. Elle le rénove entièrement et le loue pendant une durée de six ans. Les associés doivent conserver les parts sociales pendant six ans. La SCI ne doit pas opter pour l'IS. Le coût de la rénovation crée un déficit foncier. Le déficit foncier est entièrement déductible du revenu global des associés et permet de faire une économie d'impôt. Vous augmentez ainsi à bon compte votre patrimoine personnel.
Même si la SCI met gratuitement à disposition d'un associé l'immeuble classé, le déficit foncier pourra s'imputer sur le revenu global des associés, en totalité s'il est ouvert au public, à concurrence de 50 % dans le cas contraire.
La transmission à titre gratuit des parts de SCI représentatives d'immeubles classés échappe aux droits de succession ou de donation. Les parts de SCI représentatives d'immeubles classés sont cependant soumises à l'ISF.

2.3. Protéger son patrimoine des créanciers et de la famille

La constitution d'une SCI permet aux associés, grâce à l'écran de la personnalité morale de la SCI, de protéger leur patrimoine immobilier contre leurs créanciers, ou contre leurs familles. De plus, ce mode d'acquisition garantit un certain anonymat si on ne souhaite pas dévoiler l'étendue de son patrimoine.

2.3.1. Constituer une SCI pour se protéger des créanciers

Pour se protéger de ses créanciers, un particulier doit séparer son patrimoine privé de son activité professionnelle en apportant l'immobilier à la SCI. En contrepartie de l'apport immobilier à la SCI, l'associé reçoit des parts sociales. Comme la SCI a, dès son immatriculation, une personnalité juridique distincte de celle des associés, elle a aussi un patrimoine distinct (il y a une séparation entre le patrimoine de la SCI et celui des associés).

L'immeuble n'appartient plus aux associés mais à la SCI. Il en résulte que **seules les parts sociales peuvent être saisies par les créanciers**.

Cette **situation est défavorable aux créanciers** car :

- La mise en vente des parts sociales de l'associé défaillant est beaucoup plus difficile et aléatoire que la mise en vente directe de l'immeuble : la SCI est très fermée (agrément préalable des autres associés), et l'acquéreur n'a pas la libre disposition de l'immeuble (il en résulte que la valeur des droits sociaux est inférieure de 10 à 20 % à la quote-part correspondante de l'immeuble).
- Il est plus difficile de connaître l'étendue du patrimoine de l'associé défaillant lorsqu'il a constitué une SCI, même si cette constitution entraîne l'accomplissement de certaines formalités de publicité. En effet, le créancier qui désire connaître le patrimoine immobilier de son débiteur dans un secteur géographique déterminé, peut demander au bureau des hypothèques une « fiche propriétaire » au nom de son débiteur, qui indique toutes les transactions immobilières effectuées. Si c'est une SCI qui acquiert l'immeuble, cette transaction n'apparaît pas sur la fiche propriétaire du débiteur.

La constitution d'une SCI pour protéger son patrimoine privé avant d'être endetté est un acte de bonne gestion. En revanche, la constitution d'une SCI pour diminuer la garantie de ses créanciers peut être remise en cause par les créanciers.

Les créanciers peuvent-ils remettre en cause l'apport de l'immeuble par leur débiteur à une SCI ?	
Mode d'acquisition de l'immeuble par la SCI	**Remise en cause par les créanciers**
1. L'immeuble n'a jamais appartenu au débiteur : la SCI est constituée pour acquérir l'immeuble.	La détention de l'immeuble par la SCI ne peut pas être remise en cause car le gage des créanciers n'a jamais été diminué.
2. L'immeuble appartient au débiteur et l'apport de l'immeuble à la SCI est intervenu : • **avant** la naissance des créances ; • **après** la naissance des créances.	 • L'apport de l'immeuble à la SCI ne sera pas remis en cause. • L'apport de l'immeuble à la SCI sera remis en cause car le débiteur a essayé de nuire à ses créanciers.

Les créanciers peuvent recourir à quatre méthodes pour remettre en cause l'apport à une SCI	
Société fictive	Le créancier essaie de démontrer devant les tribunaux que la SCI est un montage fictif qui doit être annulé. L'annulation de la SCI lui permet alors d'agir directement sur l'immeuble de son débiteur.
Action oblique	Le créancier peut demander la réintégration de l'apport dans le patrimoine du débiteur par la voie de l'action oblique (Code civ., art. 1166).
Action paulienne	Si le créancier prouve que la SCI n'a été constituée que pour frauder ses droits, il peut, grâce à l'action paulienne (C. civ., art. 1167), faire annuler l'apport de l'immeuble.
Procédure collective	En cas de procédure collective, l'apport peut être annulé s'il a été effectué pendant la période suspecte (période qui suit l'état de cessation de paiement). De plus, le tribunal peut étendre la procédure collective à la SCI en retenant une confusion du patrimoine ou une communauté d'intérêts.

Cas n° 4

Remise en cause de la SCI par les créanciers

Le P-DG d'une société anonyme se porte caution personnellement de sa société, et apporte ensuite son immeuble à une SCI. Les créanciers pouvaient faire saisir et vendre l'immeuble. Avec l'apport à la SCI, ils peuvent uniquement vendre des parts sociales. L'apport à la SCI nuit aux créanciers car il appauvrit le patrimoine de la caution. Cet apport a été annulé par les tribunaux.

2.3.2. Constituer une SCI pour se protéger de la famille

La famille bénéficie, en France, d'une protection juridique à travers les régimes matrimoniaux et le droit des successions.

2.3.2.1. Constituer une SCI entre concubins ou en couple pacsé

Lorsqu'un couple acquiert un bien immobilier (notamment sa résidence principale), il souhaite que le conjoint survivant puisse en bénéficier jusqu'à son décès. Pour un couple marié, la fiscalité relativement faible sur les successions et la donation au dernier vivant permettent d'atteindre cet objectif.

En revanche, pour un couple de concubins ou pacsé, les problèmes sont très délicats. À la mort de l'un des partenaires, le patrimoine du défunt revient à sa famille (un testament risque d'être sans effet face à la réserve des descendants et des ascendants), et les droits de succession entre non-parents sont prohibitifs (le survivant devra reverser à l'État 50 % de l'actif net recueilli).

La SCI offre des solutions intéressantes[1]. En contrepartie, le plan d'épargne logement pour financer l'acquisition ne peut pas être utilisé. Les concubins ou les couples pacsés peuvent également souscrire une assurance-vie réciproque afin de couvrir les frais et droits de succession.

Cas n° 5

SCI avec ou sans les héritiers pour se protéger de la famille

L'apport en société par les concubins de leur résidence principale leur permettra d'organiser, par une rédaction adaptée des statuts, la jouissance de leur logement :

- **les héritiers deviennent associés de la SCI** et le concubin survivant occupe l'habitation ⇒ en contrepartie, il doit payer aux héritiers devenus associés la moitié de la valeur locative si le concubin décédé possédait la moitié des parts ;
- **OU les héritiers sont exclus de la SCI** : la société continuera uniquement avec le concubin survivant ⇒ le concubin doit rembourser aux héritiers la valeur des droits sociaux ayant appartenu au défunt.

---

1. Le PACS (Pacte civil de solidarité) n'apporte pas de solution car le régime applicable entre les signataires reste celui de l'indivision.

Cas n° 6

Achats croisés et SCI pour se protéger de la famille

La propriété d'un bien peut être démembrée en usufruit et en nue-propriété : quand l'usufruitier décède, le nu-propriétaire retrouve la pleine propriété du bien. Pour les parts de la SCI, chacun des concubins détient la moitié des parts sociales en nue-propriété, ainsi que l'usufruit des parts attribuées à l'autre concubin. Quand l'un des concubins décède, le concubin survivant retrouve la pleine propriété de la moitié des parts sociales, et conserve l'usufruit de l'autre moitié des parts sociales. **Le concubin survivant n'a ainsi rien à payer aux héritiers**.

Achats croisés et SCI[1]

SCI dont le capital est divisé en 100 parts	L'usufruit est détenu par	La nue-propriété est détenue par	Au décès du concubin A le concubin B
Parts sociales n°s 1 à 50	Le concubin A	Le concubin B	détient la pleine propriété des parts n°s 1 à 50
Parts sociales n°s 51 à 100	Le concubin B	Le concubin A	conserve l'usufruit des parts n°s 51 à 100.

Marche à suivre pour le maximum de sécurité juridique :

1. chaque concubin reçoit des parts de SCI en pleine propriété[2] ;
2. les concubins échangent la nue-propriété de leurs parts sociales[3] ;
3. le droit de vote est accordé à l'usufruitier, pour qu'au décès d'un concubin, le survivant puisse gérer la SCI sans l'accord des héritiers.

---

1. Ce montage réalisé directement avec l'immeuble, sans constitution d'une SCI, ne serait pas viable car il est impossible de démembrer des fractions indivises qui sont par nature indéterminées.
2. Le démembrement ne peut pas s'effectuer dès la constitution de la SCI car l'apport de chaque concubin se fait en pleine propriété : l'apport en pleine propriété de biens doit être rémunéré par l'attribution en pleine propriété de parts sociales en vertu de la subrogation.
3. Si les concubins désirent se faire légataires universels l'un de l'autre, le démembrement doit provenir d'une donation, plutôt que d'un échange pour éviter la présomption de l'article 751 du Code général des impôts.

Cas n° 7

Tontine et SCI pour se protéger de la famille

L'insertion d'une clause de tontine[1] dans les statuts permet de considérer que le concubin qui décède en premier n'a jamais été propriétaire des parts sociales de la SCI. Il en résulte, rétroactivement, que la SCI n'a été constituée qu'avec un seul associé (le concubin survivant), et qu'elle est donc nulle[2]. Cette nullité n'a cependant pas d'effet rétroactif[3] : **le concubin survivant devient propriétaire de l'immeuble à compter du décès de son concubin**[4]. Afin d'éviter la nullité de la SCI, les concubins peuvent aussi demander à un membre de leur famille de souscrire quelques parts sociales de la SCI.
Sur le plan fiscal, l'insertion d'une clause de tontine est très intéressante car seuls les droits de mutation à titre onéreux (5 %) sur les parts sociales sont exigés.[5]

2.3.2.2. Constitution d'une SCI pour transmettre ou donner librement son patrimoine

Afin de protéger la famille, et dans un souci d'égalité successorale, une personne ne peut pas donner ou transmettre librement ses biens : une fraction du patrimoine, appelée **réserve**, est exclusivement réservée aux membres de la famille. La fraction dont peut disposer librement la personne s'appelle la **quotité disponible** (patrimoine – quotité disponible = réserve).

La constitution d'une SCI permet d'éviter l'application de la réserve bien que ce soit une disposition d'ordre public à laquelle les parties ne peuvent pas, en principe, déroger. La personne peut ainsi disposer librement de ses biens.

---

1. Les parts sociales sont attribuées à chacun des concubins sous la condition suspensive de sa survie et sous la condition résolutoire de son prédécès.
2. La SCI est nulle car il lui manque un élément essentiel du contrat de société : la pluralité d'associés.
3. La nullité n'a pas d'effet rétroactif d'après l'article 1844-15 du Code civil.
4. Si les concubins ne désirent transmettre que la jouissance des parts sociales au survivant, ils pourront adopter un pacte tontinier ne portant que sur l'usufruit des parts.
5. L'administration fiscale peut se baser sur la théorie de l'abus de droit pour exiger la perception des droits de mutation à titre gratuit qui sont beaucoup plus élevés. Cependant, si la constitution de la SCI par les concubins n'est pas motivée uniquement par des avantages fiscaux, la preuve de l'abus de droit est difficile à apporter.

a) Personne non domiciliée en France qui achète un immeuble en France

Une personne non domiciliée en France qui achète un immeuble en France sera soumise, lors de son décès, à la loi successorale française car elle s'applique à l'immeuble. Si cette personne constitue une SCI pour acquérir l'immeuble, la loi successorale qui s'appliquera aux parts sociales sera la loi de son domicile[1].

Cas n° 8

Achat d'une résidence secondaire par un Anglais

Un Anglais achète une résidence secondaire en France et souhaite disposer librement de sa résidence par testament.

Si l'Anglais achète directement sa résidence secondaire en France, il ne pourra pas disposer librement de sa résidence par testament puisque la réserve s'applique (législation française). La constitution d'une SCI lui permet d'appliquer la loi successorale anglaise qui est en faveur de la liberté testamentaire (pas de réserve).

Nature du bien	Loi successorale qui s'applique	Étranger (un Anglais) qui investit dans un immeuble situé en France
Immeuble	Loi du lieu de l'immeuble	La loi successorale française s'applique à l'immeuble lors du décès ⇒ respect de la réserve.
Parts sociales de SCI	Loi du domicile	La loi successorale anglaise s'applique aux parts sociales lors du décès ⇒ liberté testamentaire.

Attention au recours des héritiers lésés qui pourraient intenter une action pour démontrer :

- que la SCI est fictive : elle doit donc posséder tous les éléments caractéristiques des sociétés, elle doit tenir ses assemblées annuelles, et sa comptabilité... ;

1. La constitution de la SCI permet « d'ameublir » la propriété immobilière, c'est-à-dire de transformer un immeuble en biens meubles que sont les parts sociales.

- que la SCI n'a été créée que pour détourner la loi française sur la réserve[1].

Au niveau fiscal, si un étranger constitue une SCI pour acquérir un immeuble situé en France, la transmission des parts sociales de la SCI sera soumise aux droits français de mutation à titre gratuit car la société a son siège situé en France[2]. Cependant, si des droits de mutation à titre gratuit sont payés dans le pays de l'étranger, l'article 784 A du CGI permet d'imputer ces impôts sur ceux payés en France[3].

b) Personne habitant en France

La constitution d'une SCI par une personne pour acquérir un immeuble dont elle n'est pas encore propriétaire lui permettra de transmettre librement l'immeuble en échappant aux règles de la réserve. En dehors de ce cadre, les autres montages pourraient être remis en cause car ils portent atteinte à une disposition d'ordre public.

Cas n° 9

Constitution d'une SCI pour acquérir un immeuble et le transmettre librement

Un couple marié souhaite acquérir un immeuble locatif d'une valeur de 500 000 €. Il constitue une SCI au capital de 10 000 €. L'acquisition de l'immeuble sera financée par un emprunt contracté par la SCI et par le mari grâce à son compte courant d'associé. À son décès, l'emprunt et le compte courant auront été remboursés par les revenus locatifs de l'immeuble social.

La répartition du capital est importante :

- Si le mari et la femme détiennent chacun 50 % du capital, au décès du mari, les droits des réservataires s'appliqueront sur 50 % de la valeur de l'immeuble, soit 250 000 €.

1. La personne qui constitue la SCI doit être en mesure de prouver que les objectifs ne sont pas successoraux, que la SCI n'a pas été constituée pour évincer définitivement les héritiers réservataires.
2. Ce régime s'applique également aux actions ou parts de sociétés étrangères détenant des immeubles situés en France.
3. Sous réserve des conventions de non double imposition qui peuvent prévoir le paiement des droits de mutation à titre gratuit uniquement dans le pays où était domicilié le défunt.

- Si le mari détient 10 % du capital, et sa femme 90 %, au décès du mari, les droits des réservataires ne s'appliqueront que sur 10 % de la valeur de l'immeuble, soit 50 000 €.

3. La transmission d'un patrimoine

La constitution d'une SCI permet de préparer la transmission du patrimoine immobilier en l'organisant et en réduisant le coût de sa transmission.

3.1. La constitution d'une SCI permet d'éviter l'indivision

La succession non préparée laisse le patrimoine dans l'indivision entre les héritiers. Les héritiers sont propriétaires de l'ensemble du patrimoine immobilier sans qu'il y ait de division matérielle de leurs parts.

L'indivision inorganisée est instable, car chaque indivisaire peut y mettre fin à tout instant. L'action en partage peut contraindre à vendre l'immeuble au plus mauvais moment. En apportant l'immeuble à une SCI, les héritiers reçoivent des parts sociales qu'ils peuvent vendre. La société civile confie la gestion de l'immeuble au gérant, qui le gère dans la continuité.

3.1.1. SCI et personnalité morale

La SCI est une entité juridique autonome qui bénéficie de la personnalité morale
• Si les associés cèdent à un tiers la totalité des parts sociales de la SCI, les droits de préemption sur la vente d'un immeuble ne sont pas applicables car ce sont les parts sociales qui sont vendues, et non l'immeuble. • L'acheteur qui acquiert un immeuble par l'intermédiaire d'une SCI s'engage à rembourser tout le passif de la SCI, y compris le passif inconnu au jour de la cession. • En cas de décès d'un associé, les héritiers ne peuvent pas faire apposer les scellés sur les biens de la SCI. • En cas de faillite, les créanciers du failli ne peuvent pas faire saisir l'immeuble social.

3.1.2. Comparaison entre la SCI et l'indivision

SCI ou indivision ?		
	Indivision	**SCI**
Durée	**L'indivision** inorganisée **est très instable** car chaque indivisaire peut y mettre fin à tout instant : « Nul ne peut être contraint à demeurer dans l'indivision » (C. civ., art. 815). La convention d'indivision permet de maintenir la stabilité de l'indivision pendant 5 ans.	La SCI peut être créée pour 99 années. **La SCI a** donc **une très grande stabilité**.
Entrée de personnes étrangères	Dans l'indivision, les indivisaires bénéficient d'un droit de préemption uniquement pour les cessions à titre onéreux de droits indivis[1].	**La SCI peut être très fermée** grâce aux clauses d'agrément des statuts qui instituent un droit de contrôle pour chacun des associés : l'arrivée d'un nouvel associé, ou la cession de parts entre associés, peut nécessiter l'unanimité des associés. Cependant, la SCI peut faire emprisonner un associé qui ne parviendra pas à céder ses parts.
Gestion et administration	Il faut le consentement unanime des indivisaires[2]. Ce principe permet un contrôle très étroit de chaque coïndivisaire mais **risque de bloquer totalement la gestion** lorsque le nombre de coïndivisaires est important. Cependant, par convention, les indivisaires peuvent nommer un gérant qui peut passer seul les actes d'administration. Les actes de disposition peuvent être votés par la majorité des indivisaires, sauf en ce qui concerne la vente d'immeuble nécessitant toujours l'unanimité.	Le gérant d'une SCI a les pouvoirs les plus étendus vis-à-vis des tiers dans la mesure où il agit dans le cadre de l'objet social. Les pouvoirs du gérant sont délimités par les statuts vis-à-vis des associés. La **gestion** au sein d'une SCI est donc **souple et adaptée**.
Coût de la transmission	La constitution d'une SCI pour détenir un patrimoine permet **de réduire le coût de transmission** de ce patrimoine.	

1. Le droit de préemption des indivisaires ne peut s'appliquer qu'en cas de vente ou de transmission par décès – articles 1873-12 et 1873-13 du Code civil.
2. Sauf pour les actes de conservation qui peuvent être effectués librement par chaque coïndivisaire.

Zoom n° 4

Faut-il constituer une SCI pour acquérir une résidence principale ou une résidence secondaire ?

Une SCI peut être constituée pour gérer un immeuble dont les associés se réservent la jouissance en tant que résidence secondaire ou principale. La SCI met gratuitement l'immeuble à disposition de l'associé occupant ou le lui loue moyennant un loyer atténué.

Les concubins ou les couples pacsés ont tout intérêt à constituer une SCI pour des questions de transmission.

Pour un couple marié, la constitution d'une SCI ne permet pas d'obtenir certains prêts intéressants ou de bénéficier des réductions d'impôt au titre des dépenses afférentes à l'habitation principale.

En revanche, l'exonération de la plus-value de cession de la résidence principale s'applique à la cession de l'immeuble par la SCI. La SCI permet de réduire le coût de la transmission. Si la SCI loue l'immeuble aux associés, cette location peut créer un déficit foncier imputable sur les autres revenus des associés et/ou sur les bénéfices fonciers réalisés par une autre SCI (faible loyer – charges = déficit foncier). L'administration fiscale peut cependant soulever le spectre de l'abus de droit.

3.2. La constitution d'une SCI permet de réduire le coût de la transmission

La constitution d'une SCI permet de réduire les droits de mutation à payer lors de la vente (« mutation à titre onéreux »), de la donation ou de l'héritage (« mutation à titre gratuit »).

3.2.1. Minoration de la valeur des parts de la SCI

La valeur des parts de la SCI est en général inférieure de 10 à 20 % par rapport à la valeur réelle des immeubles possédés par la SCI car l'acquéreur des parts ne peut pas disposer librement de l'immeuble. En effet, le propriétaire d'un immeuble a un pouvoir direct sur cet immeuble, alors que dans le cadre d'une SCI, c'est la SCI qui contrôle l'immeuble social. (La SCI est une société très fermée ; l'existence de clauses d'agrément restreint la liberté de cession des parts sociales.) **Les droits de mutation sont donc moins élevés car calculés sur une base plus faible.**

La valeur des parts sociales dépend aussi du nombre de parts cédées. Si la cession porte sur un nombre qui confère la majorité dans la SCI, la valeur des parts sera plus élevée que dans le cas d'une cession de parts isolées qui confère un simple contrôle minoritaire – l'associé majoritaire exerce un contrôle supérieur à celui de l'associé minoritaire.

3.2.2. Clause de partage inégal

La constitution d'une SCI permet de transmettre aux héritiers une partie du patrimoine en droits de mutation.

Le patrimoine de la SCI est en principe partagé entre les associés proportionnellement aux parts détenues par chacun d'eux. Cependant, les associés peuvent prévoir une répartition de l'actif social[1] (immeuble de la SCI moins les dettes) différente afin de **transmettre une partie du patrimoine en franchise de droits de mutation** (seul le droit de partage de 1 % est dû).

Les risques d'un tel montage sont les suivants :

- si le partage est trop déséquilibré, **l'associé défavorisé** peut faire annuler en justice la clause de partage sur le fondement de la prohibition des clauses léonines ;
- **les héritiers lésés** peuvent essayer de démontrer que la SCI est fictive, et qu'elle dissimule une donation déguisée ou indirecte ;
- **l'administration fiscale** peut contester ce montage en invoquant l'abus de droit (art. L. 64 du Livre des procédures fiscales). Cependant, le montage ne peut pas être contesté si la SCI fonctionne normalement (tenue des assemblées, d'une comptabilité...), et si les associés peuvent justifier d'intérêts autres que fiscaux pour la constitution de la SCI. De plus, l'action de l'administration est soumise à la prescription abrégée de 3 ans (plus l'année en cours). Enfin, en cas de redressement, seuls les droits complémentaires et les intérêts de retard seront dus. Aucune pénalité n'est exigible dès lors que l'acte comporte des précisions suffisantes sur le mécanisme de l'opération (Cass. 17/06/1978).

1. « Après paiement des dettes et remboursement du capital social, le partage de l'actif est effectué entre les associés dans les mêmes proportions que leur participation aux bénéfices, sauf clause contraire » (C. civ., art. 1844-9).

Zoom n° 5

Justification économique de la clause de partage inégal

Par prudence, l'utilisation d'une clause de partage inégal pour transmettre un patrimoine doit prévoir une justification économique : attribution des revenus aux parents et attribution du patrimoine aux enfants...

Cas n° 10

Constitution d'une SCI pour réduire le coût de la transmission

Des parents constituent une SCI avec leurs enfants afin d'acquérir un appartement locatif. La SCI est constituée avec un capital social de 100 000 €. La SCI emprunte 530 000 € pour acquérir un appartement de 600 000 €. Les parents apportent 70 000 € en compte courant.

Les parents souhaitent :
- **encaisser le loyer comme complément de retraite ;**
- **et transmettre l'immeuble à leurs enfants en réduisant les droits de mutation.**

La SCI est constituée avec les clauses statutaires suivantes :

Associés	Répartition des parts sociales	Répartition des résultats de la SCI[1]	Partage de l'actif social[1]
Parents	60 %	80 %	20 %
Enfants	40 %	20 %	80 %

La SCI permet d'atteindre les objectifs fixés par les parents :

1. les parents reçoivent 80 % des loyers de la SCI lorsque le prêt est remboursé ;
2. les enfants reçoivent 80 % de l'actif de la SCI lorsqu'elle sera dissoute. **Ainsi, 40 % de l'actif social échappe aux droits de succession**. En effet, les enfants reçoivent 80 % au lieu de 40 %.

1. À prévoir dans les statuts.

3.2.3. Associer les enfants dans la SCI pour l'acquisition d'un immeuble

La constitution d'une SCI permet d'acquérir et de transmettre un patrimoine immobilier à ses enfants sans décaisser d'argent.

L'investissement dans l'immobilier est intéressant car il s'autofinance grâce aux loyers. Ainsi, une personne qui emprunte pour acquérir un appartement rembourse les échéances de l'emprunt au moyen des loyers perçus (en fonction de l'importance des loyers). Elle doit, au départ, payer les frais d'acquisition et la partie du prix d'achat non financée par l'emprunt. Des parents peuvent vouloir associer leurs enfants à ce type d'investissement afin de leur permettre de se constituer un patrimoine tout en leur assurant la capacité financière nécessaire en cas de difficulté (le locataire ne paye plus ses loyers...). Dans ce cas, les parents constituent avec leurs enfants une SCI qui emprunte pour acquérir l'immeuble. Les parents complètent le financement par un apport en compte courant. Quand le prêt et le compte courant sont remboursés, **les enfants sont devenus propriétaires d'une quote-part de l'immeuble sans décaisser d'argent**... (les loyers ont permis de rembourser l'emprunt et le compte courant des parents). Par ailleurs, l'immobilier se valorise, en principe, avec le temps. Les enfants, étant propriétaires d'une quote-part de l'immeuble au travers de la SCI, profiteront de cette plus-value.

Vente de l'immeuble par les parents à une SCI détenue par les enfants

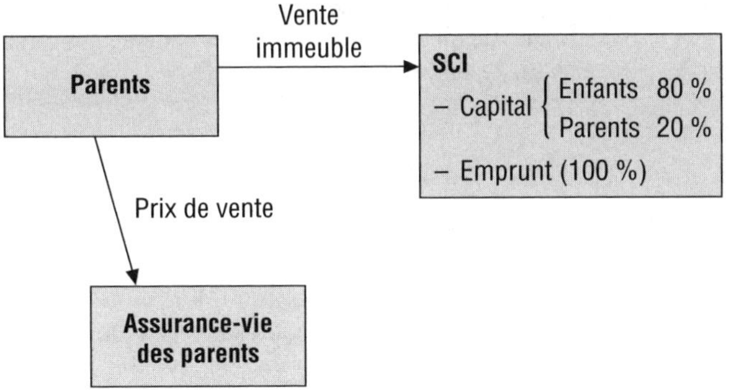

3.2.4. *Vente des parts de la SCI*

3.2.4.1. La vente des parts de la SCI est taxée comme la vente de l'immeuble

La constitution d'une SCI ne permet pas de réduire les droits de mutation lors de la vente de l'immeuble, car la vente des parts sociales d'une SCI est imposée à 5 %, comme la vente d'un immeuble.

3.2.4.2. La vente d'un immeuble par l'intermédiaire d'une SCI présente des risques

Vente des parts de la SCI à un tiers
• Le régime d'imposition de la SCI peut être requalifié si l'objet social semble commercial (concerne surtout les professionnels de l'immobilier). La SCI sera alors soumise à l'impôt sur les sociétés. • Le régime des impôts directs peut également être requalifié en cas de cession de la totalité des parts. La vente des parts sociales sera alors imposée comme la vente de l'immeuble correspondant. • La cession des comptes courants peut être taxée comme une vente de parts sociales (voir page 258).
Vente des parts de la SCI à un membre de la famille *Un chef d'entreprise transmet l'immobilier professionnel à l'un de ses enfants en vendant les parts de la SCI et en se réservant l'usufruit*
• La vente des parts de la SCI à un enfant[1] est assimilée à une donation lorsque la vente est faite en contrepartie d'une rente viagère, à fonds perdus ou lorsque le cédant se réserve l'usufruit. • Si le cédant se réserve l'usufruit, l'article 751 du Code général des impôts établit une présomption de fraude car il existe un démembrement de propriété dont l'origine n'est pas une donation. La preuve contraire est très difficile à apporter.

1. La cession de parts sociales est soumise à la réglementation des ventes à successibles. Dans les cas cités, l'article 918 du Code civil établit une présomption irréfragable de donation pour une vente à un successible. Cependant, quand le cédant se réserve l'usufruit, la présomption ne s'applique pas si tous les autres héritiers interviennent à l'acte.

3.2.5. La constitution d'une SCI permet de réduire les droits de mutation en cas de donation

Quand l'immeuble est détenu par une SCI, la donation porte sur les parts sociales de la SCI et non sur l'immeuble correspondant. La donation de parts sociales permet de réduire les droits de mutation à titre gratuit.

3.2.5.1. L'emprunt contracté par la SCI diminue la base de calcul des droits de donation

En effet, l'assiette des droits de mutation est constituée par la valeur de l'actif net de la SCI qui est égal à l'actif social (l'actif de la SCI = l'immeuble essentiellement) moins le passif social (le passif de la SCI = l'emprunt essentiellement). En revanche, en cas de donation d'un immeuble, l'emprunt n'est pas déductible.

Cas n° 11

Constitution d'une SCI pour réduire le coût des droits de donation

Un particulier souhaite acheter un immeuble de 100 000 € financé par un emprunt de 90 000 €.
Quelle est la base de calcul des droits de mutation ?

Base de calcul des droits de mutation	En constituant une SCI au capital de 10 000 €	Sans constituer de SCI
Immeuble Emprunt	100 000 € – 90 000 €	100 000 € *Le passif n'est pas déductible*
	10 000 €	**100 000 €**
Grâce à la constitution de la SCI, la base de calcul des droits de mutation est diminuée de 90 000 €.		

3.2.5.2. Les parts sociales de la SCI peuvent être transmises par des donations successives

Le patrimoine social de la SCI (l'immeuble détenu par la SCI) peut être transmis progressivement par des donations successives des parts sociales de la SCI. Ce fractionnement de la transmission du patrimoine permet de bénéficier pleinement de l'abattement de 50 000 € accordé aux donations en ligne directe tous les six ans.

De plus, les formalités de donation de parts sociales sont beaucoup plus simples, et donc moins onéreuses, que celles concernant les immeubles.

Cas n° 12

Constitution d'une SCI pour réduire le coût des droits de donation

Une SCI a acquis un immeuble financé par emprunt. L'immeuble a une valeur de 160 000 €. L'emprunt restant dû s'élève à 60 000 €.
L'immeuble peut-il être transmis par donation sans aucun droit de mutation ?

L'immeuble peut être transmis par donation sans aucun droit de mutation dans le cadre de la SCI. En effet, les parts de la SCI d'une valeur de 100 000 € (+ 160 000 € – 60 000 € = 100 000 €) peuvent être transmises en deux fractions égales de 50 000 € tous les six ans et bénéficier ainsi de l'abattement de 50 000 €. À défaut de SCI, les droits de mutation sont calculés sur une base de 110 000 € (+ 160 000 € – 50 000 € = 110 000 €, car l'emprunt n'est pas déductible).

3.2.5.3. L'utilisation d'un capital faible permet de réduire les droits de mutation

Cas n° 13

Constitution d'une SCI avec un capital faible pour réduire les droits de mutation

Des parents veulent donner à leurs enfants un immeuble d'une valeur de 500 000 € qui n'est grevé d'aucun emprunt.

Les parents peuvent constituer une SCI au capital très faible de 10 000 € dont le bilan se présente comme suit.

Actif de la SCI		Passif de la SCI	
Immeuble	500 000 €	Capital Comptes courants	10 000 € 490 000 €
	500 000 €		500 000 €

Les droits de mutation porteront sur la valeur des parts sociales qui est de 10 000 € (actif social – passif social : 500 000 € – 490 000 € = 10 000 €). De plus, si les parents veulent transmettre les parts sociales à leurs enfants en conservant l'usufruit, la valeur des parts sera réduite (10 000 € × 0,6 = 6 000 €, si les parents sont âgés de 45 ans).

La constitution d'une SCI permet de transmettre son patrimoine sans être démuni	
Objectifs	**Précautions à prendre**
Transmettre son patrimoine et conserver le pouvoir	Les parents peuvent transmettre les parts sociales de la SCI à leurs enfants et conserver le pouvoir : 1. **Les parents sont gérants[1] de la SCI**. • Les pouvoirs sont alors déterminés par l'objet social et les statuts qui peuvent prévoir une grande liberté d'action (attention à la rédaction de l'objet social et de la clause concernant les pouvoirs de la gérance). • Les statuts peuvent prévoir l'unanimité pour révoquer le gérant afin de le rendre irrévocable (sauf révocation judiciaire). 2. **Les clauses d'agrément** permettront aux parents de contrôler l'arrivée de nouveaux associés[2], notamment en cas de divorce ou de décès[3] d'un de leurs enfants.

.../...

1. En cas de démembrement des parts sociales, évitez le démembrement de toutes les parts sociales car l'usufruitier ne peut pas être considéré comme associé, et ne peut donc pas devenir gérant si les statuts exigent que le gérant soit associé.
2. La donation assortie d'une clause interdisant de vendre ou de nantir les parts sociales sans le consentement des parents leur évitera de se voir imposer de nouveaux associés.
3. La donation peut être assortie d'une clause « du droit de retour » applicable en cas de décès de l'enfant s'il n'a pas de descendant. Cette clause évite ainsi aux parents d'être retaxés aux droits de mutation ou de rembourser la valeur des parts sociales à un légataire éventuel.

…/…

	3. En cas de démembrement des parts sociales de la SCI (les parents se réservent l'usufruit et donnent la nue-propriété à leurs enfants), les statuts doivent prévoir **une répartition du droit de vote entre usufruitier et nu-propriétaire**[1]. À défaut, le droit de vote appartient au nu-propriétaire sauf pour la décision concernant l'affectation des bénéfices où il est réservé à l'usufruitier (C. civ., art. 1844, al. 3).
Transmettre son patrimoine et conserver des revenus	Les parents peuvent transmettre les parts sociales de la SCI à leurs enfants et conserver des revenus : 1. **Modifier la répartition des bénéfices sociaux** : en principe, les bénéfices sociaux sont répartis proportionnellement aux parts détenues. Les statuts peuvent cependant prévoir une répartition différente (C. civ., art. 1844-1). 2. **Conserver l'usufruit** : les parents se réservent l'usufruit des parts sociales de la SCI et donnent la nue-propriété à leurs enfants. Ce sont les parents qui reçoivent les revenus[2] (démembrement du droit de propriété des parts sociales).

Zoom n° 5 bis

Faut-il constituer autant de SCI que d'immeubles ?

Créer autant de SCI que d'immeubles **alourdit la gestion** (les déclarations fiscales, les assemblées d'associés… sont multipliées par le nombre de SCI), mais permet **d'optimiser les choix fiscaux** : une SCI est soumise à l'IR pour bénéficier du dispositif Robien, une autre SCI à l'IS pour réduire l'imposition et augmenter ainsi son autofinancement… En revanche, l'option pour la TVA se fait immeuble par immeuble même s'ils sont détenus par la même SCI. De plus, cela permet de séparer les **décisions de gestion** : les parts sociales d'une SCI qui détient un immeuble de rapport peuvent être vendues et les parts d'une autre SCI qui détient une maison de famille peuvent être données aux enfants…

1. Les statuts peuvent prévoir que le droit de vote appartient à l'usufruitier pour les assemblées ordinaires et au nu-propriétaire pour les assemblées extraordinaires.
2. Vous pouvez assortir la donation d'une clause de réversion d'usufruit au profit du conjoint survivant afin de lui assurer une protection supplémentaire.

4. La gestion d'un patrimoine professionnel

La séparation de l'actif immobilier de ce patrimoine est souvent un bon moyen de gestion de ce dernier, car il permet de préparer l'avenir en adoptant les structures juridiques appropriées.

4.1. Activité professionnelle exercée dans le cadre d'une entreprise individuelle

Les locaux professionnels peuvent être inscrits à l'actif de l'entreprise individuelle, ou affectés au patrimoine privé. Ils peuvent aussi être isolés au sein d'une SCI.

4.1.1. Immobilier professionnel inscrit à l'actif de l'entreprise ou affecté au patrimoine privé ?

Sur le plan juridique, il y a confusion entre le patrimoine privé de l'exploitant (sa maison d'habitation...) et son patrimoine professionnel (immobilier professionnel, stocks...). Si l'entreprise ne peut pas honorer ses échéances, les biens propres (maison...) du chef d'entreprise seront vendus pour permettre le remboursement des dettes de l'entreprise (c'est l'ensemble du patrimoine qui constitue le gage des créanciers).

Sur le plan fiscal, le patrimoine privé et le patrimoine professionnel sont distincts. Le chef d'entreprise est libre, en principe, d'inscrire l'immobilier professionnel à l'actif de son entreprise ou à son patrimoine privé. C'est la liberté d'affectation comptable qui a des incidences très importantes.

4.1.1.1. Liberté d'affectation de l'immobilier

Dans quelle mesure l'entrepreneur individuel peut-il librement affecter l'immobilier à son patrimoine privé ou à son patrimoine professionnel ?

Professions	Régime d'imposition	Régime de déclaration[1]	Immobilier affecté par nature à l'exercice de la profession[2]	Immobilier affecté par destination à l'exploitation[3]	Immobilier non utilisé pour l'exercice de la profession[4]
Professions libérales	Bénéfices non commerciaux (BNC)	Déclaration contrôlée	Fait partie de l'actif professionnel	L'immeuble peut être affecté à l'actif professionnel ou maintenu dans le patrimoine privé	Fait obligatoirement partie du patrimoine privé
		Micro-BNC	*Idem*	Fait partie de l'actif professionnel	*Idem*
Artisans, commerçants et industriels	Bénéfices industriels et commerciaux (BIC)	Bénéfices réels	Fait partie de l'actif professionnel	L'immeuble peut être affecté à l'actif professionnel ou maintenu dans le patrimoine privé	L'immeuble peut être affecté à l'actif professionnel ou maintenu dans le patrimoine privé
		Micro-BIC			Fait obligatoirement partie du patrimoine privé
Agriculteurs	Bénéfices agricoles (BA)	• **Les immeubles bâtis** affectés à l'exploitation doivent être obligatoirement inscrits à l'actif du bilan. • **Les immeubles non bâtis** affectés à l'exploitation agricole doivent en principe figurer à l'actif du bilan. Cependant, l'agriculteur peut les conserver dans son patrimoine privé s'il explique clairement son choix à l'administration fiscale dans les trois ans du passage du forfait au régime des bénéfices réels.			

1. Le régime de déclaration est fonction du chiffre d'affaires.
2. L'immeuble ne peut être utilisé en tant que tel que pour l'exercice de la profession (atelier, boulangerie...).
3. Les locaux n'ont pas de spécificité, et pourraient être utilisés par d'autres professions (bureaux...).
4. Immeuble loué à un tiers.

4.1.1.2. L'inscription de l'immobilier au patrimoine professionnel ou au patrimoine privé est un choix lourd de conséquences

a) Déduction des charges et économie d'impôt

Déduction des charges et économie d'impôt	Bien inscrit à l'actif de l'entreprise[1]	Bien compris dans le patrimoine privé
Charges liées à la propriété • amortissement pour les biens amortissables (immeuble, local, à l'exclusion des terrains ou du fonds de commerce) • frais d'assurance • frais d'actes, honoraires de notaire et droits d'enregistrement, liés à l'acquisition d'un immeuble[1] • taxe foncière • intérêts d'emprunt[2]	Charges déductibles	Charges non déductibles
Charges locatives • frais de réparation • frais d'entretien courant	Charges déductibles	Charges déductibles

Si le bien est inscrit à l'actif du bilan de l'entreprise, il y a déduction de l'intégralité des charges et, donc, une diminution de l'impôt sur le revenu. Pour un bien maintenu dans le patrimoine privé, seules les charges locatives (réparation, entretien courant...) sont déductibles à l'exclusion des charges liées à la propriété (frais d'acquisition, amortissement...). Cependant, l'entreprise individuelle peut déduire un

1. S'il s'agit d'un local inscrit à l'actif, affecté à l'exploitation et à l'usage personnel de l'entrepreneur (usage mixte), les charges sont déductibles à hauteur de la quote-part de charges relative à l'exploitation (l'entreprise déduit l'intégralité des charges et réintègre dans son résultat imposable la quote-part de charges relative à l'usage personnel de l'entrepreneur).
2. Peuvent être soit déduits pour leur totalité l'année d'acquisition, soit déduits de manière échelonnée sur une période maximale de cinq ans. Les frais d'acquisition d'un immeuble professionnel (non soumis à TVA) représentent environ 5 % de sa valeur. Il est donc important de pouvoir déduire cette somme.
3. En revanche, le capital de l'assurance-vie, souscrite lors de l'emprunt ayant financé l'immobilier, sera taxé comme bénéfice imposable lors du décès de l'exploitant.

loyer de ses bénéfices imposables **si elle est imposée selon le régime des BIC**, car l'administration fiscale et le Conseil d'État reconnaissent la réalité du patrimoine professionnel. Paradoxalement, le conseil d'État n'admet pas la déduction d'un loyer si l'entreprise est imposée selon le régime des BNC (profession libérale).

b) Taxe professionnelle

L'inscription à l'actif n'a aucune incidence en matière de taxe professionnelle pour les biens passibles d'une taxe foncière, car la taxe professionnelle est calculée en fonction de la valeur locative. Si le local professionnel n'est pas inscrit à l'actif, la valeur du local utilisé pour l'exercice de l'activité est néanmoins retenue pour le calcul de la taxe professionnelle ; si un local à usage d'habitation est inscrit à l'actif, sa valeur n'est pas retenue pour le calcul de la taxe.

c) Taxation des plus-values

La plus-value réalisée sur la cession d'une immobilisation est imposée selon le régime des plus-values des particuliers si le bien fait partie du patrimoine privé de l'exploitant au moment de la cession, ou des plus-values professionnelles si le bien fait partie du patrimoine de l'entreprise.

	Bien inscrit à l'actif de l'entreprise (régime des plus-values professionnelles)	Bien compris dans le patrimoine privé (régime des plus-values des particuliers)
Exonération de la plus-value	La plus-value est exonérée de toute imposition : • si l'année de la cession, le chiffre d'affaires n'excède pas 250 000 € pour les ventes de marchandises et 90 000 € pour les prestataires de services (exonération partielle au-delà de ces limites) ; • et si l'activité est exercée depuis au moins 5 ans.	La plus-value est exonérée de toute imposition : • à compter de la 15e année de détention du bien[1] ; • par ailleurs le prix d'acquisition est majoré des frais d'acquisition à titre onéreux évalués à 7,50 % du prix d'acquisition. La cession est exonérée si elle ne dépasse pas 15 000 € par opération.

.../...

1. Abattement de 10 % annuel à compter de la cinquième année de possession du bien.

…/…

Détermination de la plus-value	La plus-value est égale à la différence entre le prix de cession et la valeur en comptabilité du bien (coût d'achat diminué des amortissements).	La plus-value est égale à la différence entre le prix de cession et le coût d'achat majoré des frais d'acquisition. La plus-value ainsi obtenue est diminuée d'un certain nombre d'abattements[1 et 2].
Imposition de la plus-value	Les plus-values à court terme sont imposées comme le bénéfice sur le revenu avec possibilité d'étalement sur 3 ans. Les plus-values à long terme sont imposées au taux de 28 %. La CSG de 5,10 % est déductible en N+1.	La plus-value est soumise à l'impôt sur le revenu au taux de 18 % majoré des prélèvements sociaux au taux de 12 %. La CSG de 5,10 % n'est pas déductible.

Zoom n° 6

Le transfert de l'immeuble professionnel est imposé

Si l'entrepreneur décide de transférer l'immeuble professionnel de son patrimoine privé dans celui de son entreprise, le bien doit figurer à l'actif pour sa valeur au jour du transfert. Si cette valeur est supérieure à la valeur d'acquisition du bien, il en résulte une plus-value privée qui n'est pas immédiatement taxable car les plus-values privées ne peuvent être imposées qu'en cas de cession à titre onéreux. Quand l'entreprise cédera ce bien, il y aura taxation d'une plus-value selon le régime des plus-values des particuliers (valeur d'inscription à l'actif moins valeur d'acquisition du bien) correspondant à la période de détention dans le patrimoine privé, et taxation d'une plus-value professionnelle (prix de cession moins valeur d'inscription à l'actif) correspondant à la période de détention dans le patrimoine professionnel.

d) Impôt de solidarité sur la fortune (ISF)

L'inscription à l'actif n'a aucune incidence sur l'impôt de solidarité sur la fortune (ISF) ; en effet, pour bénéficier de l'exonération d'ISF, les biens doivent être nécessaires à l'exploitation (locaux commerciaux...) et y être affectés. L'inscription des biens à l'actif du bilan n'est donc pas suffisante (voir page 227).

1. Abattement de 10 % annuel à compter de la cinquième année de possession du bien.
2. Abattement de 1 000 € par année et abattements spécifiques.

e) TVA

La TVA est déductible si le bien est réellement affecté à l'exploitation, même s'il n'est pas inscrit à l'actif de l'entreprise.

f) Structure financière

L'inscription d'un bien à l'actif donne une meilleure structure financière au bilan et permet, en principe, de mieux négocier un emprunt bancaire.

g) Transmission de l'entreprise

Si le local professionnel est inscrit à l'actif de l'entreprise, et que vous souhaitez le conserver au moment de la transmission de l'entreprise pour vous garantir des revenus locatifs et pour céder plus facilement l'entreprise, le transfert du local de l'actif de l'entreprise vers le patrimoine privé est assimilé à une cession, et la plus-value dégagée est imposable.

4.1.2. Apporter le local professionnel à une SCI constitue un montage astucieux

L'apport[1] du local professionnel à une SCI permet de bénéficier d'avantages...	
Location des locaux professionnels à l'entreprise	La constitution d'une SCI permet de louer les locaux professionnels à l'entreprise individuelle. Cette location est possible lorsque l'immeuble est inscrit directement dans le patrimoine privé, et si l'entreprise individuelle est imposée selon le régime des **BIC**. En revanche, si elle exerce une activité libérale (imposition selon le régime des **BNC**), elle ne peut pas déduire de loyer.

…/…

1. L'immeuble apporté à une SCI soumise à l'IR ne supporte aucun droit d'enregistrement. Cependant, si le prêt ayant financé l'immeuble est transféré à la SCI, l'apport sera alors réputé à titre onéreux et taxé aux droits de mutation comme une vente ; il faut respecter un délai minimal de trois ans plus l'année en cours qui correspond au délai de reprise de l'administration fiscale pour éviter une remise en cause fiscale fondée sur l'abus de droit ; la plus-value taxable sur une courte durée sera négligeable par rapport au bénéfice de la déduction des droits d'enregistrement. L'emprunt effectué au nom propre de l'entrepreneur pourra difficilement être transféré à la SCI. Il est possible d'apporter l'immeuble à la SCI et de conserver au nom propre de l'entrepreneur le financement avec l'accord de la banque. L'administration fiscale admet la déduction des intérêts de l'emprunt car le prêt a permis l'acquisition des parts de la SCI.

.../...

	L'entreprise individuelle déduit la totalité des loyers de son résultat imposable, et l'entrepreneur déclare les loyers encaissés en tant que revenus fonciers.
Protection du patrimoine	La SCI permet de protéger l'immobilier si l'entreprise a des difficultés financières, à condition que la SCI ne se porte pas caution de l'entreprise.
Transmission du patrimoine	La constitution d'une SCI facilite la transmission du patrimoine.
Taxation des plus-values	Quand le chef d'entreprise cesse son activité professionnelle, il peut conserver l'immeuble professionnel afin d'obtenir des revenus réguliers liés à la location. Si le bien est inscrit à l'actif de son entreprise, le transfert du bien du patrimoine professionnel vers le patrimoine privé entraînera une imposition des plus-values professionnelles. La constitution d'une SCI permet d'éviter cette imposition car les parts de la SCI sont déjà dans le patrimoine privé.
... mais ne permet pas la déduction des frais d'acquisition	
Déduction des frais d'acquisition	Les frais d'acquisition sont déductibles si l'immobilier est inscrit au bilan de l'entreprise. Les frais d'acquisition ne sont pas déductibles si l'immobilier est apporté à une SCI car ce sont des dépenses liées à l'acquisition du capital. Cependant des solutions sont envisageables : • la SCI peut opter pour l'IS ⇒ les frais d'acquisition sont alors déductibles ; • dans un premier temps, l'immeuble est inscrit à l'actif du bilan, ce qui permet de déduire les frais d'acquisition, puis l'immeuble est apporté à une SCI[1] ; • les parts de la SCI sont inscrites au bilan. Les frais d'acquisition du local professionnel sont alors déductibles[1].

1. Les parts sociales de la SCI n'étant pas amortissables, leur retrait sera taxé uniquement au régime des plus-values à long terme.

La SCI assure une meilleure protection du patrimoine et garantit des revenus pour la retraite

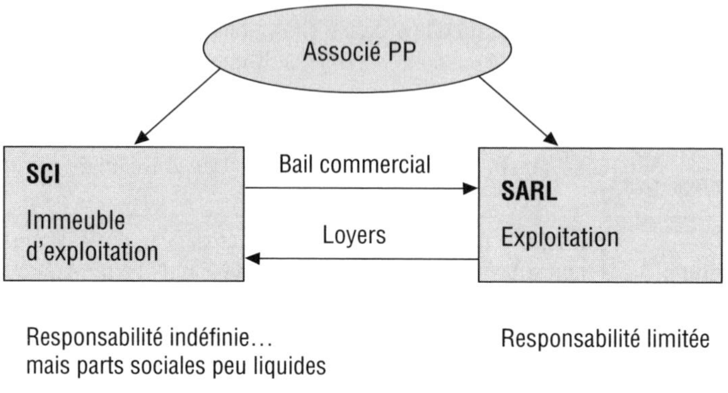

4.2. Activité professionnelle exercée en société

Quand vous exercez votre activité professionnelle dans le cadre d'une société, vous pouvez inscrire l'immobilier de votre entreprise au bilan de votre société, ou l'isoler au sein d'une SCI. Vous pouvez aussi faire supporter le coût de l'immobilier à votre entreprise et conserver la propriété du terrain. Le terrain est alors donné en location à l'entreprise dans le cadre d'un bail à construction.

4.2.1. L'immobilier est inscrit au bilan de la société

4.2.1.1. Avantages de l'immobilier au bilan de la société

a) Moins d'impôt à payer

L'amortissement et les autres charges sont déductibles du résultat imposable et permettent ainsi à l'entreprise de payer moins d'impôt.

L'amortissement est déductible du résultat imposable :

- L'immeuble inscrit au bilan de la société (à l'exclusion du terrain) est amortissable, ainsi que toutes constructions ultérieures et travaux de rénovation. En principe, cet amortissement s'effectue sur une durée de vingt ans. L'entreprise peut donc déduire de son résultat imposable, chaque année, 5 % du coût de la construction.

Dans une SCI, les revenus sont imposés en tant que revenus fonciers. Les amortissements ne peuvent pas être déduits des revenus fonciers.

Les autres frais et charges déductibles du résultat imposable :

- Les frais d'acquisition, les commissions versées, l'indemnité d'éviction éventuellement payée, et les charges (locatives et de propriété) sont totalement déductibles du revenu imposable de la société.
  Dans une SCI, les frais d'acquisition ne sont pas déductibles (régime des revenus fonciers).

b) Récupération de la TVA

La société, si elle est soumise à la TVA, récupère la TVA ayant grevé l'acquisition ou la construction de l'ensemble immobilier.
Une SCI ne peut récupérer la TVA que si le loyer est lui-même soumis à la TVA.

c) Simplicité de gestion

La création d'une SCI impose la tenue d'une comptabilité, d'assemblées... De plus, la conclusion d'un bail entre la SCI et la société sera soumise à l'application des règles prévues pour les conventions réglementées, si l'un des associés de la SCI exerce simultanément une fonction de gérance dans la société commerciale. Ces formalités sont évitées lorsque l'immeuble est inscrit au bilan.

d) Financement

L'inscription de l'immobilier à l'actif de la société commerciale élargit sa surface financière vis-à-vis des banquiers. La société peut offrir des sûretés immobilières sans l'intervention de tiers (surtout quand le crédit ayant financé l'immeuble est remboursé). En matière de crédit-bail, la société bailleresse est souvent une SICOMI. La SICOMI ne peut traiter qu'avec des sociétés commerciales, ce qui exclut la SCI (sauf si la SCI est détenue à concurrence de 10 % au moins par la société commerciale).

e) Protection du patrimoine personnel

Quand l'activité professionnelle est exercée par une société de capitaux (SA, SAS, SARL), la responsabilité des associés est limitée au montant de leurs apports. Dans une SCI, les associés sont indéfiniment responsables des dettes sociales de la société. Si l'immobilier est inscrit à l'actif de l'entreprise, les dettes engendrées par le patrimoine immobilier ne pourront pas se répercuter sur le patrimoine privé des associés.

Dans le cas d'une SCI, si celle-ci ne peut pas rembourser l'emprunt qu'elle a contracté pour financer l'immobilier, les associés devront personnellement rembourser cet emprunt.

4.2.1.2. Inconvénients de l'immobilier au bilan de la société

a) Coût fiscal élevé quand l'immobilier sort de la société

- Si le chef d'entreprise souhaite conserver l'immobilier inscrit au bilan de l'entreprise, ce retrait de l'immobilier du bilan est assimilé à une cession imposée selon le régime des plus-values professionnelles.
- Si l'immobilier est isolé au sein d'une SCI, le chef d'entreprise n'a pas besoin de retirer l'immobilier de l'entreprise. La SCI permet donc d'échapper à la taxation sur les plus-values professionnelles. Cependant, si les locaux sont situés dans une zone économiquement défavorisée ou construits avec des matériaux légers, ils risquent de ne pas se valoriser. La constitution d'une SCI pour éviter l'imposition des plus-values perd de son intérêt.

b) Obstacle à la vente de l'entreprise

Si l'immeuble est détenu par l'entreprise, le prix de cession de l'entreprise sera plus élevé (surtout dans une petite entreprise où l'immobilier prend une place plus importante en valeur relative).

Le chef d'entreprise peut être obligé de « brader »[1] les murs dans les cas suivants :

- le repreneur est gêné pour l'obtention d'un financement ;
- le repreneur n'est pas intéressé par l'immobilier car il souhaite acquérir uniquement la branche d'activité commerciale.

1. Souvent, la différence entre le prix de vente d'une entreprise propriétaire de ses locaux et d'une entreprise locataire est inférieure à la valeur vénale de l'immeuble.

c) Mauvaise protection du patrimoine immobilier

Si l'immobilier est inscrit à l'actif de la société exploitante, en cas de difficulté de la société, le patrimoine immobilier risque d'être vendu pour rembourser les dettes de la société.

Cependant, si l'immobilier est détenu par une SCI, le banquier peut exiger en garantie que la SCI se porte caution. La protection du patrimoine immobilier que permet la SCI est moins efficace.

d) Mauvaise appréciation de la rentabilité de l'entreprise

Quand une société commerciale est propriétaire de ses murs, elle n'a aucun loyer à payer. L'entreprise évalue mal la valeur locative de ses locaux, notamment si l'immeuble s'est fortement revalorisé. Si l'entreprise devait changer d'emplacement et devenir locataire, elle risquerait de ne pas pouvoir faire face aux loyers pratiqués sur le marché.

4.2.2. L'immobilier est détenu par une SCI

Par comparaison, certains avantages et inconvénients de l'immobilier détenu par la SCI ont été exposés précédemment. Nous développons ici uniquement les éléments nouveaux. Par ailleurs, la constitution d'une SCI pour isoler l'immobilier d'entreprise offre également les avantages étudiés page 34.

a) Création de revenus

L'entrepreneur qui sépare l'immobilier de l'entreprise se constitue des revenus au travers des loyers perçus par la SCI. En cas de cession de l'activité commerciale, les revenus de la SCI constitueront un précieux complément de retraite (notamment quand l'emprunt qui a financé l'immobilier est remboursé). Cependant, il faut que l'immeuble détenu soit situé dans une zone économique dynamique et ne soit pas trop lié à l'activité de l'entreprise. À défaut, la SCI propriétaire des locaux serait totalement dépendante de l'entreprise commerciale. En cas de départ de l'entreprise, la SCI pourrait difficilement trouver un autre locataire, ou vendre l'immeuble.

b) Transmission du patrimoine à ses enfants

En dissociant l'immobilier de la société commerciale, le chef d'entreprise pourra attribuer les parts de la SCI aux enfants qui ne travaillent pas avec lui, et réserver les parts de la société commerciale aux enfants qui travaillent dans l'entreprise.

Cependant, comme les intérêts de la SCI et de la société commerciale sont étroitement liés, des conflits d'intérêt peuvent survenir entre les enfants (réparation et entretien de l'immeuble, révision ou résiliation du bail, faillite de la société commerciale...). Le chef d'entreprise doit donc essayer d'allotir avec d'autres biens les enfants qui ne travaillent pas avec lui.

4.2.3. Comment transférer un immeuble inscrit au bilan d'une société commerciale à une SCI ?

Si l'immeuble est déjà inscrit au bilan de la société commerciale, le transfert à une SCI est une opération délicate aux conséquences fiscales onéreuses	
La SCI achète l'immeuble à la société commerciale	**Les conséquences fiscales sont lourdes** : • la SCI paie les droits d'enregistrement (5 %) ou la TVA immobilière ; • la société exploitante est imposée sur les plus-values professionnelles de cession.
Un associé achète l'immeuble par l'intermédiaire de la SCI en le finançant avec son compte courant	**Mécanisme** : 1. l'associé apporte son compte courant à la SCI ; 2. la SCI achète l'immeuble par compensation avec le compte courant. **OU** 1. l'associé achète l'immeuble par compensation avec le compte courant ; 2. l'associé apporte directement l'immeuble à la SCI. **Les conséquences fiscales sont lourdes** : *Idem* n° 1
Réduction de capital pour attribuer l'immeuble à un associé	**Mécanisme** : 1. la société commerciale réduit son capital en annulant les parts de l'associé afin de lui attribuer l'immeuble[1] ; 2. l'associé apporte l'immeuble à une SCI.

.../...

1. La réduction de capital n'est réalisable que si la différence entre la valeur des parts sociales annulées et le montant de la réduction de capital peut s'imputer sur les réserves distribuables et les bénéfices non encore affectés.

.../...

	Conséquences fiscales : • l'associé paie le droit de partage de 1 %[1] ; • la société exploitante est imposée sur les plus-values professionnelles de cession ; • l'associé est exonéré du droit fixe d'apport de 230 €.
La société commerciale apporte l'immeuble à la SCI et attribue les parts de SCI à l'associé	**Mécanisme** : 1. la société commerciale apporte l'immeuble à une SCI et reçoit en contrepartie des parts de SCI qu'elle inscrit à l'actif du bilan ; 2. l'associé achète les parts de SCI à la société commerciale (l'associé peut utiliser son compte courant pour financer cette acquisition) ; **OU** 3. la société commerciale distribue des dividendes qu'elle paie aux associés par attribution de parts de SCI (dividendes en nature). **Conséquences fiscales :** 1. la société exploitante est imposée sur les plus-values professionnelles de cession. Elle est exonérée du droit fixe d'apport de 230 € ; 2. l'associé paie les droits d'acquisition de 5 % des parts de la SCI ; **OU** 3. l'associé est imposé sur la distribution de bénéfices (une distribution en nature est imposée comme une distribution en numéraire).

4.3. SCI et sociétés d'exploitation : cas pratiques

4.3.1. Vendre son immeuble à une SCI et son fonds de commerce à une SARL

La transformation d'une entreprise individuelle en société permet de réaliser d'importantes économies de charges sociales et d'impôt sur le revenu et de rebondir. Le montage est le suivant :

- vente du fonds de commerce à une SARL d'exploitation ;
- vente de l'immobilier professionnel à une SCI.

Vous exploitez un fonds de commerce évalué à 700 000 € ou une clientèle dans le cadre d'une entreprise individuelle. Votre entreprise

1. Lorsque l'immeuble n'a pas été acquis par la société, mais apporté par un des associés, s'il est attribué à un associé autre que l'apporteur, cet associé devra acquitter les droits de mutation de 5 % (théorie de la mutation conditionnelle).

dégage un bénéfice annuel de 70 000 € avant amortissement. Vous êtes propriétaire des locaux commerciaux qui sont inscrits à l'actif de votre entreprise individuelle pour une valeur de 100 000 €. La durée d'amortissement est de 20 ans. Leur valeur de marché est de 300 000 €. Votre taux marginal d'imposition est de 35 %. Les charges sociales sont de 42 %.

Vous constituez une SARL d'exploitation de famille qui opte pour l'impôt sur le revenu et une SCI pour l'immobilier qui n'opte pas pour l'IS. Vous vendez le fonds de commerce à la SARL d'exploitation et les locaux commerciaux à la SCI. La SARL et la SCI achètent avec un prêt *in fine* au taux de 5 % (remboursement du capital en fin de période). La SCI loue les locaux pour un loyer annuel de 30 000 €. Vous investissez le prix de vente dans une assurance-vie investie en produits euros avec un rendement raisonnable de 4 % net de frais de gestion. La SARL est soumise à l'IR pour simplifier la comparaison au niveau des charges sociales.

Le montage proposé va permettre **une importante économie d'impôt sur le revenu et de charges sociales.** En effet, **les intérêts sur l'emprunt sont déductibles** au niveau de la SARL et de la SCI et permettent ainsi de faire une économie d'impôt sur le revenu (SARL et SCI) et de charges sociales (SARL uniquement), alors que **les intérêts de l'assurance-vie ne sont pas imposables**. Seuls les prélèvements sociaux sont exigibles. On réalise ici une **économie globale** bien que le taux d'intérêt de l'emprunt soit supérieur (5 %) au taux de rendement de l'assurance-vie (4 %).

Le montage proposé est optimisé si on prend en compte l'économie de charges sociales et d'impôt sur le revenu liée au passage de l'entreprise individuelle vers une SARL soumise à l'IS. En effet, la simple mise en SARL d'une entreprise individuelle permet **une importante économie d'impôt sur le revenu et de charges sociales** :

- La transformation en SARL **diminue la base de calcul des charges sociales**. Dans une entreprise individuelle, tout le bénéfice est soumis à cotisations alors que dans une SARL, seule la rémunération attribuée au gérant (qu'il soit majoritaire avec un statut de travailleur indépendant, ou minoritaire avec un statut de salarié) est soumise à cotisation.

- Tout le bénéfice de l'entreprise individuelle est soumis à l'IR (dans la catégorie BIC ou BNC ou BA) alors que seule la rémunération du gérant est soumise à l'IR (dans la catégorie TS ou CGI, art. 62). De plus, le bénéfice de la SARL est soumis à l'IS à un taux de 15 % alors que l'IR peut atteindre 40 %.

Au niveau de l'exploitation	Avant	Après
	Entreprise individuelle	**SARL d'exploitation**
Bénéfice avant amortissement	70 000 €	70 000 €
Amortissement		
• base amortissable	100 000 €	
• durée d'amortissement	20 ans	
• amortissement	– 5 000 €	
Loyers		– 30 000 €
Intérêts d'emprunt		
• montant		700 000 €
• taux		5 %
• intérêts		– 35 000 €
Bénéfice après amortissements	65 000 €	5 000 €
Charges sociales	– 27 300 €	– 2 100 €
Bénéfice imposable	37 700 €	2 900 €
Impôt sur le revenu	– 13 195 €	– 1 015 €
Trésorerie disponible	**29 505 €**	**1 885 €**

Au niveau privé	Avant	Après
SCI de location		
Loyers		30 000 €
Intérêts d'emprunt		
• montant		300 000 €
• taux		5 %
• intérêts		– 15 000 €
Revenus fonciers		15 000 €
Impôt sur le revenu		– 5 250 €
Trésorerie disponible		**9 750 €**
Assurance-vie		
Capital		1 000 000 €
Taux de rendement		4 %
Intérêts capitalisés		40 000 €
Impôt sur le revenu		0 €
Prélèvements sociaux (12 %)		– 4 800 €
Trésorerie disponible		**35 200 €**
Trésorerie disponible	**Avant**	**Après**
• **Au final**	**29 505 €**	**46 835 €**
• **Gain de trésorerie de qui s'explique par :**		**17 330 €**
– *une économie d'IR sur l'exploitation*		*12 180 €*
– *une charge d'IR sur la SCI*		*– 5 250 €*
– *une économie de charges sociales*		*25 200 €*
– *une perte entre le taux de l'emprunt et le taux de l'assurance-vie*		*– 10 000 €*
– *des prélèvement sociaux sur l'assurance-vie*		*– 4 800 €*
		17 330 €

4.3.2. Démarrer son activité

Un jeune consultant salarié d'une prestigieuse société de « consulting » décide de créer sa propre société de conseil. Il isole son activité au sein d'une EURL[1] qui opte pour l'IS. Il se constitue un patrimoine immobilier en achetant un appartement neuf qu'il utilisera pour son usage professionnel et privé (moitié/moitié). La SCI opte pour la TVA. L'appartement est acheté par une SCI qui n'opte pas pour l'IS. L'achat est financé par emprunt à hauteur de 90 %. L'essentiel des parts est détenu par l'EURL (99 %). Un loyer correspondant à la valeur locative est facturé à l'EURL et au jeune consultant.

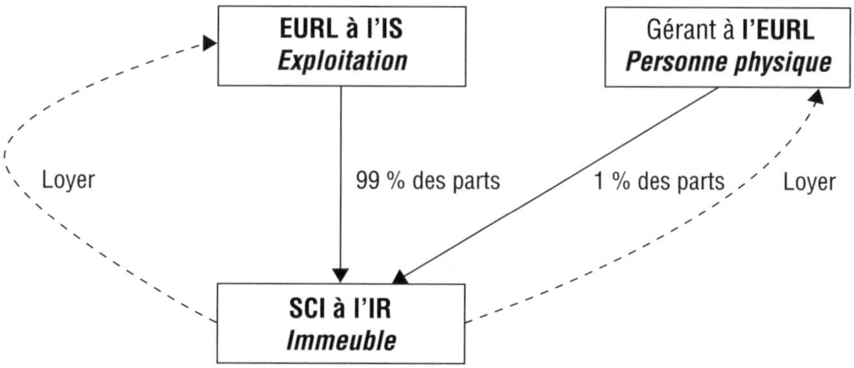

Analyse et conséquences en matière d'imposition

La SCI est transparente fiscalement car elle est soumise à l'IR. Son résultat est donc déterminé selon les règles applicables à l'associé :

- IS pour la quote-part de résultat (99 %) revenant à l'EURL ;
- revenus fonciers pour la quote-part de résultat (1 %) revenant au jeune consultant.

Pour la quote-part de résultat (99 %) revenant à l'EURL

La SCI peut déduire l'intégralité des intérêts d'emprunt et l'amortissement de l'immeuble car elle applique les règles IS. Elle sera donc déficitaire. Le déficit de la SCI va remonter vers l'EURL puisque la

1. Voir le *Guide pratique de la SARL et de l'EURL* aux Éditions d'Organisation.

SCI est transparente fiscalement (l'EURL déduit de manière extra-comptable sa quote-part de déficit). Ce déficit va s'imputer sur les bénéfices réalisés par l'EURL et permettre ainsi une substantielle économie d'impôt sur les sociétés.

Pour la quote-part de revenus fonciers (1 %) revenant au jeune consultant

La SCI peut déduire l'intégralité des intérêts d'emprunt mais pas l'amortissement de l'immeuble, car elle applique les règles des revenus fonciers. Elle sera cependant déficitaire. Le déficit foncier de la SCI pourra s'imputer sur les autres revenus du jeune consultant, notamment sur la rémunération que lui attribue l'EURL, et permettre ainsi une économie d'impôt sur le revenu.

Au final

Le montage permet de financer pour partie l'acquisition grâce à une économie d'impôt. Le montage est justifié économiquement. Il n'a pas pour objectif unique de se soustraire au paiement de l'impôt. Il serait donc difficile pour l'administration d'invoquer l'abus de droit. Si le jeune consultant était resté sagement salarié de sa prestigieuse société de consulting, c'est son salaire net de charges sociales et d'impôt sur le revenu qui lui aurait permis d'acquérir un appartement. Il n'aurait pas bénéficié de cet effet de levier fiscal.

Le montage est relativement simple. La SCI pourrait opter pour l'IS et l'EURL pourrait pratiquer l'intégration fiscale. Au final, le résultat serait le même. Cependant, l'intégration fiscale compliquerait le suivi administratif (déclarations fiscales spécifiques), et l'option pour l'IS serait irrévocable. Enfin, aucun étranger n'intervient dans la SCI.

Analyse et conséquences en matière de TVA

La SCI a opté pour la TVA.

Pour le loyer facturé à l'EURL

Le loyer est facturé TTC. La TVA supportée par l'EURL est récupérée. C'est donc neutre. De plus, elle pourra récupérer la TVA immobilière qui a grevé l'acquisition de son appartement. Elle sera alors en crédit de TVA et pourra en demander le remboursement.

Pour le loyer facturé au jeune consultant

Le loyer est obligatoirement facturé HT car il s'agit d'une location à usage d'habitation. Le jeune consultant ne supporte pas une TVA qu'il n'aurait pas pu récupérer en tant que consommateur final.

Au final

Le montage aura permis de récupérer la TVA, qui grève l'acquisition, en fonction du prorata de déduction (19,6 % du coût). Cependant, l'immobilier neuf est plus cher que l'immobilier ancien. Pour l'ancien, les droits d'enregistrement s'appliquent au taux de 5 %. Ils ne peuvent pas être récupérés. En revanche, ils peuvent être déduits du résultat imposable de la SCI pour la partie déterminée selon les règles de l'IS.

4.4. SCI et association

Une association, sur le plan fiscal, est un organisme sans but lucratif (OSBL) qui n'est pas soumis aux impôts commerciaux (IS, TVA et taxe professionnelle). L'association n'est donc pas soumise à l'IS si elle ne poursuit pas de but lucratif.

Cependant, si l'association loue **un immeuble dont elle est propriétaire,** les revenus de la location sont soumis à **l'impôt sur les sociétés au taux de 24 %** en tant que revenu du patrimoine (CGI, art. 206-5). La base d'imposition est déterminée en appliquant les règles des revenus fonciers. Cependant, l'association peut déduire le montant réel des frais de gestion (frais d'assurance et amortissements). Le déficit foncier s'impute sur l'ensemble des revenus du patrimoine (locations, exploitation agricole et revenus de capitaux immobiliers).

L'association peut apporter l'immeuble loué à une SCI. L'association fait un apport partiel d'actif à la SCI. Elle reçoit en contrepartie des parts sociales de la SCI. Ainsi, à l'actif de l'association, les parts sociales dans la SCI se substituent à l'immeuble. L'association reçoit donc **une quote-part du revenu foncier de la SCI qui échappe à l'impôt sur les sociétés** car l'association n'encaisse plus un revenu foncier d'un immeuble dont elle est propriétaire.

4.5. SCI et agritourisme

L'engouement pour le tourisme rural s'explique par les besoins des citadins de fuir un tourisme de masse au profit d'un tourisme de découverte et de qualité. Cette demande de tourisme rural permet la nécessaire reconversion de certains ruraux vers des activités nouvelles.

La structure immobilière touristique peut être isolée au sein d'une SCI. La SCI loue la structure touristique à l'exploitation agricole. La charge de location vient minorer le bénéfice imposable et la base de calcul pour les cotisations sociales. Le revenu encaissé par la SCI est imposé en tant que revenu foncier. Au final, le montage permet une économie d'impôt et de cotisations sociales tout en assurant une meilleure gestion de l'immobilier (transmission...).

L'activité touristique peut être isolée de l'exploitation agricole dans une société afin d'en faciliter ultérieurement la location ou la transmission. En contrepartie, l'activité touristique ne peut plus être financée par les aides ou les prêts réservés aux exploitants agricoles (DJA, PAM...).

L'activité agritouristique isolée au sein d'une société permet une économie de charges sociales. Si la société est soumise à l'IS (SARL...), le gérant est soumis aux cotisations uniquement sur la rémunération que lui attribue la société. Si la société est imposée sur le revenu (EURL, SNC, SARL de famille...), l'associé exploitant est alors soumis aux cotisations sociales uniquement sur sa quote-part de revenu dans la société. L'activité agritouristique isolée au sein d'une société évite à l'exploitation agricole de basculer dans le régime du bénéfice agricole réel ou le régime des bénéfices industriels et commerciaux si l'activité touristique devient prépondérante.

5. La SCI est-elle la structure adaptée pour gérer l'immobilier ?

Nous vous présentons un tableau comparatif des structures possibles pour gérer un patrimoine immobilier. L'objectif n'est pas de présenter un tableau exhaustif[1] mais pertinent par rapport au problème de l'immobilier. Des zooms permettent ensuite de synthétiser l'information.

SCI : Société civile immobilière.
SARL IR : Société à responsabilité limitée de famille qui a opté pour l'IR ou EURL qui n'a pas opté pour l'IS.
SNC : Société en nom collectif.
SARL IS : Société à responsabilité limitée soumise à l'IS.
SAS : Société par actions simplifiée.

Comment est imposé le résultat ?	
En direct	Le résultat est déterminé selon les règles des **revenus fonciers**. Le contribuable déclare son revenu foncier à l'**IR**.
SCI	Le résultat de la société est déterminé selon les règles des **revenus fonciers**. Chaque associé déclare sa quote-part de revenu foncier à l'**IR**. La société est **transparente fiscalement**. Elle peut opter pour l'IS.
SARL IR	
SNC	
SARL IS	Le résultat de la société est déterminé selon les règles **BIC-IS**. La société déclare son résultat à l'**IS** et paie l'IS. La société est **opaque fiscalement**.
SAS	
En conclusion	
Que l'immobilier soit détenu en direct ou *via* une société transparente, la fiscalité applicable est identique : le revenu foncier est au final soumis à l'IR qui peut atteindre 40 %. En revanche, la société transparente peut opter pour l'IS. L'option peut être intéressante. Quand la société est à l'IS, le résultat est captif au sein de la société. Il est soumis à l'IS qui peut être de seulement 15 %. L'option pour l'IR n'est pas possible. Le déficit est captif : il ne peut pas remonter vers les associés pour s'imputer sur les autres revenus des associés.	

1. Sur le site www.apce.com (chemin d'accès : créer une entreprise, choisir un statut juridique), vous trouverez des fiches synthétiques de présentation des différentes structures juridiques.

<table>
<tr><th colspan="2">Le dirigeant doit-il payer des cotisations sociales ?</th></tr>
<tr><td>En direct</td><td rowspan="2">Il s'agit d'une simple activité de gestion de patrimoine[1] qui n'est pas soumise à cotisations sociales.</td></tr>
<tr><td>SCI</td></tr>
<tr><td>SARL IR</td><td>• Le gérant minoritaire est assimilé à un salarié. Les cotisations sociales sont calculées sur sa rémunération. S'il n'est pas rémunéré, il ne cotise pas.
• Le gérant majoritaire est assimilé à un travailleur indépendant. Les cotisations sociales sont calculées sur sa quote-part de bénéfice[2].</td></tr>
<tr><td>SNC</td><td>Le gérant est assimilé à un travailleur indépendant. Les cotisations sociales sont calculées sur sa quote-part de bénéfice[2].</td></tr>
<tr><td>SARL IS</td><td>• Le gérant minoritaire est assimilé à un salarié. Les cotisations sociales sont calculées sur sa rémunération. S'il n'est pas rémunéré, il ne cotise pas.
• Le gérant majoritaire est assimilé à un travailleur indépendant. Les cotisations sociales sont calculées sur sa rémunération.</td></tr>
<tr><td>SAS</td><td>Le président est assimilé à un salarié. Les cotisations sociales sont calculées sur sa rémunération.</td></tr>
<tr><td colspan="2">En conclusion

Quand on reste dans le cadre d'une structure patrimoniale, il n'y a pas de cotisation à payer. En revanche, l'adoption d'une société commerciale peut être pénalisant. Cependant, si l'activité est déficitaire, les cotisations assises sur la quote-part de bénéfice seront faibles.</td></tr>
</table>

1. Les revenus de la gestion d'un patrimoine n'ont pas le caractère de revenus professionnels et ne sont donc pas soumis à cotisations sociales.
2. Quote-part de bénéfice + rémunération.

Les associés n'exerçant pas d'activité dans la société doivent-ils payer des cotisations sociales ?	
En direct	Il s'agit d'une simple activité de **gestion de patrimoine**[1] qui n'est **pas** soumise à **cotisations sociales**.
SCI	
SARL IR	Les associés n'ont pas le statut de commerçant : ils ne cotisent donc pas.
SARL IS	
SAS	
SNC	Les associés ont le statut de commerçant : ils cotisent sur leur **quote-part de bénéfice**[2].
En conclusion	
L'adoption de la structure SNC est pénalisant car tous les associés, même s'ils **n'exerçent pas d'activité dans la société** doivent payer des cotisations assises sur la quote-part de bénéfice.	

Quelle est l'étendue de la responsabilité des associés ?	
En direct	L'investisseur est responsable sur l'ensemble de ses biens personnels.
SCI	Les associés sont **responsables indéfiniment** sur l'ensemble de leurs biens personnels.
SARL IR	La responsabilité des associés est **limitée au montant de leurs apports**, sauf s'ils ont commis des fautes de gestion ou accordé des cautions à titre personnel.
SARL IS	
SAS	
SNC	Les associés sont **responsables indéfiniment et solidairement** sur l'ensemble de leurs biens personnels.
En conclusion	
L'adoption d'une structure SARL permet de limiter la responsabilité. Cette limitation est théorique car les associés doivent se porter caution des emprunts contractés par la société. Cependant, en cas de dommages causés par l'activité de location, la responsabilité des associés ne sera pas engagée.	

1. Les revenus de la gestion d'un patrimoine n'ont pas le caractère de revenus professionnels et ne sont donc pas soumis à cotisations sociales.
2. Quote-part de bénéfice + rémunération.

Quel type d'activité ?	
SCI	L'activité exercée doit être uniquement civile (location nue). Le résultat est alors déterminé selon les règles des revenus fonciers. Si l'activité est commerciale (location équipée ou meublée), la **SCI** est **obligatoirement à l'IS**.
En direct	L'activité exercée peut être civile ou commerciale. C'est la nature fiscale de l'activité qui détermine les règles fiscales applicables : la location nue est imposée selon les règles des revenus fonciers, la location équipée ou meublée est imposée selon les règles BIC (comme un commerçant).
SARL IR	
SNC	
SARL IS	L'activité exercée peut être civile ou commerciale. Quelle que soit l'activité exercée, le résultat est toujours déterminé selon les règles BIC (comme un commerçant) et soumis à l'IS.
SAS	
En conclusion	
Surtout pas de location meublée ou équipée au sein d'une SCI : elle serait obligatoirement à l'IS ! Adieu imputation des déficits sur le revenu global et économie d'impôt qui en résulte !	

La désignation d'un commissaire aux comptes est-elle obligatoire ?	
En direct	Non
SCI	
SARL IR	Non sauf si 2 des 3 conditions suivantes sont remplies : • le bilan est supérieur à 1 550 000 € ; • le CA HT est supérieur à 3 100 000 € ; • l'entreprise compte plus de 50 salariés.
SNC	
SARL IS	
SAS	Non. **Le commissaire aux comptes n'est pas obligatoire dans les « petites » SAS**. En effet, le commissaire aux comptes est obligatoire uniquement si la SAS dépasse à la clôture d'un exercice social deux des seuils suivants : 1 000 000 € pour le total du bilan, 2 000 000 € pour le chiffre d'affaires HT ou le nombre moyen de 20 salariés au cours de l'exercice.

Régime fiscal de cession des droits sociaux[1] ?	
En direct	La cession de l'immeuble est imposée selon le régime des **plus-values immobilières** des particuliers.
SCI **SARL IR** **SNC** **SARL IS** **SAS**	La société est à prépondérance immobilière[2]. **La plus-value de cession** des droits sociaux est imposée selon le régime des plus-values : • **immobilières** si la **société est soumise à l'IR** ; • **mobilières** si la **société est soumise à l'IS**. Les **droits d'enregistrement** se calculent toujours au taux de 5 % sur le prix de vente, même pour les actions de SAS[3].

Zoom n° 7

La gestion d'un patrimoine immobilier : SCI ou SAS ?

***Pour la SAS*[4]**

La responsabilité des associés de la société pas actions simplifiée (SAS) est limitée à leurs apports alors que les associés de la SCI sont tenus indéfiniment au passif en proportion de leurs apports. La constitution d'une SAS ou la transformation d'une SCI en SAS permet alors **de limiter la responsabilité des associés**. De plus, la SAS comme la SCI offre une très **grande souplesse** pour adapter la structure juridique au projet. Enfin, **le commissaire aux comptes n'est pas obligatoire**.

Pour la SCI

Cependant, dans une SCI, l'infraction **d'abus de biens sociaux** ne s'applique pas aux dirigeants. Par ailleurs, la SAS est obligatoirement soumise à l'impôt sur les sociétés (IS). En revanche, une SCI est soumise à l'impôt sur le revenu (IR) avec la possibilité d'opter pour l'IS. Vous avez donc le **choix du régime d'imposition**. Si la SCI n'opte pas pour l'IS, elle est **semi-transparente** fiscalement. Les revenus fonciers d'une SCI peuvent alors être compensés avec les déficits fonciers d'une autre SCI et permettre ainsi une économie d'IR. Si les parts de la SCI sont inscrites à l'actif d'une entreprise, le déficit de la SCI vient s'imputer sur le bénéfice de la société d'exploitation. La transformation de la SCI soumise à l'IR en SAS a un coût fiscal.

1. Parts sociales dans une SCI, SARL, SNC ; actions dans une SAS.
2. Une société est à prépondérance immobilière quand plus de 50 % de son actif est composé d'immeubles.
3. Pour une SAS ou SA classique, les droits d'enregistrement sont de 3 % du prix de vente plafonné à 5 000 € par transaction.
4. Voir le *Guide pratique de la SAS et de la SASU* aux Éditions d'Organisation.

Zoom n° 8

La gestion d'un patrimoine immobilier : SARL, EURL[1] ou SCI ?

La responsabilité des associés de la SARL est limitée à leurs apports alors que les associés de la SCI sont tenus indéfiniment au passif. La limitation de la responsabilité des associés permet d'associer un mineur alors que dans une SCI, il faut, en principe, l'autorisation du juge des tutelles. Le choix de la SARL permet de limiter la responsabilité des associés. De plus, dans une petite SARL comme dans une SCI, le commissaire aux comptes n'est pas obligatoire. La SCI a le choix de son mode d'imposition[2] : l'impôt sur les sociétés ou l'impôt sur le revenu. L'activité de la SCI doit être obligatoirement civile : si elle devient commerciale (location meublée), la SCI est automatiquement soumise à l'IS. En revanche, une SARL peut exercer une activité civile ou commerciale. De toute façon, la SARL qui gère un patrimoine immobilier est considérée comme une société à prépondérance immobilière : les plus-values de cession sont imposées selon le régime des plus-values immobilières des particuliers si la société est à l'IR. Mais la SARL n'offre pas toute la souplesse d'une SCI.

Zoom n° 9

Entreprise individuelle, EURL, SARL, SCI ou SNC pour développer une activité de loueur en meublé professionnel ?

Le déficit réalisé par le loueur en meublé professionnel (LMP) qui détient l'immeuble en direct dans le cadre d'une **entreprise individuelle**[3] est imputé sur ses autres revenus imposables et lui permet ainsi de réduire son impôt sur le revenu.

La **SARL de famille**[4] qui opte pour l'IR permet également à l'associé d'imputer sa quote-part de déficit sur l'ensemble de ses revenus imposables. Cette SARL est « transparente » fiscalement. La SARL offre l'avantage de faciliter la transmission du patrimoine immobilier. Cependant, si la SARL s'ouvre à des associés étrangers au cercle familial, elle redevient une **SARL classique** imposée obligatoirement à l'IS.

.../...

1. Voir le *Guide pratique de la SARL et de l'EURL* aux Éditions d'Organisation.
2. Une SARL de famille est soumise à l'IS avec la possibilité d'opter pour l'IR si elle exerce une activité commerciale (BIC). Une EURL comme une SCI est soumise à l'IR avec la possibilité d'opter pour l'IS.
3. Voir le *Guide pratique de l'entreprise individuelle* aux Éditions d'Organisation.
4. Voir le *Guide pratique de la SARL et de l'EURL* aux Éditions d'Organisation.

(Suite zoom n° 9)

— .../...

Elle devient « opaque » fiscalement. Les déficits restent captifs au sein de la société et ne peuvent donc plus remonter vers les associés pour leur permettre de faire une économie d'impôt sur le revenu.

La **société civile immobilière (SCI)** est à déconseiller car une société civile qui exerce une activité commerciale[1] est obligatoirement soumise à l'impôt sur les sociétés. L'imputation des déficits fiscaux sur le revenu global des associés n'est plus possible.

La **société en nom collectif (SNC)** apparaît alors comme une bonne formule d'optimisation fiscale. La SNC est imposée sur le revenu[2] et permet ainsi la remontée des déficits fiscaux vers les associés. La SNC doit avoir pour objet la location en meublé professionnelle, elle doit être inscrite au RCS en qualité de LMP, et chaque associé doit réaliser plus de 23 000 € de recettes annuelles. De plus, la plus-value lors de la transmission à titre gratuit de parts sociales est exonérée. Cependant, tous les associés sont soumis à cotisations sociales car ils ont le statut de commerçant. De plus, ce statut peut être incompatible avec la situation de l'associé s'il est fonctionnaire ou s'il exerce une fonction réglementée.

6. SCI, stratégies fiscales et abus de droit

La **gestion fiscale** correspond à une saine gestion du patrimoine. L'obtention d'un avantage fiscal sous la forme d'une diminution d'impôts n'est pas suffisante pour permettre à l'administration de s'opposer à un montage de **défiscalisation**.

L'optimisation fiscale qui permet une économie d'impôt est le résultat de **l'habileté fiscale** du contribuable. Le choix de la voie la moins imposée n'est pas nécessairement sanctionné par l'abus de droit.

1. La location meublée est une activité civile sur le plan juridique mais commerciale (BIC) sur le plan fiscal.
2. Elle peut opter pour l'IS.

Zoom n° 10

Le risque de requalification en abus de droit est-il réel ?

Pour mettre en œuvre la procédure de répression des abus de droit, l'administration conteste la validité d'un montage d'optimisation en recourant au Comité consultatif de répression des abus de droit (CCRAD). Ce comité, qui traite d'une cinquantaine d'affaires par an, donne presque automatiquement un avis favorable à l'administration. De plus, les affaires traitées concernent essentiellement les droits d'enregistrement et l'impôt sur le revenu dans le cadre de montages avec des sociétés civiles.

6.1. Abus de droits, fraude fiscale et choix fiscaux

L'habileté fiscale dans les choix juridiques ne doit pas être confondue avec **la fraude** qui ne respecte pas la loi. Un fraudeur dissimule, par exemple, une partie de ses bénéfices ou déduit des charges qu'il n'a pas supportées.

L'optimisation fiscale consiste à choisir la voie la moins imposée dans le respect de la loi. Ainsi, une société holding peut aider sa filiale en difficultés financières par un soutien financier qui peut prendre différentes formes : augmentation de capital, avance en compte courant, subventions, abandon de créances, etc.

L'augmentation de capital et l'avance en compte courant ne dégagent pas de charges déductibles pour la société holding. En revanche, la subvention et l'abandon de créances à caractère commercial sont déductibles fiscalement. Au final, la société holding récupère le tiers de son soutien financier grâce à l'économie d'impôt réalisée (holding imposé à l'IS à $33^{1/3}$ %). L'habileté fiscale de la société holding correspond à une gestion normale qui ne sera pas sanctionnée par l'abus de droit par le juge de l'impôt.

Par ailleurs, le choix d'une option fiscale qui permet aux contribuables de réaliser des économies d'impôt ne peut pas être reproché aux contribuables. Les intérêts de placement à revenu fixe sont imposés à l'impôt sur le revenu selon le barème progressif dans la catégorie des revenus de capitaux mobiliers (RCM). Le taux marginal peut atteindre 40 %. Le contribuable peut opter pour le prélèvement libératoire au taux de 28 %. Le placement peut même bénéficier d'une exonération complète s'il est géré dans le cadre d'une assurance-vie. De telles options fiscales offertes par le législateur échappent à l'abus de droit.

6.2. Ne pas confondre abus de droit et requalification

6.2.1. Abus de droit

Une **donation** peut être **déguisée** en vente pour réaliser une économie de droits d'enregistrement. La **donation** peut être **requalifiée** en vente par l'administration en mettant en œuvre **l'abus de droit**. L'administration doit démontrer que l'acte de vente est fictif. Le redressement d'impôt s'accompagne alors d'une **amende de 80 %**. Une requalification au titre de l'abus de droit suppose une **volonté de tromper** en créant une apparence trompeuse même si la motivation des parties n'est pas fiscale.

Exemple. Un oncle « vend » un immeuble à sa nièce, car les droits de mutation à titre onéreux de 5 % sont moins élevés que les droits de donation à 55 %. Il est convenu que le prix stipulé dans l'acte authentique ne sera jamais payé. Pour mettre en œuvre l'abus de droit, l'administration fiscale s'appuie sur un faisceau de présomptions démontrant le caractère gratuit de l'opération : le prix de vente de l'immeuble ne se retrouve pas dans la succession du vendeur, l'absence de fortune de l'acquéreur ne lui permet pas de payer le prix convenu... Même si la donation est déguisée en vente par souci de discrétion et non par recherche d'évasions fiscales, la volonté de tromper permet à l'administration de réclamer l'impôt en requalifiant la Convention par la procédure de l'abus de droit.

6.2.2. Requalification

La location nue d'un studio doit être déclarée dans la catégorie des revenus fonciers. Si le contribuable meuble le studio, la location devient meublée et doit être déclarée en BIC non professionnel. Si le contribuable continue, par erreur, **sans aucune volonté de tromper**, de déclarer en revenus fonciers, l'administration peut alors **requalifier** le revenu foncier en BIC non professionnel. Cette requalification n'a rien à voir avec l'abus de droit. Elle entraînera un simple redressement d'impôt sans amende. Le redressement peut cependant être lourd. En effet, le déficit foncier imputable sur le revenu global se transforme en un déficit BIC non imputable sur le revenu global. De plus, l'amortissement ne peut pas être déduit du BIC puisqu'il n'a jamais été pratiqué (une charge doit être comptabilisée pour être déductible).

Un portefeuille de valeurs mobilières peut être géré dans le cadre d'un PEA. Les produits sont alors exonérés d'impôt sur le revenu (les prélèvements sociaux de 12 % s'appliquent). Une gestion trop active du portefeuille peut être **requalifiée** en BNC. Les produits sont alors imposés à l'impôt sur le revenu au taux marginal du contribuable qui peut atteindre 40 %. Le contribuable ne bénéficie pas de l'exonération de la majoration de 25 % puisqu'il n'a pas adhéré à une association de gestion. De plus, les **cotisations sociales** (URSSAF, etc.) **s'appliquent**.

6.3. Habileté fiscale ou abus de droit ?

L'administration fiscale peut s'opposer à un montage de défiscalisation en mettant en œuvre **l'abus de droit** (article L. 64 du Livre des procédures fiscales). Elle doit démontrer la **fictivité** des actes juridiques supports **du montage**, ou que le montage, sans être fictif, n'a eu pour **seul but** que **d'éluder l'impôt**.

6.3.1. Le montage d'optimisation fiscale est fictif

Le contribuable dissimule une situation par un acte fictif ou masquant la véritable nature de l'opération. Pour mettre en œuvre l'abus de droit, l'administration doit démontrer la fictivité de l'acte **en examinant les faits**, indépendamment de la forme de l'acte (un acte authentique peut être fictif).

6.3.1.1. Société fictive

L'administration doit réunir des indices convergents de nature à démontrer l'absence de fonctionnement effectif de la société pour démontrer la fictivité de la société : absence de présentation de documents comptables, **absence de tenue de comptabilité**, absence de tenue régulière d'assemblées d'associés, absence de comptes bancaires propres à la société civile, etc.

Ainsi, un contribuable pourrait camoufler une activité de location d'immeubles, sous couvert d'une association de façade à but non lucratif. L'administration mettrait alors en œuvre l'abus de droit.

6.3.1.2. Bail fictif

Un contribuable possède une résidence secondaire en mauvais état acquise à crédit. Il ne peut déduire aucune charge en vertu de l'exonération de l'article 15-II du CGI. Il décide de conclure un bail avec un membre de la famille, généralement pour un loyer modique. Il peut alors imputer sur les loyers encaissés les intérêts d'emprunts, les travaux d'entretien, de réparation et de modernisation... Le déficit foncier est imputable sur les autres revenus du contribuable et lui permet de réaliser une économie d'impôt. Plus le revenu global du contribuable est élevé, plus l'économie fiscale est substantielle. Le montage est constitutif d'un abus de droit, car le bail est fictif. L'administration fonde son interprétation sur un **faisceau d'indices** : les loyers sont symboliques, les locaux sont inhabitables, le locataire exerce son activité dans un lieu éloigné du logement loué, les loyers ne sont pas encaissés, etc.

Cette imputation de déficits fonciers fictifs risquait d'entraîner une **évasion fiscale importante**. C'est la raison pour laquelle le législateur a limité l'imputation des déficits fonciers sur le revenu global. En effet, le report des déficits fonciers sur le revenu global est limité à 10 700 € ; au-delà, le déficit foncier est une tunnélisé : il est seulement reportable sur les revenus fonciers des dix années suivantes.

6.3.1.3. Dissimulation de la nature de l'opération

L'acte n'est pas fictif, mais masque la véritable nature de l'opération. L'administration doit restituer la véritable nature de l'opération par l'examen des faits : une **vente** d'immeuble est **déguisée** en donation...

6.3.1.4. Simulation par interposition de personne

Dans le cadre d'une **convention de prête-nom**, le véritable maître de l'affaire reste clandestin tandis que seul le prête-nom intervient de façon apparente. En vertu de l'article 1321 du Code civil, l'administration peut poursuivre le maître réel de l'affaire ou se fier à la situation apparente et poursuivre le prête-nom. En revanche, si les parties dénoncent la convention de prête-noms à l'administration fiscale, celle-ci est obligée d'établir les impositions au nom du maître réel de l'affaire.

Exemple. Un agent immobilier souhaite acquérir des immeubles à crédit pour les louer, et se constitue ainsi un patrimoine immobilier. Pour se protéger de ses créanciers ou de sa famille (il est en instance de divorce), il demande à son frère d'acheter les immeubles à sa place. L'administration fiscale peut établir les impositions au nom du prête-nom, le frère. Elle pourrait décider de poursuivre l'acquéreur clandestin, l'agent immobilier.

6.3.2. Le montage a pour seul but d'éluder l'impôt

Pour réaliser et gérer un investissement immobilier, le contribuable peut choisir le cadre juridique lui permettant de diminuer ses impôts. Ainsi, un contribuable fortement fiscalisé peut choisir d'isoler ses investissements immobiliers au sein d'une société imposée à l'IS. Il substitue donc à des revenus fonciers imposés à son taux marginal d'impôt sur le revenu de 40 % un résultat BIC imposé à l'IS au taux de 15 %. L'économie d'impôt qui en résulte peut être consacrée à d'autres investissements.

Cependant, le contribuable ne doit pas créer une situation juridique purement artificielle **dans le seul but d'éluder l'impôt**. L'abus de droit ne peut donc pas être retenu si les motivations du montage sont, en plus de la recherche d'économie d'impôts, familiales, économiques, organisationnelles, etc., même si le montage ne respecte pas des législations autres que le droit fiscal. Le juge de l'impôt n'est gardien que de l'application du droit fiscal. Dans les faits, le contribuable pourra facilement invoquer des motivations extra-fiscales pour éviter l'abus de droit. Ce qui limite la portée de l'abus de droit.

Ainsi, des parents peuvent constituer avec leurs enfants mineurs une SCI pour acquérir à crédit un immeuble locatif. Les parts détenues par les enfants échapperont aux droits de succession. La SCI a été constituée pour payer moins de droits de succession, mais aussi pour organiser la transmission du patrimoine. L'absence d'autorisation du juge des tutelles d'associer des enfants mineurs n'a pas d'incidence sur l'analyse fiscale.

6.3.2.1. Locations à soi-même pour déduire les charges locatives

Un contribuable souhaite acquérir à crédit une maison d'habitation en mauvais état qu'il destine à sa résidence principale. S'il acquiert en direct, il ne peut déduire aucune charge (exonération de l'article 15-II du CGI). En revanche, il peut créer une SCI qui acquiert la résidence principale. La SCI lui loue la maison pour un loyer normal. Un contrat de bail est conclu avec la SCI qui peut alors imputer sur les loyers encaissés les intérêts d'emprunts et les travaux d'entretien et de réparation. Le déficit foncier est imputable sur les autres revenus du contribuable et lui permet de réaliser une économie d'impôt.

Le montage est constitutif d'un abus de droit, car il a pour seul but d'éluder l'impôt. L'administration fonde son interprétation sur un faisceau d'indices : l'occupant a un contrôle quasi exclusif de la SCI, un bref délai s'est écoulé entre la création de la SCI et l'acquisition de la résidence principale, le contrat de bail est conclu entre la SCI et son fondateur, etc. De plus, cette location à soi-même prive le contribuable de la déduction de certains crédits d'impôt (travaux d'isolation, etc.). En effet, le contribuable peut bénéficier de crédits d'impôt au titre de sa résidence principale, même si elle est isolée au sein d'une SCI.

En revanche, une société civile qui loue des locaux à usage mixte (une partie est louée à l'activité professionnelle de l'associé et l'autre partie à son usage d'habitation) pourra déduire les intérêts d'emprunt et les travaux de rénovation, y compris pour la partie à usage d'habitation. La partie habitation doit être inférieure à la partie professionnelle (moins d'un quart de la valeur locative et moins de la moitié de la surface habitable selon l'arrêt Javelle du Conseil d'État).

6.3.2.2. Capital non libéré et déductibilité des intérêts d'emprunt

Une société civile est constituée avec un capital élevé non libéré. La société civile emprunte pour financer l'acquisition d'un immeuble locatif. Les intérêts sont déductibles des revenus fonciers. Cependant, l'emprunt n'a pas été souscrit dans l'intérêt de l'exploitation. En effet, la société aurait pu s'abstenir d'emprunter en demandant d'abord aux associés de libérer leurs souscriptions. Sur la base de l'abus de droit, les intérêts ne sont pas déductibles.

6.3.2.3. Affectation des résultats, démembrement et réduction des droits successions

La nue-propriété des parts sociales d'une société civile est donnée aux enfants. Les parents conservent l'usufruit. Au décès des parents, les enfants recouvrent la pleine propriété des parts sociales en franchise d'impôt.

Les bénéfices de la société civile reviennent à l'usufruitier (les parents) alors que les réserves reviennent au nu-propriétaire (les enfants). Si les bénéfices sont mis en réserve de manière systématique, ils reviendront automatiquement au nu-propriétaire (les enfants) sans supporter de droits de succession. Cette mise en réserve diminue l'actif successoral taxable et caractérise une **donation déguisée**.

Pour limiter ce risque de requalification, les statuts peuvent prévoir une distribution minimale.

6.3.2.4. Apports en société et démembrement

Pour organiser la transmission de leur patrimoine et la perception des revenus, des parents peuvent donner la nue-propriété d'un immeuble à leurs enfants dans le cadre d'une donation-partage. Les parents conservent l'usufruit. Les parents perçoivent alors les revenus. Les enfants récupéreront la pleine propriété au décès de leurs parents en franchise d'imposition.

Pour l'évaluation des droits de donation de la nue-propriété, il faut retenir obligatoirement l'évaluation fiscale qui résulte de l'application de l'article 669 du CGI. Pourtant, l'évaluation économique de la nue-propriété est, en général, inférieure, et permettrait de faire une économie de droits de donation.

La constitution d'une société civile permet alors de substituer à l'évaluation fiscale une évaluation économique. Les parents apportent l'immeuble à la société civile sur la base de son évaluation économique (pour un apport, le barème fiscal n'est pas d'application obligatoire). Cette évaluation résulte de l'actualisation des flux futurs de profit (loyers net de charges). Les parents donnent ensuite la nue-propriété des parts aux enfants. Ils peuvent aussi apporter la nue-propriété de l'immeuble à la société civile et donner ensuite la pleine propriété des parts de la société civile aux enfants.

L'administration fiscale peut voir dans ce montage un moyen pour le contribuable d'éluder les droits de donation. Sur la base de l'abus de droit, le montage pourra être requalifié en donation déguisée en retenant les motifs suivants : la création de la société civile et la donation de la nue-propriété des parts sont concomitantes ; l'absence de fonctionnement comptable et juridique, l'utilisation de statuts standards, etc., rendent la société civile fictive...

6.4. La répression de l'abus de droit

Le redressement d'impôt s'accompagne d'une **amende de 80 %** de l'impôt éludé (art. 1729 du CGI). Les intérêts de retard sont calculés au taux de 0,4 % par mois sur le montant de l'impôt redressé.

6.5. L'assurance anti-abus de droit : le rescrit fiscal

L'acceptation du montage par l'administration fiscale peut résulter d'une réponse positive ou d'une absence de réponse dans un délai de six mois. L'administration ne peut plus alors utiliser la procédure de répression de l'abus de droit. Cependant, elle peut toujours redresser sur un autre fondement. En cas de **réponse négative**, l'opération peut être réalisée avec le risque d'un éventuel redressement.Le contribuable peut consulter l'administration fiscale sur le montage envisagé (article

L. 64 B du Livre des procédures fiscales). Le **contribuable** (et non un tiers) doit présenter par écrit au SLF ou à la Direction générale des impôts (DGI), préalablement à la signature de la convention, **tous les éléments nécessaires pour apprécier l'opération**. Cette procédure est rarement utilisée.

Le contribuable bénéficie **d'autres garanties** :

- la mise en œuvre de la procédure de l'abus de droit doit obtenir le **visa d'un inspecteur principal** ;
- la **proposition de redressement** doit être **motivée** afin de permettre au contribuable de se défendre. La proposition doit comporter la possibilité de saisir le comité consultatif des abus de droit. Le contribuable a alors un délai de trente jours pour répondre.
- le **comité consultatif de répression des abus de droit** peut être saisi par l'administration ou par le contribuable. Il ne rend pas de décision, mais émet des avis qui déterminent la charge de la preuve.

Zoom n° 11

De l'usage prudent de la grande souplesse de la SCI

La grande souplesse de la SCI permet des montages intéressants : démembrement croisé, attribution de parts sociales aux enfants pour diminuer la base imposable à l'ISF...

Ces montages ne doivent pas être conçus dans le but unique d'éviter de payer l'impôt (l'administration fiscale invoque alors la théorie de l'abus de droit) ou d'éviter l'application de dispositions d'ordre public (réserve obligatoire pour l'héritage...). Ces montages doivent trouver une justification économique, familiale, organisationnelle... ainsi qu'un équilibre dans la poursuite d'objectifs.

Bien évidemment, ces montages peuvent être contestés en justice par une partie qui a l'impression d'être lésée (héritier, administration fiscale...). Une recherche jurisprudentielle, l'avis éclairé d'un conseil juridique peuvent vous permettre d'assumer un risque raisonnable.

Zoom n° 12

L'assurance antiabus de droit

Un montage acrobatique avec une SCI afin de se soustraire à l'impôt sera écarté par l'administration fiscale par **la procédure de répression des abus de droit**. Le redressement d'impôt s'accompagnera alors d'une amende de 80 %, sans compter les intérêts de retard au taux de 0,4 % par mois.
En revanche, le montage ne sera pas remis en cause si les motivations, en plus de la recherche d'économies fiscales, sont familiales, économiques, organisationnelles...
Enfin, avant de réaliser un montage complexe ou inédit avec une SCI, le contribuable (et non son conseil) peut interroger l'administration par écrit. Si elle donne son feu vert ou si elle ne répond pas dans les 6 mois, elle ne pourra plus invoquer l'abus de droit par la suite. Le **rescrit** ainsi obtenu constitue une assurance antiabus de droit.

2

LA CRÉATION DE LA SCI

La création d'une société civile immobilière nécessite d'accomplir des démarches administratives et juridiques. La constitution d'une SCI doit être élaborée avec beaucoup de soin, car une mauvaise rédaction des statuts risque de ne pas permettre d'atteindre les objectifs poursuivis.

1. La rédaction des statuts

Les sociétés civiles immobilières ne font l'objet d'aucune loi spécifique. Elles sont soumises au droit commun des sociétés civiles, qui définit le cadre juridique général de leurs statuts. À l'intérieur de ce cadre, les futurs associés ont toute liberté pour adapter les statuts à leurs objectifs par des clauses facultatives.

1.1. Attention aux SCI fictives

Si les éléments caractéristiques du contrat de société ne sont pas réunis (C. civ., art. 1832), la SCI est fictive et sa nullité[1] peut être demandée en justice.	
Cas de SCI fictives	• **Absence de pluralité d'associés** : une seule personne (le véritable apporteur) constitue une SCI avec un prête-nom (l'associé fictif est un « homme de paille », un « prête-nom »). Ce montage peut entraîner la nullité de la SCI. De plus, le prête-nom court un risque (sa responsabilité peut être engagée pour le remboursement des dettes...). Le véritable apporteur risque de perdre le contrôle des parts détenues par l'homme de paille, même s'il essaie de se garantir par la signature de cessions de parts en blanc (pratique illicite et peu sûre car le prête-nom peut vendre ses parts à un tiers, ou les parts peuvent être transmises aux héritiers suite au décès du prête-nom).
	• **Absence d'*affectio societatis*** : l'*affectio societatis* est l'intention de tous les associés de travailler ensemble et sur un pied d'égalité au sein de la SCI. Dans une SCI familiale, les parents n'ont pas réellement l'intention d'être sur un pied d'égalité avec leurs enfants. De plus, les enfants ne sont associés que par la volonté de leurs parents. La SCI familiale ne possèdent pas alors d'*affectio societatis*[2].
	• **L'apport des associés est fictif** : la SCI acquiert un immeuble avec un emprunt. Le capital de la SCI est élevé mais n'est pas libéré immédiatement. Les loyers encaissés permettent de rembourser l'emprunt et de libérer les apports des associés. L'apport des associés est fictif car les associés n'ont jamais eu l'intention de financer le patrimoine social par le capital social, mais par un emprunt bancaire. Les associés n'apportent pas d'argent à la SCI. La SCI va autofinancer son capital.

.../...

1. La société fictive est la principale cause de nullité. Il existe cependant d'autres causes de nullité : d'une part, les causes de nullité en général (consentement, capacité, objet, fraude) et d'autre part, les causes spécifiques tenant à la violation de l'article 1832 ou 1833 du Code civil (objet illicite et absence d'intérêt commun).
2. Le recours en justice pour défaut d'*affectio societatis* est délicat, car il est fondé sur des notions psychologiques peu compatibles avec les modes de preuve retenus par les tribunaux.

.../...

	Les associés peuvent cependant argumenter que le financement du capital social s'est effectué grâce aux bénéfices, qui ont vocation à être attribués aux associés.
Conséquences d'une SCI fictive	• **Une SCI fictive peut être annulée par décision de justice dans le cadre d'une action en nullité**[1]. Cependant, les risques d'annulation d'une SCI fictive sont assez limités dès lors que la SCI n'est pas frauduleuse.
	• **La cause de la nullité peut être régularisée** : la nullité peut être régularisée jusqu'à ce que le tribunal ait statué. De plus, le tribunal ne peut prononcer la nullité que deux mois après le début de la procédure. Enfin, il peut fixer un délai pour que les intéressés régularisent la nullité.
	• **La nullité n'a pas d'effet rétroactif** : les créanciers personnels des associés de la SCI ne peuvent donc pas faire réintégrer l'apport de leur débiteur dans son patrimoine (sauf s'il avait été fait en fraude de leur droit).

1.2. Les associés

Deux associés suffisent pour créer une SCI. Il n'existe pas de nombre maximal d'associés. Toute personne peut être associée dans une SCI. Les associés doivent avoir la capacité de signer les statuts (leur consentement ne doit donc pas être vicié).

1.2.1. SCI entre époux

Comme la SCI permet la gestion d'un patrimoine familial, elle est souvent constituée entre époux.

La SCI entre époux est possible quel que soit le régime matrimonial adopté. Si un seul des époux, mariés sous le régime légal, désire

1. Toute personne ayant intérêt à agir (créancier, administration fiscale, associé...) peut exercer l'action en nullité lorsqu'il s'agit d'une nullité absolue. Seule la personne dont la loi a voulu assurer la protection peut agir en justice lorsqu'il s'agit d'une nullité relative. Ces actions se prescrivent en trois ans à compter du jour où la nullité est encourue. Cependant, lorsque l'action est fondée sur la fraude, elle se prescrit en trente ans.

s'associer à une SCI au moyen de biens communs, il doit informer[1] son conjoint de la possibilité d'acquérir lui aussi la qualité d'associé, à peine de nullité de l'apport ou de l'achat. Les autres associés doivent alors agréer le conjoint qui souhaite devenir associé.

Si le conjoint dûment informé manifeste sa volonté de devenir associé uniquement lorsque l'apport est réalisé, les associés ne sont pas obligés de l'agréer. Dans ce cas, bien que les parts soient comprises dans la communauté, seul l'un des époux aura la qualité d'associé.

1.2.2. Comment protéger l'associé mineur d'une SCI

Si l'on souhaite transmettre le plus tôt possible un patrimoine, il peut être intéressant de constituer une société civile en associant un enfant mineur. Un associé mineur non émancipé peut faire partie d'une société civile.

Cependant, dans une société civile, la responsabilité des associés est indéfinie. Pour protéger ses intérêts, un mineur ne peut devenir associé d'une société civile de patrimoine qu'avec l'accord de ses parents, qui sont ses administrateurs légaux. Pour la représentation du mineur, le consentement des parents est suffisant. Cependant, si le mineur a perdu l'un de ses parents et qu'il est placé sous administration légale et sous contrôle judiciaire, l'autorisation du juge des tutelles est obligatoire.

Le mineur peut également devenir associé au cours de la vie sociale par voie de donation ou de succession. En effet, en cas de décès d'un associé, la société continue avec les héritiers de l'associé décédé (art. 1870 al. 1 du Code civil). Si l'un des héritiers est un enfant mineur, et s'il accepte la succession, il devient lui-même associé et répond des dettes sociales. En cas d'acceptation pure et simple de la succession par le mineur, sous réserve de l'autorisation du conseil de famille ou du juge des tutelles, son engagement portera sur l'ensemble des dettes sociales. En revanche, en cas d'acceptation sous bénéfice d'inventaire, l'engagement du mineur sera limité aux «*forces de la*

1. À défaut d'information, le conjoint peut engager une action en nullité de l'acte pendant les deux années qui suivent la révélation de celui-ci, ou les deux ans qui suivent la dissolution de la communauté si elle intervient avant.

succession ». L'enfant mineur ne sera alors tenu des dettes du défunt que dans la limite de l'actif successoral.

Si le mineur est déjà associé d'une société civile, la société civile peut librement emprunter pour acheter un immeuble, car c'est la société civile qui emprunte et non le mineur. L'autorisation du juge des tutelles n'est donc pas requise.

Pour protéger l'enfant mineur, l'objet social peut être limité le temps de la minorité de l'enfant. Ainsi, l'objet de la société peut être limité à la gestion du patrimoine (immeuble, portefeuille titre, etc.) avec l'interdiction formelle de contracter tout emprunt.

La SARL de famille permet également de protéger le mineur, car la responsabilité des associés est limitée au montant des apports.

1.3. Les apports

Pour constituer une société civile, les associés doivent réaliser des apports (du numéraire, un immeuble, un portefeuille titre, etc.). En contrepartie, ils reçoivent des parts sociales.

Un **bien indivis** peut être apporté à une SCI :

- un indivisaire apporte sa quote-part indivise,
- ou tous les indivisaires apportent le bien indivis. À la suite d'un décès, les héritiers (les indivisaires) apportent l'immeuble (le bien indivis) dont ils ont hérité à une SCI. En contrepartie de cet apport, ils peuvent recevoir des parts également indivises. Cependant, chaque coïndivisaire peut également recevoir un nombre de parts équivalant à ses droits indivis. Dans ce cas, l'indivision cesse et un partage de « fait » intervient. (Les règles protectrices du partage concernant les mineurs doivent être respectées, et le droit de partage de 1 % est versé au Trésor public.)

Un **bien démembré** peut également être apporté à une société civile. Des parents apportent à une société civile un immeuble, dans une optique de transmission. L'immeuble peut être transféré en pleine propriété ou en démembrement. Les parents apportent en pleine propriété l'immeuble à une société civile puis donnent la nue-propriété des parts sociales à leurs enfants. Les parents apportent la nue-propriété de l'immeuble à la société civile, puis donnent la pleine propriété des parts sociales à leurs enfants (voir chapitre 5).

1.4. La participation aux résultats

L'article 1832 du Code civil laisse une grande latitude aux associés pour définir la part de chaque associé dans la répartition des bénéfices et des pertes. Ainsi, il est possible de prévoir un partage des résultats non proportionnels aux droits des associés dans le capital, ou de limiter la contribution aux pertes d'un associé au montant de ses apports. Ce type de clause peut être prévu dans les statuts ou par une décision des associés prise avant la fin de l'exercice social. Pour être valable, la clause ne doit pas attribuer la totalité du profit ou de la perte à un seul associé.

1.4.1. Participation aux bénéfices

Les associés participent aux bénéfices (ou aux économies) proportionnellement à leur part dans le capital social. Cependant, une clause statutaire peut prévoir qu'une catégorie de parts sociales donnera droit à des dividendes plus importants, même si la participation aux pertes est différente (la loi n'impose pas qu'il y ait identité de proportion dans la répartition des bénéfices et des pertes). Ainsi, des parents qui désirent conserver les revenus de l'immeuble apporté à la SCI peuvent prévoir qu'une partie plus importante des bénéfices leur sera attribuée.

1.4.2. Participation aux pertes

Vis-à-vis des créanciers de la SCI

- À l'égard des créanciers de la SCI, les associés sont indéfiniment responsables du passif social à proportion de leur part dans le capital social, quelles que soient les clauses statutaires. Les créanciers ne pourront poursuivre les associés qu'après avoir poursuivi vainement la SCI. (Si M. Debret est associé à 40 %

dans une SCI qui a un passif de 1 000 000 €, il sera personnellement tenu de rembourser 400 000 € aux créanciers.)

Vis-à-vis des associés de la SCI

- Les associés participent aux pertes proportionnellement à leur part dans le capital social. Cependant, une clause statutaire peut limiter ou augmenter la participation des associés dans les pertes sociales (une clause peut limiter la contribution aux pertes d'un associé au montant de son apport). Cette clause est cependant inopposable aux tiers (à moins qu'ils ne l'acceptent expressément lorsqu'ils contractent avec la société).

1.4.3. En présence d'un démembrement de parts de la société civile

En principe, le nu-propriétaire est redevable de l'impôt sur les plus-values. Pour écarter les conflits d'intérêts dans la répartition du résultat entre usufruitiers et nu-propriétaire, une convention de répartition du résultat doit être insérée dans les statuts ou dans une décision extra-statutaire enregistrée avant la clôture de l'exercice.

1.5. Comment élaborer les statuts ?

Les statuts doivent être établis par **écrit** par acte sous seing privé ou par acte notarié (en l'absence d'écrit, la SCI n'est pas nulle, mais elle ne peut pas être immatriculée, et fonctionne alors comme une société de fait).

1.5.1. Acte sous seing privé

Les futurs associés peuvent élaborer les statuts de la SCI en complétant les statuts types (suppléments Internet) si la SCI à créer ne présente pas de complexité juridique.

Les statuts sont établis sur papier libre. Il faut laisser un espace suffisant (une marge à gauche ou en bas) qui permet au receveur de l'enregistrement d'y apposer sa mention, et aux associés de faire des renvois lorsqu'une erreur a été commise. Chaque renvoi sera approuvé au moyen des paraphes des parties. Chaque page est numérotée et paraphée. Chaque original sera signé par chacun des associés. Chaque original doit mentionner le nombre des originaux.

Combien d'exemplaires des statuts ?	
Exemplaires originaux à signer par chacun des associés	**Copies certifiées conformes par le gérant**
• un à conserver au siège social ; • un pour le service de l'enregistrement ; • deux pour le greffe du tribunal de commerce ; • un par associé[1].	• pour le banquier ; • pour les administrations.

Les statuts types dans les suppléments Internet

Les statuts doivent comporter les mentions imposées par la loi, mais aussi les modalités de fonctionnement pratique de la société (choix et pouvoirs des gérants, mode de consultation des associés, majorité requise pour certaines décisions...), de façon à disposer des renseignements nécessaires quand se pose une question (à défaut, il faudrait en permanence se référer aux dispositions légales ou réglementaires).

À l'opposé, les statuts ne doivent pas reproduire toutes les dispositions légales car le texte serait volumineux sans être adapté aux besoins de la société. De plus, les statuts, pour être à jour, devraient être modifiés par une assemblée générale extraordinaire chaque fois que les textes légaux font l'objet d'une modification ; ce qui entraîne un coût et un formalisme importants.
C'est pourquoi les statuts types proposés en annexe réalisent un compromis entre des statuts trop longs et des statuts trop courts.

1. Chaque associé doit conserver son original car l'original, accompagné le cas échéant des actes de cessions, constituera pour l'associé la justification de son titre.

I.5.2. Acte authentique

L'acte authentique est-il obligatoire pour la rédaction des statuts ? *Les fondateurs peuvent avoir intérêt à confier la rédaction des statuts à un notaire (les honoraires sont négociables et dépendent de la complexité du montage juridique envisagé). Le notaire prendra en compte les préoccupations des futurs associés pour que les statuts soient adaptés à la situation, et éviter ainsi de sérieuses difficultés dans la vie de la société par la suite*	
Apport d'un immeuble à une SCI	Lorsqu'un immeuble ou un droit au bail supérieur à douze ans est apporté à une SCI, les statuts peuvent être rédigés par acte sous seing privé. Cependant, ils devront être déposés au rang des minutes d'un notaire avec reconnaissance d'écriture et de signature afin d'être publiés au bureau des hypothèques compétent.
SCI entre parents et enfants	Les statuts d'une SCI entre parents et enfants peuvent être valablement rédigés par acte sous seing privé. Dès lors que l'héritier membre de la SCI n'a pas été avantagé, le bien ne sera pas rapporté à la succession. L'acte authentique ne confère aucune sécurité complémentaire. Cependant, le recours au notaire permettra de bénéficier de ses conseils en matière de transmission de patrimoine, car il est habitué à résoudre les problèmes successoraux.
SCI entre époux	Les statuts d'une SCI entre époux peuvent être valablement rédigés par acte sous seing privé. Cependant, l'acte authentique protège la SCI d'une action en nullité fondée sur le motif d'une donation déguisée[1]. Ainsi, les juges ont retenu la qualification de donation déguisée dans une SCI entre époux dont l'immeuble social avait été entièrement financé par le mari (statuts rédigés sous seing privé) – (Cass. civ. 1re, 17 mars 1987). Si la qualification de donation déguisée est retenue, elle entraîne la nullité de l'opération, ce qui fait perdre au survivant les avantages retirés de la SCI.

1. « Les avantages et les libéralités résultant d'un contrat de société entre époux ne peuvent être annulés parce qu'ils constitueraient des donations déguisées, lorsque les conditions en ont été réglées par un acte authentique » (C. civ., art.1832-1, al. 2). L'article 1832-1 n'empêche pas de retenir le caractère indirect de la donation, ce qui permettra à l'un des époux en cas de divorce de révoquer la donation selon l'article 1096 du Code civil, ou de soumettre la donation à réduction en cas de décès.

1.6. L'objet social

1.6.1. L'activité doit être civile

L'objet de la SCI doit être rédigé très attentivement car une mauvaise rédaction est lourde de conséquences.

L'activité de la SCI doit être civile. Attention à une rédaction qui remet en cause la forme civile de la société ! En effet, si l'activité de la SCI est commerciale, les associés deviennent solidairement responsables des dettes sociales, et la société est automatiquement soumise à l'IS (l'administration fiscale tolère, à concurrence de 10 %, les activités commerciales des sociétés civiles).

L'objet social détermine l'étendue des **pouvoirs du gérant vis-à-vis des tiers**. Attention à un objet étendu qui risque de laisser au gérant des pouvoirs illimités !

Zoom n° 13

Société fictive et abus de droit

La réaction de l'objet social permet de mettre en valeur l'intérêt patrimonial de la société civile et contribue à écarter ainsi l'intérêt exclusivement fiscal de l'opération. La rédaction de l'objet social peut contribuer à écarter **l'abus de droit** du montage juridique. L'administration doit réunir des indices convergents de nature à démontrer l'absence de fonctionnement effectif de la société pour prouver la fictivité de la société : absence de présentation de documents comptables, **absence de tenue de comptabilité**, absence de tenue régulière d'assemblées d'associés, etc.

Une société civile immobilière crée une filiale sous forme de SARL pour loger son activité commerciale afin de ne pas remettre en cause sa forme civile. La SCI a été condamnée à rembourser les dettes de la SARL car c'est une filiale fictive.

Nos conseils pour la rédaction de l'objet social

Pour un modèle de clause, voir les statuts types sur le site Internet

- Précisez dans l'objet de la SCI que la vente de l'immeuble social doit rester exceptionnelle. En effet, la SCI ne doit pas faire des acquisitions et des ventes répétitives. À défaut, la SCI aurait une activité de marchand de biens qui est une activité commerciale.

.../...

.../...

- Ne mentionnez pas dans l'objet social la location en meublé car c'est une activité commerciale.
- L'objet social doit prévoir la faculté pour la SCI de se porter caution afin de faciliter les opérations de financement. Cependant, le cautionnement risque de remettre en cause la force civile de la SCI.
- Vous devez restreindre l'objet de la SCI afin de limiter les pouvoirs du gérant.

1.6.2. Attention au changement d'objet social ou d'activité réelle !

Le changement de l'objet social ou de l'activité réelle de la société civile équivaut à une **cessation d'entreprise** (art. 221-5 du CGI). Le changement d'objet social résulte normalement d'une modification des statuts. Le report des **déficits** subis jusqu'à la date du changement est **perdu**. Cependant, dans une société imposée à l'IR, les déficits ont déjà été imputés au niveau des associés.

Le **bénéfice d'exploitation** réalisé jusqu'à la date du changement est immédiatement imposé. Mais **les plus-values latentes** ne sont pas imposées s'il n'y a pas de modification comptable et si l'imposition des plus-values reste possible dans le régime fiscal applicable après la date du changement. Ainsi, une société civile de portefeuille qui acquiert un immeuble se transforme en société civile à prépondérance immobilière si la valeur de l'immeuble représente plus de 50 % de son actif total. Les plus-values latentes sur le portefeuille sont alors imposées à la date du changement d'activité réelle, car, en cas de vente des parts sociales après le changement d'activité, les plus-values ne seraient plus imposées en tant que plus-values mobilières, mais seraient soumises au régime des plus-values immobilières.

Si le changement entraîne le passage de l'IS à l'IR, les **réserves sont réputées distribuées aux associés** (art. 111 bis du CGI) **sans pouvoir bénéficier de l'abattement de 40 %** comme les dividendes. Ainsi, une SCI qui retire les meubles d'un local d'habitation bascule de la location meublée imposée à l'IS aux revenus fonciers imposés à l'IR, si elle n'a pas opté pour l'IS. Ce changement de régime fiscal entraîne l'imposition des réserves de la SCI. Cette imposition est sans effet si la SCI est en début de période de remboursement de l'emprunt contracté pour l'acquisition de l'immeuble, car elle aura accumulé uniquement des déficits.

1.7. Le nom

La dénomination sociale est libre. Elle peut être de pure fantaisie. Elle reprend souvent l'adresse de l'immeuble social (attention s'il y a plusieurs SCI dans le même immeuble !). Elle ne doit pas porter atteinte aux droits des tiers. Elle doit figurer sur tous les actes émanant de la société. (*N.B.* : la SCI peut être connue sous une raison sociale ; la raison sociale est obligatoirement composée du nom des associés.)

1.8. Le siège social

Le siège social détermine la nationalité de la société, les tribunaux territorialement compétents et le lieu d'accomplissement des formalités légales de publicité.

Le siège social peut être transféré dans tout autre lieu avec l'approbation de L'AGE. Les statuts peuvent donner tous pouvoirs au gérant pour effectuer ce transfert seul si le siège reste dans le même arrondissement du lieu d'immatriculation.

Zoom n° 14

Le siège social peut être situé chez l'un des associés qui doit indiquer le nom de la SCI sur sa boîte aux lettres.

1.9. La durée

La durée doit être déterminée dans les statuts. Elle court à dater de l'immatriculation de la société et ne peut excéder 99 ans. Elle peut être abrégée ou prorogée.

1.10. Les rapports avec les tiers

Les statuts ne peuvent pas limiter :

- **Les engagements des associés vis-à-vis des tiers** (C. civ., art. 1857). Cependant, au niveau du fonctionnement interne de la SCI, les associés peuvent limiter leur engagement. Si les tiers acceptent cette limitation en contractant avec la SCI, la clause leur est opposable.

- **Les pouvoirs du gérant agissant dans le cadre de l'objet social** (C. civ., art. 1849). Cependant, les pouvoirs du gérant peuvent être limités en restreignant l'objet de la SCI.

1.11. Les droits des associés

Les engagements d'un associé ne peuvent pas être augmentés sans le consentement de celui-ci (C. civ., art. 1836). Tout associé a le droit de participer aux décisions collectives (C. civ., art. 1844, al. 1), et d'obtenir communication des livres et documents sociaux (C. civ., art. 1855). Les associés peuvent poser des questions écrites (C. civ., art. 1855), et le gérant doit rendre compte annuellement aux associés (C. civ., art. 1856).

1.12. La fin de la société

Les clauses de dissolution (C. civ., art. 1844-7) et de nullité (C. civ., art. 1844-10 à 1844-15) sont déterminées par la loi.

1.13. Les clauses facultatives

La loi définit le cadre juridique général des SCI. À l'intérieur de ce cadre très souple, les futurs associés ont toute liberté pour adapter les statuts à leurs objectifs par des clauses facultatives[1].

- La modification des statuts (C. civ., art. 1836) et la prorogation de la société (C. civ., art. 1844-6) nécessitent en principe l'unanimité sauf dispositions contraires des statuts.
- Les règles de désignation et de révocation du gérant ainsi que ses pouvoirs internes (C. civ., art. 1846 à 1851) sont fixés par les statuts.

.../...

1. Sur de nombreux points, les dispositions légales sont ainsi énoncées : « sauf dispositions contraires des statuts » ; « à moins qu'il n'en soit disposé autrement dans les statuts » ; « dans le silence de la convention »...

.../...

- Le régime des décisions collectives doit être précisé par les statuts (C. civ., art. 1852 à 1854). À défaut, les décisions collectives nécessitent l'unanimité (ce qui risque de rendre la SCI ingérable).
- Une part indivise doit être représentée par un mandataire unique et une part démembrée doit être représentée par le nu-propriétaire[1] sauf disposition contraire des statuts.
- « La part de chaque associé dans les bénéfices et sa contribution aux pertes se déterminent à proportion de sa part dans le capital social, sauf clause contraire » (C. civ., art. 1844-1).
- « Le partage de l'actif est effectué entre les associés dans les mêmes proportions que leur participation aux bénéfices, sauf clause contraire » (C. civ., art. 1844-9).
- La cession de parts sociales est réglementée par les articles 1861 à 1863 du Code civil. Cependant, les majorités et les modalités prévues peuvent être modifiées par les statuts sans aboutir cependant à une impossibilité pour le cédant de se séparer de ses parts sociales.
- Les statuts peuvent obliger les associés à répondre aux appels de fonds de la gérance conformément à l'objet social ; imposer la tenue d'une comptabilité.
- Les statuts peuvent prévoir le fonctionnement des comptes courants et leurs modalités de remboursement ; les modalités d'exclusion d'un associé, et les modalités concernant son retrait volontaire ; le vote par correspondance...

2. Le capital social

Pour constituer la société civile, les associés apportent du numéraire, un immeuble, un portefeuille de valeurs mobilières, etc. Ces apports en nature ou en numéraire contribuent à la formation du capital social. Les associés reçoivent en contrepartie de leurs apports des parts sociales de la société. Ces apports sont qualifiés d'apport à titre pur et simple pour le calcul des droits d'enregistrement.

Si l'apport est rémunéré par une inscription en compte courant, cet apport ne contribue pas à la formation du capital social. Il est qualifié d'apport à titre onéreux pour le calcul des droits d'enregistrement. Si l'apport est rémunéré par des parts sociales et un compte courant, il est mixte pour le calcul des droits d'enregistrement.

L'apport en industrie est autorisé (art. 1843-2 du Code civil), mais ne contribue pas à la formation du capital social.

1. Sauf en ce qui concerne l'affectation des bénéfices.

Les droits de chaque associé dans le capital social sont proportionnels à leurs apports.

La loi ne fixe aucun capital minimal car les associés sont responsables des dettes sociales sur leur propre patrimoine. Les futurs associés peuvent donc décider librement du montant du capital social.

2.1. Capital faible ou capital élevé ?

2.1.1. Capital faible

La constitution d'une SCI avec un capital faible permettra de transmettre les parts sociales pour un coût fiscal faible si le montant de l'actif net social est faible.

Valeur des parts sociales = actif net social = actif social (immeuble de la SCI) – dettes sociales (compte courant ou emprunt de la SCI)

Cas n° 14

Constitution d'une SCI avec un capital faible et droits de mutation

M. Debret constitue une SCI pour acquérir un immeuble d'une valeur de 1 000 000 €.
- **hypothèse n° 1 : M. Debret apporte 990 000 € à la SCI en compte courant ;**
- **hypothèse n° 2 : M. Debret apporte 1 000 000 € sous forme de capital (il reçoit des parts sociales).**

Bilan de la SCI – hypothèse n° 1

Immeuble	1 000 000	Capital Compte courant	10 000 990 000
	1 000 000		1 000 000

Bilan de la SCI – hypothèse n° 2

Immeuble	1 000 000	Capital Compte courant	1 000 000 0
	1 000 000		1 000 000

M. Debret donne ou vend la majorité des parts de la SCI à son fils peu de temps après l'acquisition de l'immeuble :

- dans l'hypothèse n° 1, les droits de mutation sont très faibles car ils sont calculés sur une base de 10 000 € et le financement par compte courant (990 000 €) constitue un passif déductible de l'actif social (l'immeuble d'une valeur de 1 000 000 €) ;
- dans l'hypothèse n° 2, les droits de mutation sont calculés sur une base de 1 000 000 €. Pour diminuer la base de calcul, il est possible de procéder, avant la donation, à **une réduction de capital**.

Au fur et à mesure du remboursement du compte courant de M. Debret, le passif social diminuera et l'actif social augmentera. La valeur des parts sociales sera plus importante et les droits d'enregistrement seront plus élevés.

Le risque d'un capital faible est lié à l'imposition des plus-values lors de la cession ultérieure des parts sociales. En effet, la plus-value est égale à la différence entre le prix de cession des parts de la SCI et leur prix d'acquisition. Plus le capital est faible, plus le prix d'acquisition est faible et plus la plus-value de cession est importante.

Dans ce cas, la seule solution pour réduire la plus-value de cession est de vendre l'immeuble par la SCI plutôt que de vendre les parts sociales. Les droits d'enregistrement payés par l'acquéreur seront identiques (5 %). Cependant, la vente de l'immeuble supportera les frais d'assiette de 0,09 % (les droits d'enregistrement pour l'immeuble sont de 5,09 % au lieu de 5 % pour les parts sociales).

Cas n° 15

Constitution d'une SCI avec un capital faible et plus-values

Dans l'hypothèse n° 1, M. Debret cède ses parts sociales quand le compte courant est totalement remboursé.

Dans ce cas, le prix de vente des parts sociales est au moins de 1 000 000 € (actif net social), alors que les parts sociales ont été acquises pour 10 000 € (capital initial). Le prix de cession est presque entièrement considéré comme une plus-value de cession (si le compte courant n'était presque pas remboursé, le prix de cession serait plus faible ainsi que la plus-value).

Zoom n° 15

Capital faible ou capital élevé

Si des cessions de parts sociales sont prévues à moyen terme, il est préférable de constituer une SCI avec un **capital élevé** (pour une cession à court terme, le capital faible n'influence pas la plus-value ; pour une cession à long terme, la plus-value est totalement exonérée quel que soit le montant du capital).
Un capital faible permet également de sortir de la SCI sans imposition : la SCI vend l'immeuble social et distribue le prix de vente aux associés. Cette distribution est assimilée à une distribution de réserves non taxable (pas de droit de partage de 1 %).

2.1.2. Capital élevé

Par comparaison, certains avantages et inconvénients d'un capital élevé ont été développés précédemment. Nous présentons ici uniquement une synthèse.

Avantages d'un capital élevé
• le capital élevé diminue l'imposition des plus-values en cas de cession ultérieure des parts sociales ; • le coût de constitution d'une SCI avec un capital élevé est le même que celui d'une SCI avec un capital faible ; • même si les associés ne disposent pas des sommes nécessaires, ils peuvent constituer une SCI avec un capital élevé car ils ne sont pas obligés de libérer le capital ; • avec un capital élevé la SCI bénéficie d'un plus grand « prestige » vis-à-vis des tiers ; • la SCI est de plein droit créancière des intérêts sur le montant de l'apport de l'associé défaillant quand le capital est appelé ; • un capital élevé est préférable à des comptes courants élevés car une demande de remboursement de la part d'un associé peut mettre la SCI en difficulté financière (des clauses spécifiques dans les statuts peuvent réglementer les demandes de remboursement) ; • si les parts de la SCI sont exonérées d'impôt sur la fortune (ISF), l'affectation des résultats à la libération progressive d'un capital élevé, à la place d'une affectation en compte courant, permet de réduire la base d'imposition à l'ISF.

2.2. Faut-il adopter un capital variable ?

En général, une société civile a un capital fixe. Un capital variable facilite l'entrée et le retrait d'un associé en évitant les opérations sur compte courant d'associés et en supprimant le formalisme lié à l'évolution du capital social.

Capital variable	
La loi du 24 juillet 1867 prévoit la possibilité d'insérer une clause de variation du capital dans les sociétés civiles	
Intérêt d'un capital variable	Si la composition des associés de la SCI change fréquemment, une clause de capital variable permet **d'éviter de recourir à la procédure lourde d'augmentation ou de réduction de capital** (exemples : SCI constituées entre investisseurs, SCI constituées pour l'acquisition d'une résidence de loisirs, SCI constituées entre le chef d'entreprise et certains collaborateurs...). La clause de capital variable permet également l'exclusion d'un associé.
Régime	Le capital social varie librement entre un capital maximal (capital statutaire) et un capital minimal (au moins égal à 10 % du capital statutaire), sans aucune formalité de publicité. L'admission de nouveaux associés est soumise à l'agrément de l'organe désigné par les statuts. Chaque associé peut se retirer librement (à moins que le capital ait atteint le seuil minimal). Un associé peut être exclu sur décision de l'assemblée générale extraordinaire.

2.3. Libération immédiate ou différée du capital social ?

2.3.1. Modalités pratiques de libération du capital de la SCI

Comme les associés sont indéfiniment responsables des dettes sociales sur leur propre patrimoine, le capital social ne constitue pas une garantie pour les tiers. Les associés peuvent donc décider librement de la date de libération de leurs apports. La libération du capital peut donc être différée.

La société civile de patrimoine peut donc être constituée avec un capital élevé, mais non libéré si les associés n'ont pas les disponibilités correspondantes. Les modalités de libération du capital peuvent être prévues dans les statuts ou laissées à l'initiative du gérant. Les apports en numéraire seront alors échelonnés pour tenir compte des contraintes de trésorerie des associés (un calendrier des prochaines libérations de capital peut être élaboré).

De plus, les bénéfices réalisés par la SCI peuvent être distribués aux associés. Cette distribution est inscrite au compte courant des associés pour leur permettre de faire face aux appels de fonds des libérations de capital. En effet, la libération d'un apport en numéraire peut s'effectuer par compensation avec le compte courant de l'associé (compensation avec « une créance liquide et exigible »).

Quand la date de libération du capital est fixée, l'associé doit libérer le montant de son apport. À défaut, il devra verser à la société des intérêts de retard (art. 1843-3 du Code civil).

La libération d'un apport en nature est immédiate. Elle est réalisée par le transfert de propriété de l'immeuble, du portefeuille, etc., au profit de la société civile.

En cas de démembrement des parts sociales, l'obligation de libération du capital incombe au nu-propriétaire. Comme le résultat revient à l'usufruitier, le nu-propriétaire ne pourra pas libérer le capital grâce aux résultats. Il faut donc prévoir la mise en réserve du résultat. Les réserves sont alors appréhendées par le nu-propriétaire qui peut les consacrer à la libération du capital.

En cas de vente de parts sociales, la dette de libération du capital incombe à l'associé d'origine. Cependant, par convention, cette dette peut être transférée à l'acquéreur.

Cas n° 16

SCI avec un capital élevé et dont le capital est libéré en fonction des appels laissés à l'initiative du gérant

Deux personnes constituent une SCI avec un capital de 1 000 000 € dont 200 000 € sont libérés à la constitution de la SCI. Le surplus est libéré en fonction des appels du gérant.

.../...

(Suite cas n° 16)

— .../...

La SCI emprunte 800 000 € pour acquérir un immeuble de 1 000 000 €. La SCI n'a aucune trésorerie : l'immeuble (1 000 000 €) est financé par l'emprunt (800 000 €) et par l'apport en numéraire immédiatement libéré (200 000 €).

Bilan de départ de la SCI :

Capital non libéré Immeuble Trésorerie	800 000 1 000 000 0	Capital Emprunt Compte courant	1 000 000 800 000 0
	1 800 000		1 800 000

(Capital – capital non libéré = capital libéré : 1 000 000 € – 800 000 € = 200 000 €)

Si les loyers encaissés par la SCI permettent de rembourser les échéances de l'emprunt (capital + intérêt), l'emprunt (le capital pour 800 000 €) disparaît du passif et le résultat de la SCI (les loyers encaissés moins les intérêts de l'emprunt), est distribué aux associés par virement aux comptes courants. Avec un emprunt à 8 % remboursable par annuités constantes sur quinze ans (annuité ≈ 93 500 €), au bout de quinze ans la SCI aura payé à sa banque 1 402 500 € dont 800 000 € de remboursement de capital. La SCI sur cette période de quinze ans aura dégagé un résultat de 800 000 € en faisant abstraction de l'imposition des revenus fonciers : les loyers encaissés (1 402 500 €) moins les intérêts de l'emprunt (602 500 €).

Bilan de la SCI au bout de quinze ans avant affectation du résultat :

Capital non libéré Immeuble Trésorerie	800 000 1 000 000 0	Capital Résultat Emprunt Compte courant	1 000 000 800 000 0 0
	1 800 000		1 800 000

Bilan de la SCI au bout de quinze ans après affectation du résultat en compte courant :

Capital non libéré Immeuble Trésorerie	800 000 1 000 000 0	Capital Emprunt Compte courant	1 000 000 0 800 000
	1 800 000		1 800 000

Au fur et à mesure que les comptes courants au profit des associés se forment, la libération du capital peut se faire par compensation avec les comptes courants.

Bilan de la SCI au bout de quinze ans avec libération du capital par compensation avec les comptes courants :

Capital non libéré Immeuble Trésorerie	0 1 000 000 0	Capital Emprunt Compte courant	1 000 000 0 0
	1 000 000		1 000 000

2.3.2. Un capital élevé et non libéré permet-il de réduire les plus-values de cession des parts sociales ?

La plus-value de cession des parts sociales est imposée à 30,1 % (IR de 18 % + PS de 12,1 %). La plus-value imposable est la différence entre le prix de vente des parts sociales et leur prix d'acquisition.

Pour le prix d'acquisition, on retient le prix d'acquisition des parts sociales au moment de la souscription, même si le capital social n'a pas été libéré dès la constitution de la société. Un capital élevé non libéré permet donc d'augmenter le prix d'acquisition des parts sociales, et donc de réduire la plus-value de cession des parts sociales.

Comme la dette de libération du capital social est transférée à l'acquéreur, ce dernier paie la valeur vénale des parts sociales minorées de la dette de libération. Pour éviter que le prix de vente soit minoré, la dette de libération vient augmenter le **prix de vente** pour le calcul de la plus-value de cession.

À ce stade, un capital élevé non libéré ne permet donc pas de réduire la plus-value de cession. Il faut donc libérer le capital pour réduire la plus-value. Le capital peut être libéré grâce au compte courant de l'associé qui peut être alimenté par le résultat dégagé par la société civile.

Cependant, l'administration fiscale pourra, sur la base de l'abus de droit, démontrer que l'**apport de l'associé est fictif**. L'associé n'a jamais eu l'intention de financer l'acquisition de l'immeuble par un apport en capital, mais par un emprunt bancaire. L'associé peut cependant argumenter que le bénéfice dégagé par la société civile appartient aux associés. Le bénéfice est viré sur le compte courant et permet ainsi d'éteindre la dette de libération du capital.

De plus, la société civile dégage peu de résultats les premières années. En effet, pour un emprunt à remboursement constant, les intérêts sont élevés et le résultat donc faible. La libération du capital grâce au compte courant sera réalisée tardivement. Or, la plus-value bénéficie d'un abattement de 10 % par année de détention au-delà de la cinquième année. La date d'acquisition et la date de souscription au capital.

Compte tenu des risques fiscaux (intérêts d'emprunts non déductibles, apport de l'associé fictif, augmentation des droits d'enregistrement, etc.), un **capital faible pourrait être préférable** à un capital élevé non libéré.

Cas n° 17

Libération du capital par compensation avec le compte courant des associés avec ou sans amortissement économique

1) Sans amortissement économique

Pour acquérir un immeuble d'une valeur de 2 millions d'euros, des personnes physiques constituent une SCI. Le capital de la SCI correspond au montant de l'investissement. Cependant, il n'est libéré qu'à hauteur de 200 K€. Le financement est assuré par le montant du capital libéré (200 K€) et par un emprunt pour le solde (1 800 K€).

2) Avec amortissement économique

Il est important de ne pas amortir l'immeuble sur le plan comptable (l'amortissement de l'immeuble n'est pas déductible en revenus fonciers). En effet, l'amortissement diminue le résultat affecté en compte courant pour la libération du capital. Nous supposons un amortissement de l'immeuble sur une durée économique de vingt ans.

---

1. Le **bilan de départ** se présente donc comme suit :

Actif		Passif	
Capital non libéré Immeuble Trésorerie	1 800 2 000 0	Capital social Résultat Emprunt Compte courant	2 000 0 1 800 0
	3 800		**3 800**

Les loyers nets de charges permettent de rembourser l'emprunt. La SCI ne dégage donc aucune trésorerie. L'emprunt au taux de 5 % est remboursé par annuités constantes sur une période de dix ans.

En cumul, au bout de dix ans, le compte de résultats et la trésorerie sont les suivants :

En cumul sur 10 ans	Revenus fonciers	Trésorerie
Loyers	2 331	2 331
Emprunt :		
• intérêts	– 531	– 531
• capital		– 1 800
	1 800	**0**

Au bout de dix ans, le bilan de la SCI avant affectation du résultat est le suivant :

Actif		Passif	
Capital non libéré Immeuble Trésorerie	1 800 2 000 0	Capital social Résultat Emprunt Compte courant	2 000 1 800 0 0
	3 800		**3 800**

Le résultat est affecté en compte courant. De toute façon, le résultat ne peut pas être distribué, puisque la trésorerie de la SCI est nulle.

Après affectation du résultat, le bilan se présente comme suit :

Actif		Passif	
Capital non libéré Immeuble Trésorerie	1 800 2 000 0	Capital social Résultat Emprunt Compte courant	2 000 0 0 1 800
	3 800		**3 800**

Le capital est libéré par compensation avec le compte courant. Après compensation, nous obtenons :

Actif		Passif	
Capital non libéré Immeuble Trésorerie	0 2 000 0	Capital social Résultat Emprunt Compte courant	2 000 0 0 0
	2 000		**2 000**

Si les parts sociales sont vendues pour 2 500 K€, la plus-value correspondra à la différence entre le prix de vente (2 500 K€) et le prix d'acquisition des parts sociales (2 000 K€). Si on avait constitué la SCI avec un capital faible de 200 K€, la plus-value aurait été de 2 300 K€.

2. **Le compte de résultats et le bilan en cumul au bout de dix ans** sont les suivants :

En cumul sur 10 ans	Revenus fonciers	Trésorerie
Loyers	2 331	2 331
Amortissement	– 1 000	
Emprunt :		
• intérêts	– 531	– 531
• capital		– 1 800
	800	**0**

Après **affectation du résultat**, le bilan se présente comme suit :

Actif		Passif	
Capital non libéré	1 800	Capital social	2 000
Immeuble	2 000	Résultat	0
Amortissements	– 1 000	Emprunt	0
Trésorerie	0	Compte courant	800
	2 800		**2 800**

Le capital est libéré par compensation avec le compte courant. Après compensation, nous obtenons :

Actif		Passif	
Capital non libéré	1 000	Capital social	2 000
Immeuble	2 000	Résultat	0
Amortissements	– 1 000	Emprunt	0
Trésorerie	0	Compte courant	0
	2 000		**2 000**

2.3.3. Risques et opportunités d'un capital non libéré

2.3.3.1. Les intérêts d'emprunt pourraient ne pas être déductibles si le capital n'est pas libéré

Une société civile est constituée avec un capital élevé non libéré. Elle emprunte pour financer l'acquisition d'un immeuble locatif. Les intérêts sont déductibles des revenus fonciers. Cependant, l'emprunt n'a pas été souscrit dans l'intérêt de l'exploitation. En effet, la société aurait pu s'abstenir d'emprunter en demandant d'abord aux associés de libérer leurs souscriptions. L'administration pourrait estimer que l'emprunt ne sert pas à acquérir l'immeuble, mais à suppléer au défaut de paiement de l'associé. Sur la base de **l'abus de droit, les intérêts ne sont pas déductibles**. Cependant, quand un associé emprunte pour acquérir les parts sociales d'une SCI, les intérêts d'emprunt sont déductibles de sa quote-part de revenus fonciers.

Cet argumentaire peut être mobilisé pour rejeter l'abus de droit : si la société n'avait pas emprunté, l'associé l'aurait fait pour libérer immédiatement son apport et financer l'acquisition d'immeubles. Les intérêts auraient été déductibles. Si c'est la société qui emprunte, les intérêts doivent rester déductibles.

Si un associé acquiert des parts qui ne sont pas intégralement libérées, il peut emprunter pour financer la dette de libération qui lui est ainsi transférée. Les intérêts sont également déductibles de sa quote-part de revenus fonciers. En revanche, si un associé souscrit des parts sociales non libérées au moment de la création de la société civile, les intérêts contractés par le souscripteur pour éteindre sa dette de libération ne sont pas déductibles.

2.3.3.2. Les intérêts de compte courant ne sont pas déductibles si la société est imposée à l'IS

Si la société civile de patrimoine est imposée à l'impôt sur le revenu, les intérêts qui rémunèrent le compte courant sont déductibles du revenu foncier si le compte courant finance l'acquisition de l'immeuble. En revanche, ils ne sont pas déductibles des revenus de capitaux mobiliers (RCM) si le compte courant finance l'acquisition d'un portefeuille de valeurs mobilières.

Si la société civile de patrimoine est imposée à l'impôt sur les sociétés (options pour l'IS ou parts sociales inscrites à l'actif d'une entreprise), les intérêts ne sont pas déductibles tant que le capital n'est pas libéré.

2.3.3.3. La base de calcul des droits d'enregistrement est majorée en cas de cession de parts sociales non libérées

En cas de **vente de parts sociales**, les **droits d'enregistrement** au taux de 5 % sont exigibles sur le prix de vente des parts sociales. Si l'associé n'a pas libéré le capital, la société civile détient une créance de libération de capital sur l'associé. Par convention, cette dette de libération peut être transférée à l'acquéreur. Ce dernier paie alors la valeur vénale des parts sociales minorées de la dette de libération.

Cependant, les droits d'enregistrement sont calculés sur le prix de vente des parts sociales, **majoré de la créance de libération de capital** (base de calcul = prix de vente des parts sociales + créance de libération de capital). Il y a donc **surtaxation**.

En cas de donation de parts sociales non libérées, la base de calcul des droits de donation est également majorée de la créance de libération de capital.

Cas n° 18

Réduction de capital pour diminuer les droits d'enregistrement quand le capital n'est pas libéré

Le bilan d'une société civile est le suivant :

Actif		Passif	
Capital non libéré Immeuble Trésorerie	8 000 11 000 0	Capital social Résultat Emprunt Compte courant	10 000 1 000 8 000 0
	19 000		**19 000**

L'immeuble a une valeur vénale de 12 000 €.

La valeur de la société civile peut être déterminée comme suit :

Situation nette	11 000
Plus-value latente	1 000
	12 000

Le prix de vente des parts sociales doit cependant être minoré de la dette de libération qui est transmise à l'acquéreur :

Valeur de la société civile	12 000
Dette de libération	– 8 000
	4 000

Cependant, pour le calcul de la plus-value fiscale de cession, le prix de vente est majoré de la dette de libération.

Nous obtenons :

Prix de vente des parts sociales	4 000
Dette de libération	8 000
Prix d'acquisition des parts sociales	– 10 000
	2 000

Pour le calcul des droits d'enregistrement, le prix de vente est majoré de la dette de libération. Il en résulte un montant élevé des droits d'enregistrement :

Base de calcul des droits d'enregistrement

Prix de vente des parts sociales	4 000
Dette de libération	8 000
	12 000

Droits d'enregistrement

Base	12 000
Taux des droits d'enregistrement	5 %
	600

Pour réduire ses droits d'enregistrement, nous pouvons procéder à une réduction du capital à hauteur du capital non libéré. Le bilan après réduction du capital est le suivant :

Actif		Passif	
Capital non libéré	0	Capital social	2 000
Immeuble	11 000	Résultat	1 000
Trésorerie	0	Emprunt	8 000
		Compte courant	0
	11 000		**11 000**

La plus-value fiscale est identique :

Valeur de la société civile

Situation nette	3 000
Plus-value latente	1 000
	4 000

Prix de vente des parts sociales	
Valeur de la société civile	4 000
Dette de libération	0
	4 000
Plus-value fiscale	
Prix de vente des parts sociales	4 000
Dette de libération	0
Prix d'acquisition des parts sociales	– 2 000
	2 000

En revanche, la taxe de calcul des droits d'enregistrement est réduite. Il en résulte une économie des droits d'enregistrement :

Base de calcul des droits d'enregistrement	
Prix de vente des parts sociales	4 000
Dette de libération	0
	4 000
Droits d'enregistrement	
Base	4 000
Taux des droits d'enregistrement	5 %
	200
Économie de droits d'enregistrement	**400**

3. Le coût de la constitution

La constitution d'une SCI entraîne des frais qui sont à la charge de la société. Elle peut également entraîner une taxation supportée par l'associé sur l'apport qu'il fait à la société.

3.1. Les frais à la charge de la société

3.1.1. Les droits d'apport

Pour constituer une SCI, les associés doivent réaliser des apports en numéraire (de l'argent) ou des apports en nature (un immeuble...).

- Ces apports sont en principe rémunérés par des parts sociales de la SCI : ce sont les **apports « à titre pur et simple »**.
- Cependant, un associé peut apporter un immeuble dont il a financé l'acquisition par un emprunt qui n'est pas encore remboursé au moment de l'apport. L'associé peut demander à la SCI la prise en charge du remboursement de cet emprunt. L'apport est alors rémunéré par des parts sociales de la SCI et par la prise en charge du passif. La partie de l'apport rémunéré par la prise en charge de l'emprunt est un **apport « à titre onéreux »**.

Cas n° 19

Constitution d'une SCI et répartition des apports

Deux associés, Graccus et Enak, constituent une SCI. Graccus apporte 100 000 €. Enak apporte un immeuble de bureaux d'une valeur de 700 000 € et grevé d'un emprunt de 300 000 € qui sera pris en charge par la SCI.

Procéder à la répartition des apports.

Répartition des apports :

Associés	Nature de l'apport	Montant de l'apport	Apport à titre pur et simple	Apport à titre onéreux	Capital de la SCI	Répartition des parts sociales
Graccus	Numéraire	100 000 €	100 000 €		100 000 €	20 %
Enak	Immeuble Emprunt	700 000 € – 300 000 €	400 000 €	300 000 €	400 000 €	80 %
		500 000 €	**500 000 €**	**300 000 €**	**500 000 €**	**100 %**

Bilan de départ de la SCI :

Actif		Passif	
Immeuble Trésorerie	700 000 € 100 000 €	Capital Emprunt	500 000 € 300 000 €
	800 000 €		**800 000 €**

Les apports à titre onéreux (rémunérés par la prise en charge d'un passif) **sont imposés comme les ventes** au taux de 5 %.

La **taxation des apports à titre pur et simple** (rémunérés par des parts sociales) dépend de la nature du bien apporté, du régime d'imposition de l'apporteur et du régime d'imposition de la SCI :

- Les apports à une **SCI soumise à l'impôt sur le revenu** sont exonérés.
- Si la **SCI opte pour l'impôt sur les sociétés**, les **apports en numéraire** sont exonérés. En revanche, l'apport d'un **immeuble** par un associé personne physique[1] à une SCI soumise à l'IS est taxé au taux de 5 %.

Pour certains apports, **la TVA immobilière** se substitue aux droits d'enregistrement :

- terrains à bâtir lorsque la SCI prend l'engagement de construire dans un délai de quatre ans et qu'elle est assujettie à la TVA ;
- immeubles construits depuis moins de cinq ans et dont c'est la première mutation depuis l'achèvement.

Si la SCI opte pour la TVA, les loyers seront soumis à la TVA **et la SCI pourra récupérer la TVA payée sur l'achat**. En cas de vente de l'immeuble social plus de cinq ans après l'achèvement de l'immeuble, la cession est soumise aux droits d'enregistrement et la TVA initialement déduite devra être reversée pour partie à l'État.

Par ailleurs, **la mise en société d'une entreprise individuelle est exonérée de droits d'enregistrement** si :

- l'apporteur prend l'engagement de conserver pendant trois ans au moins les titres remis en contrepartie de l'apport ;
- l'immeuble est affecté à l'exploitation et apporté en même temps que les autres éléments du fonds professionnel.

1. L'apport d'un immeuble par une société relevant de l'IS à une SCI relevant de l'IS est exonéré.

Zoom n° 16

La mise en société d'une entreprise individuelle est gratuite

L'exonération de droits d'enregistrement ne s'applique pas si l'exploitant décide de dissocier l'actif professionnel apporté à une société d'exploitation (SARL...) et l'actif immobilier apporté à une SCI (voir cas n° 20).

Cas n° 20

Mise en société d'une entreprise individuelle et constitution d'une SCI

Un boulanger apporte son fonds de commerce à une SARL soumise à l'IS et décide d'isoler les « murs » au sein d'une SCI qui opte pour l'IS.

Quels sont les droits d'apport ?

L'apport du fonds à la SARL est exonéré si le boulanger prend l'engagement de conserver les parts sociales de la SARL pendant trois ans au moins. En revanche, l'apport de l'immeuble à la SCI sera taxé au taux de 5 % si l'apport est à titre pur et simple.

Cas n° 21

Constitution d'une SCI et calcul des droits d'apport

Deux associés, Graccus et Enak, constituent une SCI. Graccus apporte 100 000 €. Enak apporte un immeuble de bureaux d'une valeur de 700 000 €, grevé d'un emprunt de 300 000 € qui sera pris en charge par la SCI.

Calculer les droits d'enregistrement payés par la SCI en retenant les deux hypothèses suivantes :
- **Hypothèse n° 1 : la SCI est imposée sur le revenu.**
- **Hypothèse n° 2 : la SCI est soumise à l'impôt sur les sociétés.**

Hypothèse n° 1 : la SCI est imposée sur le revenu

À partir de la répartition des apports effectuée précédemment (cas n° 15), les droits d'enregistrement payés par la SCI sont les suivants :

1. **Apport en numéraire de 100 000 €** : apport à titre pur et simple ⇒ pas d'imposition.
2. **Apport de l'immeuble de bureaux d'une valeur de 700 000 € grevé d'un emprunt de 300 000 € qui sera pris en charge par la SCI** :
   - apport à titre onéreux pour 300 000 € ⇒ imposé comme une vente ⇒ 300 000 € × 5 % = 15 000 € ;
   - apport à titre pur et simple pour 400 000 € ⇒ pas d'imposition.

Au final, la SCI paiera 14 400 € de droits d'enregistrement

Hypothèse n° 2 : la SCI est soumise à l'impôt sur les sociétés

Les droits d'enregistrement sont identiques. Cependant l'apport à titre pur et simple pour 400 000 € est imposé au taux de 5 % ⇒ 400 000 € × 5 % = 20 000 €.

Au final, la SCI paiera 33 600 € de droits d'enregistrement

Pour les apports à titre onéreux, lorsque l'apport porte sur un bien unique (un immeuble comme dans l'exemple précédent), l'imputation du passif ne pose aucun problème. En revanche, **lorsque l'apport porte sur une masse de biens de nature différente, les associés peuvent librement choisir** (le choix doit être indiqué dans l'acte de société) **les éléments d'actif qui seront considérés comme apportés à titre onéreux**. Ils effectueront ce choix de façon à **payer le moins possible de droits**.

Pour cela, le passif sera imputé en priorité sur les biens d'actif dont la vente ne supporterait pas de droits de mutation (espèces, créances...) ou encore sur des biens relevant de la TVA (terrains à bâtir, immeubles dont l'achèvement remonte à moins de cinq ans). Lorsque cette imputation est épuisée, il faut se résigner à imputer le solde du passif sur les immeubles, ce qui entraîne l'exigibilité des droits de mutation.

<table>
<tr><th colspan="4">Droits d'enregistrement sur les apports à titre pur et simple à une SCI

Les droits d'enregistrement sur les apports à titre pur et simple à une SCI (rémunérés par des droits sociaux) dépendent de la nature du bien apporté, du régime d'imposition de l'apporteur et du régime d'imposition de la SCI</th></tr>
<tr><th rowspan="2">Type d'apport</th><th rowspan="2">Apporteur</th><th colspan="2">SCI bénéficiaire de l'apport soumise à</th></tr>
<tr><th>l'impôt sur le revenu</th><th>l'impôt sur les sociétés</th></tr>
<tr><td rowspan="2">Numéraire[1]</td><td>Personne physique[2]</td><td rowspan="2">Exonération</td><td rowspan="2">Exonération</td></tr>
<tr><td>Société soumise à l'IS</td></tr>
<tr><td rowspan="2">Immeuble à usage professionnel</td><td>Personne physique[2]</td><td rowspan="2">Exonération</td><td>5 % que l'apport soit à titre pur et simple ou à titre onéreux</td></tr>
<tr><td>Société soumise à l'IS</td><td>Exonération</td></tr>
<tr><td rowspan="2">Immeuble à usage d'habitation</td><td>Personne physique[2]</td><td rowspan="2">Exonération</td><td>5 % que l'apport soit à titre onéreux ou à titre pur et simple</td></tr>
<tr><td>Société soumise à l'IS</td><td>Exonération</td></tr>
</table>

Cas n° 22

Calcul des droits en cas de constitution d'une SCI – Cas de synthèse

Jacques Héraklion est propriétaire de quelques biens immobiliers qu'il souhaite rassembler au sein d'une société civile immobilière relevant de l'IR afin d'en faciliter la gestion et d'en préparer la transmission à titre gratuit au profit de ses deux enfants.
Il apporte à la SCI les éléments suivants :
- un immeuble à usage de bureaux, évalué à 4 400 000 € et grevé d'un passif hypothécaire de 2 300 000 € qui sera pris en charge par la SCI ;

.../...

1. Ainsi que les meubles corporels, les créances, les valeurs mobilières...
2. Ou personne morale imposée sur le revenu (SNC...).

(Suite cas n° 22)

— .../...

- un terrain à bâtir évalué à 400 000 €, sur lequel la SCI prend l'engagement de construire un ensemble immobilier dans les quatre ans. La SCI est assujettie à la TVA ;
- un apport en numéraire de 500 000 € destiné à financer en partie la construction à édifier sur ce terrain.

Les deux enfants de Jacques Héraklion apporteront chacun 15 000 € en numéraire.

Calculer les droits exigibles.

- **Hypothèse n° 1 : la SCI est imposée sur le revenu.**
- **Hypoyhèse n° 2 : la SCI opte pour l'imposition sur les sociétés.**

Bilan de départ de la SCI :

Immeuble de bureaux Terrain à bâtir Trésorerie	4 400 000 € 400 000 € 530 000 €	Capital Emprunt	3 030 000 € 2 300 000 €
	5 330 000 €		**5 330 000 €**

Calcul des droits exigibles :

Hypothèse n° 1 : la SCI est imposée sur le revenu

Jacques Héraklion apporte des éléments dont la valeur brute est de 5 300 000 €. Ses apports sont à titre onéreux à concurrence du passif pris en charge par la société, soit 2 300 000 € ; ils sont à titre pur et simple pour le surplus, soit 3 000 000 €. Dans les statuts, il faut prévoir l'imputation du passif d'abord sur le numéraire apporté par Jacques Héraklion (500 000 €), ensuite sur le terrain à bâtir (400 000 €), le solde (1 400 000 €) étant imputé sur l'immeuble à usage de bureaux. L'imputation sur le numéraire n'entraîne l'exigibilité d'aucun droit de mutation. Pour les autres imputations, les droits à payer seront les suivants :

- TVA sur le terrain à bâtir : 400 000 € × 19,60 % = 78 400 € qui sont récupérables par la SCI si elle a opté pour la TVA.
- Droits de mutation sur les apports à titre onéreux (sur le terrain) : 1 400 000 € × 5 % = 70 000 €.

Associés	Apports				Droits exigibles sur apports	
	Nature	Montant	À titre pur et simple	À titre onéreux	À titre pur et simple	À titre onéreux
Héraklion père	Immeuble à usage de bureaux	4 400 000	3 000 000	1 400 000	0	**Droits de mutation :** +1 400 000 × 4,80 % = 67 200 €
	Passif hypothécaire	– 2 300 000				
	Terrain à bâtir	400 000		400 000		**TVA immobilière :** + 400 000 × 19,60 % = 78 400 €
	Numéraire	500 000		500 000		0
	Total	**3 000 000**	**3 000 000**	**2 300 000**		
Héraklion fils	Numéraire	30 000	30 000		0	
	Total	**30 000**	**30 000**			

Hypothèse n° 2 : la SCI est soumise à l'IS

Si la SCI opte pour l'IS, les apports à titre onéreux sont taxés de la même manière. En revanche, les apports à titre pur et simple portant sur l'immeuble à usage de bureaux supportent les droits de mutation au taux de 5 %, soit : 3 000 000 € × 5 % = 150 000 €.

Zoom n° 17

Pour ne pas aggraver les droits d'apports à une SCI

- Si les associés ne prévoient pas la répartition du passif dans les statuts, l'administration impute le passif sur les différents éléments apportés proportionnellement à leur valeur. Les droits d'enregistrement sont alors plus élevés.
- Si la SCI opte pour l'IS, il en résulte une aggravation des droits lorsque des immeubles sont apportés à une SCI par des personnes physiques (voir cas n° 21).
- En revanche, il est interdit d'imputer le passif propre à un apporteur sur des éléments apportés par un autre associé (dans le cas n° 21, le passif hypothécaire ne peut pas être imputé sur les 30 000 € de numéraire apportés par les deux enfants).
- Séparez bien les meubles et l'immeuble car l'apport ou la vente de meubles n'est pas soumis aux droits d'enregistrement (dans le cas d'un appartement ancien avec des meubles de valeur : une bibliothèque…).

Cas n° 23

Intérêts d'emprunt et droits d'enregistrement

M. Foujita détient un immeuble d'une valeur vénale de 1 000 000 € grevé d'un emprunt de 600 000 €. Il souhaite constituer une SCI imposée à l'impôt sur le revenu.

Deux hypothèses sont envisagées :

1. **Apport de l'immeuble et de l'emprunt à la SCI.**
2. **Apport uniquement de l'immeuble à la SCI.**

Hypothèse n° 1 : apport de l'immeuble et de l'emprunt à la SCI.

L'apport de l'immeuble d'une valeur de 1 000 000 € est un apport à titre onéreux à hauteur de l'emprunt (600 000 €) et à titre pur et simple pour le solde (400 000 €). L'apport à titre onéreux est taxé comme une vente alors que l'apport à titre pur et simple par une personne physique à une société soumise à l'IR n'est pas taxé. Nous obtenons :

Apport à titre onéreux	600 000	5,00 %	30 000
Apport à titre pur et simple	400 000	0,00 %	0
Apport total	**1 000 000**		**30 000**

Pour déterminer son revenu foncier, la SCI peut déduire des loyers encaissés les intérêts de l'emprunt.

Hypothèse n° 2 : apport uniquement de l'immeuble à la SCI.

L'apport de l'immeuble d'une valeur de 1 000 000 € est entièrement un apport à titre pur et simple qui n'est pas taxé.

Conclusion

L'apport uniquement de l'immeuble à la SCI a permis de faire une économie de droits d'enregistrement de 30 000 € tout en offrant la possibilité de pouvoir déduire les intérêts d'emprunt du revenu foncier de l'associé.

3.1.2. Les honoraires de constitution de la SCI et les autres frais

Nature des frais[1]	Tarif
Les honoraires de l'avocat ou du notaire[2] : • pour la rédaction des statuts ; • pour l'accomplissement des diverses formalités de constitution.	Pas de barème légal des honoraires : prévoir de 1 500 € à 2 500 €.
Les frais de publication d'un **avis de constitution dans un journal d'annonces légales.**	Tarif fixé par arrêté préfectoral : prévoir environ 150 € pour un texte succint.
Le **centre des formalités des entreprises** (y compris les frais de dépôt d'acte et de publication au BODACC).	Prévoir 60 € environ.

3.2. Les frais à la charge des associés

L'apport à une SCI est imposé comme une vente (la valeur d'apport constitue le prix de vente) et déclenche ainsi l'imposition des plus-values réalisées par l'associé sur l'apport qu'il fait à la SCI. Cette plus-value est imposée selon le régime :

- des **plus-values des particuliers** si le bien fait partie du patrimoine privé de l'apporteur ;
- des **plus-values professionnelles** si le bien fait partie du patrimoine de l'entreprise de l'apporteur (le bien est un élément de son actif professionnel).

1. Certains bureaux d'enregistrement, se fondant sur l'article 672 du Code général des impôts, taxent au droit fixe de 230 €, en plus des droits d'apport, des dispositions statutaires considérées comme indépendantes comme la nomination des premiers gérants dans les statuts.
2. Ce n'est pas obligatoire. Le présent guide est suffisant pour une SCI simple.

4. Les formalités pour l'immatriculation de la SCI

Après la rédaction et la signature des statuts, et lorsque tous les renseignements nécessaires auront été obtenus, un certain nombre de formalités doivent être accomplies pour permettre l'immatriculation de la société au registre du commerce et des sociétés. C'est seulement après cette immatriculation que la société a la personnalité morale, et que le gérant peut retirer les fonds déposés sur présentation de l'extrait K *bis* remis par le greffe et qui atteste de l'immatriculation de la SCI au registre du commerce.

4.1. Chronologie des démarches et délais à respecter

Démarches et formalités	Délais à respecter
Signature des statuts par tous les associés	**J**
Enregistrement des statuts Les statuts d'une SCI sont obligatoirement enregistrés dans un délai d'un mois à compter de la signature des statuts à la recette des impôts.	**J + 30**
Insertion d'un avis de constitution dans un journal d'annonces légales Pour faire connaître la SCI aux tiers, une annonce de constitution de la SCI dans un journal d'annonces légales du département du siège social est obligatoire. Pour l'immatriculation, un justificatif de cette insertion est obligatoire[1].	**Le plus rapidement possible**
Dépôt des pièces au CFE du tribunal de commerce Quand la liasse M 0 est complète et acceptée par le CFE (Centre de formalités des entreprises), la SCI peut être immatriculée dans les 24 heures. La durée pour l'immatriculation dépend du tribunal de commerce.	**Le plus rapidement possible**
Avis de constitution au BODACC par le greffier du tribunal de commerce (Bulletin officiel des annonces civiles et commerciales).	**Dans les 8 jours de l'immatriculation**

.../...

1. L'annonce est signée par le notaire si les statuts ont été rédigés par acte authentique, par le gérant ou l'un des fondateurs spécialement habilité, si les statuts ont été établis sous seing privé.

.../...

Déclaration fiscale d'existence • SCI soumise à l'impôt sur les sociétés ⇒ la déclaration doit être souscrite dans le mois de la constitution. • SCI soumise à l'impôt sur le revenu ⇒ la déclaration doit être souscrite dans les trois mois de la constitution.	**J + 30** **J + 90**

Zoom n° 18

Immatriculation en ligne de votre SCI

Le site du Greffe du tribunal de commerce du siège de votre SCI vous donne la marche à suivre pour créer votre SCI (démarches préalables, documents à joindre, formulaire M 0 à télécharger). Vous pouvez réaliser les formalités en ligne : le formulaire M 0 est alors édité en fonction des données saisies.

4.2. L'enregistrement des statuts

L'enregistrement des statuts consiste à remettre deux originaux signés des statuts au service des impôts qui procède à son enregistrement. Les statuts doivent être enregistrés **dans le délai d'un mois** à compter de leur signature au service des impôts du siège social de la SCI, à la diligence du gérant.

Le service des impôts détermine, après analyse des statuts, les droits d'apport à payer qui sont exigibles au plus tard à l'expiration d'un délai de trois mois qui court à partir de l'enregistrement des statuts. Ce délai permet à la société d'obtenir son immatriculation et le déblocage des fonds déposés qui lui permettront de payer les droits d'enregistrement.

4.3. La publication d'un avis de constitution

L'avis de constitution est destiné à avertir les tiers de la naissance de la SCI et doit être publié dans un journal habilité par la préfecture à recevoir des annonces légales dans le département du siège social. Un justificatif de l'annonce, ou de la demande d'annonce, doit être jointe au dossier de constitution. La société peut donc être immatriculée avant que l'avis ne soit paru (voir modèle type dans les suppléments Internet).

4.4. Le dépôt du dossier au centre de formalités des entreprises du tribunal de commerce

Le dossier de demande d'immatriculation de la SCI est déposé au centre de formalités des entreprises du lieu du siège social de la société, au moyen de l'imprimé M 0, qui se charge alors de transmettre la déclaration au registre du commerce et des sociétés, au service des impôts, à l'URSSAF, à l'ASSEDIC, à l'inspection du travail et à l'INSEE.

Les pièces à déposer au centre de formalités des entreprises du tribunal de commerce *Pièces à déposer au CFE du tribunal de commerce de la situation du siège social de la SCI*
1. deux originaux des statuts ;
2. deux copies de l'acte de nomination du gérant si sa nomination ne résulte pas des statuts ;
3. une demande d'immatriculation sur l'imprimé M 0 (si la SCI soumet la location de ses locaux à la TVA, elle peut faire sa déclaration d'option grâce à l'imprimé M 0) ;
4. justificatif de l'insertion de l'avis dans le journal d'annonces légales ;
5. justificatif du siège social. La communication au greffe du tribunal d'une copie de la notification au propriétaire ou au syndic de copropriété de l'appartement de l'intention d'installer le siège de l'entreprise dans l'appartement est supprimée par la loi « Madelin » (la notification reste cependant obligatoire) ;
6. attestation sur l'honneur par le gérant relative à l'absence de condamnation de certaines sanctions pénales ;
7. extrait d'acte de naissance du gérant ;
8. extrait d'acte de mariage et copie du contrat de mariage du gérant ;
9. un chèque libellé à l'ordre de « Monsieur le régisseur d'avances du tribunal de commerce ».

4.5. La déclaration fiscale d'existence

En principe, une déclaration fiscale d'existence doit être effectuée. Dans les faits, **la déclaration au CFE vaut déclaration fiscale d'existence**.

3

LA GESTION DE LA SCI

1. Le gérant de la SCI

Dans une SCI, la gestion courante est assurée par le gérant, tandis que les décisions ne relevant pas de cette gestion courante sont prises par l'ensemble des associés réunis en assemblée collective. Le nombre des gérants est fixé librement par les statuts.

1.1. Le statut fiscal et social du gérant

1.1.1. Rémunération du gérant

La fonction de gérant est en principe gratuite. Ceci est fréquent dans les sociétés civiles familiales ayant pour unique objet la gestion d'un immeuble car la gestion ne nécessite qu'une activité réduite. Cependant, une décision collective des associés peut attribuer une rémunération au gérant.

1.1.2. Régime fiscal et social des rémunérations du gérant

Le régime fiscal et social des rémunérations du gérant est fonction de la qualité du gérant et du régime fiscal de la SCI.

Si le gérant n'est pas associé de la SCI, il a le statut de salarié et sa rémunération est déductible du résultat imposable de la SCI.

Si le gérant est associé d'une SCI qui a opté pour l'IS, il a le même statut que celui des gérants majoritaires de SARL (régime des travailleurs indépendants). Sa rémunération est déductible du résultat imposable de la SCI et imposée dans la catégorie des salaires (art. 62 du CGI). Pour être déductible, la rémunération doit correspondre à un travail effectif et ne pas être excessive. Les cotisations sociales sont déductibles. En revanche, si la SCI est soumise la l'IS de plein droit (une SCI qui fait de la location meublée bascule à l'IS sans opter), les rémunérations sont considérées comme des bénéfices non commerciaux (BNC).

Si le gérant est associé d'une SCI soumise à l'impôt sur le revenu, la rémunération attribuée au gérant est une avance sur sa quote-part de bénéfice au sein de la SCI. La rémunération du gérant n'est pas fiscalement déductible. Cette rémunération sera soumise à l'impôt sur le revenu dans la catégorie des revenus fonciers, comme la quote-part de bénéfice qui revient à l'associé. Cependant, si le gérant est une société ou une entreprise industrielle, commerciale ou agricole, la rémunération est taxée suivant le régime d'imposition de l'entreprise (dans la catégorie des « bénéfices industriels et commerciaux » si l'entreprise exerce une activité commerciale ou industrielle).

La rémunération versée à un gérant, même associé, pourrait être assimilée à de la **gestion d'affaires pour autrui** (gestion d'un portefeuille ou d'immeubles) imposable comme l'activité d'un commerçant (catégorie des **BIC**). Cette qualification pourrait être retenue si le gérant exerçait cette activité pour plusieurs sociétés (un gérant d'immeubles exerce pour le compte de plusieurs SCI). Le gérant serait alors imposé à la **taxe professionnelle** et à la **TVA**.

Cas n° 23 bis

Régime fiscal des rémunérations du gérant d'une SCI

Une SCI imposée sur le revenu est composée de deux associés A et B. A est le gérant et reçoit une rémunération de 10 000 € comptabilisée en charges. Les statuts prévoient une répartition des bénéfices de 60 % pour A et de 40 % pour B.

Le bénéfice comptable de la SCI est de 25 000 €. Le bénéfice fiscal est donc de 35 000 € (25 000 € + 10 000 € car la rémunération du gérant n'est pas déductible). Chacun des associés est imposable sur le revenu dans la catégorie des revenus fonciers.

Chaque associé devra déclarer à l'impôt sur le revenu dans la catégorie des revenus fonciers :

Associés	Rémunération	Quote-part de bénéfice	Total
Gérant A	10 000 €	25 000 × 60 % = 15 000 €	25 000 €
Associé B	–	25 000 × 40 % = 10 000 €	10 000 €
		Bénéfice fiscal de la SCI ⇒	35 000 €

1.2. Comment est nommé le gérant ?

1.2.1. Qui peut être gérant d'une SCI ?

Les statuts peuvent imposer certaines conditions pour accéder aux fonctions de gérant : être associé, être de nationalité française, âge minimum, ancienneté dans la société, compétence professionnelle...	
Associé	La qualité d'associé pour exercer les fonctions de gérant n'est pas obligatoire.
Condamnations	• Une personne ayant été condamnée pour crime ou délit de droit commun peut être nommée gérante d'une SCI. • En revanche, en cas de liquidation judiciaire, le tribunal peut prononcer contre les dirigeants une interdiction de gérer toutes sociétés et notamment les sociétés civiles immobilières. Lors des formalités de nomination, le gérant devra souscrire une « attestation de non-condamnation ».
Mineurs	• Un mineur non émancipé ne semble pas pouvoir exercer les fonctions de gérant, compte tenu des obligations pécuniaires auxquelles il s'expose, notamment dans le cas d'un redressement ou d'une liquidation judiciaire.. • Un mineur émancipé peut être gérant d'une SCI.
Époux	Deux époux peuvent être, ensemble ou séparément, gérants d'une SCI.
Étranger	Un étranger peut être gérant.

.../...

.../...

Sociétés	Une personne morale peut être gérante d'une SCI. Les dirigeants (les représentants légaux) de cette personne morale seront personnellement responsables de la gestion de la SCI.
Incompatibilités	Certaines professions sont incompatibles avec les fonctions de gérant de sociétés civiles (notaire, avocat, expert-comptable, fonctionnaire). Il existe cependant de nombreuses dérogations pour les sociétés de famille. Ainsi, un expert-comptable peut être gérant d'une société civile de famille qui ne poursuit pas de but lucratif.
Donateur usufruitier	Lorsque la société est utilisée à des fins de transmission patrimoniale, le donateur usufruitier se réserve souvent la gérance afin de conserver une certaine maîtrise sur le patrimoine transmis. Il pourra également proposer le gérant qu'il remplacera à son décès.

1.2.2. La procédure à suivre

Le gérant est nommé par les associés (C. civ., art. 1846) :

- dans les statuts ;
- ou par un acte distinct annexé aux statuts et signé par tous les associés ;
- ou par une décision collective des associés.

Le gérant est nommé par une décision des associés représentant plus de la moitié des parts sociales, sauf disposition contraire des statuts.

La nomination du gérant doit être publiée dans un journal d'annonces légales du lieu du siège social. Deux copies des actes, délibérations ou décisions constatant la nomination, doivent être déposés au greffe du tribunal de commerce, afin de porter une inscription modificative au registre du commerce et des sociétés. Enfin, à la diligence du greffier, la nomination fait l'objet d'une insertion au BODACC.

Zoom n° 19

L'absence de gérant peut être grave

Puisque tout intéressé (en pratique les associés, ou les tiers qui ne peuvent contracter avec la SCI faute de gérant) peut demander en justice la dissolution de la SCI. Cependant, la situation peut être régularisée même en cours d'instance. De plus le juge a le pouvoir d'apprécier s'il faut ou non prononcer la dissolution.

1.3. La cessation des fonctions du gérant

La durée des fonctions du gérant est librement fixée par les associés dans les statuts, ou lors de la nomination du gérant si les statuts le prévoit. Dans ce cas, les fonctions du gérant cessent à l'arrivée du terme sans formalités spécifiques. À défaut, le gérant est réputé nommé pour la durée de la société.

Un gérant peut démissionner de ses fonctions ou être révoqué.
La cessation des fonctions d'un gérant doit faire l'objet des mêmes mesures de publicité que sa nomination.

1.3.1. La révocation du gérant

Les statuts fixent les modalités de révocation du gérant (C. civ., art. 1851, al. 1). À défaut, la révocation est prononcée par une décision des associés représentant plus de la moitié des parts sociales. Le gérant a le droit de participer au vote s'il est associé.

Si le gérant est révoqué sans juste motif, il a droit à des dommages et intérêts. La faute commise par le gérant constitue un juste motif de révocation. De plus, le gérant peut être révoqué lorsque son attitude est de nature à compromettre l'intérêt social ou le fonctionnement de la société. En revanche, la révocation n'est pas justifiée si elle ne repose que sur la volonté arbitraire des associés.

Si le gérant est majoritaire, il ne peut pas être révoqué par les associés. Seule une révocation judiciaire est possible. Tout associé peut demander cette révocation au tribunal de grande instance s'il existe une cause légitime. La charge de la preuve appartient au demandeur.

Le gérant révoqué peut, sauf clause contraire des statuts, se retirer de la société en demandant le remboursement de ses droits sociaux. Faute d'accord sur la valeur de ces parts, celle-ci est fixée par un expert.

1.3.2. La démission du gérant

Le gérant peut démissionner de ses fonctions. Cette démission n'a pas à être acceptée par les associés. Elle peut cependant donner lieu à des dommages et intérêts si elle cause un préjudice à la société et si elle n'est pas motivée. Le gérant doit démissionner de ses fonctions s'il est frappé d'une incapacité.

Cas n° 24

Motifs de révocation du gérant

Motifs de révocation

- Un des cogérants d'une SCI chargé de la comptabilité a mis en péril les intérêts sociaux en n'établissant pas de véritable comptabilité et en privant la société de diverses sommes au profit de tiers.
- Un gérant de SCI a omis de rendre compte de sa gestion à son coassocié et a consenti à une société qu'il dirige une location à des conditions désavantageuses pour la SCI, à laquelle il fait prendre en charge des dépenses de copropriété incombant à la société locataire.

Absence de motifs de révocation

- Le simple changement de majorité et le désir des nouveaux associés de nommer un gérant de leur choix.
- Des griefs d'ordre comptable n'impliquant ni malhonnêteté ni intention frauduleuse de la part du gérant, et l'existence de désaccords d'importance secondaire qui auraient pu être réglés à l'amiable.

1.4. Les pouvoirs du gérant

Une grande liberté est laissée aux associés pour définir les pouvoirs du gérant au niveau de l'objet social et des clauses statutaires.

1.4.1. Les pouvoirs du gérant à l'égard des tiers

Les pouvoirs du gérant à l'égard des tiers sont déterminés par l'objet social de la SCI : « Dans les rapports avec les tiers, le gérant engage la société par les actes entrant dans l'objet social » (C. civ., art. 1849, al. 1).

Les opérations qui n'entrent pas dans l'objet social doivent être spécifiquement autorisées par la collectivité des associés statuant à la majorité nécessaire pour modifier les statuts.

En cas de dépassement de l'objet social par le gérant, l'acte du gérant est normalement nul. Le contractant de la société civile doit donc s'assurer que l'opération projetée entre bien dans les limites de l'objet social.

En cas de dépassement des pouvoirs du gérant, l'acte accompli n'est pas nul, car « *les clauses statutaires limitant les pouvoirs du gérant sont inopposables aux tiers* » (art. 1850 du Code civil).

1.4.2. Les pouvoirs du gérant à l'égard des associés

Les statuts peuvent limiter les pouvoirs du gérant dans les rapports avec les autres associés. Dans ce cas, certains actes importants devront faire l'objet d'un accord préalable de la collectivité des associés. À défaut, le gérant engagerait sa responsabilité vis-à-vis des associés et risquerait de se faire révoquer.

L'objet social détermine l'étendue des pouvoirs du gérant vis-à-vis des tiers *La rédaction de l'objet social détermine les opérations que le gérant peut effectuer* *Les autres opérations doivent être spécifiquement autorisées par les associés*		
Rédaction de l'objet social	**Opérations effectuées par le gérant**	**Opérations effectuées par les associés**
① « La société a pour objet l'acquisition, la gestion, la location et l'administration des biens immobiliers suivants… *(désignation)*, l'emprunt de tous fonds nécessaires à la réalisation de ces objets […]. »	• ouverture d'un compte courant en banque ; • acquisition d'un bien immobilier ; • financement de l'acquisition par un emprunt hypothécaire ; • location du bien immobilier ; • déclarations fiscales ; • encaissement des loyers ; • paiement des charges ; • tenue de la comptabilité.	• vente du bien immobilier ; • donner en garantie hypothécaire le bien immobilier pour une cause autre que son propre financement.
② = ①+ paragraphe suivant : « Les décisions d'acquérir, emprunter, se porter caution hypothécaire… *(à compléter éventuellement)* ne peuvent être valablement prises qu'à la majorité des associés représentant × % *(à compléter)* des voix. »	• ouverture d'un compte courant en banque ; • location du bien immobilier ; • déclarations fiscales ; • encaissement des loyers ; • paiement des charges ; • tenue de la comptabilité.	• acquisition d'un bien immobilier ; • financement de l'acquisition par un emprunt hypothécaire ; • vente du bien immobilier ; • donner en garantie hypothécaire le bien immobilier pour une cause autre que son propre financement.

…/…

Rédaction de l'objet social	Opérations effectuées par le gérant	Opérations effectuées par les associés
③ = ① + paragraphe suivant : « [...] et, plus généralement, la réalisation de toutes opérations se rattachant directement ou indirectement à cet objet et notamment le cautionnement hypothécaire par la SCI, pourvu qu'elles n'affectent pas le caractère civil de la société. »	• ouverture d'un compte courant en banque ; • acquisition d'un bien immobilier ; • financement de l'acquisition par un emprunt hypothécaire ; • location du bien immobilier ; • déclarations fiscales ; • encaissement des loyers ; • paiement des charges ; • tenue de la comptabilité ; • donner en garantie hypothécaire le bien immobilier pour une cause autre que son propre financement.	• vente du bien immobilier.

Si les statuts n'ont prévu aucune clause restreignant les pouvoirs du gérant, le gérant peut accomplir seul « tous les actes de gestion que demande **l'intérêt de la société** » (C. civ., art. 1848, al. 1). À l'égard des associés, les actes du gérant doivent donc entrer dans l'objet social et être conformes à l'intérêt social. Si le gérant accomplit un acte entrant dans l'objet social uniquement pour favoriser ses intérêts personnels au détriment de la SCI, les associés en sont responsables à l'égard des tiers mais ils pourront obtenir du gérant réparation du préjudice qu'ils auront subi. De plus, les associés pourront révoquer le gérant avec un juste motif sans lui verser de dommages et intérêts.

1.5. La responsabilité du gérant

1.5.1. La responsabilité civile

Les gérants sont responsables **envers la société et envers les tiers** (C. civ., art. 1850, al. 1) des infractions aux lois et règlements, des violations des statuts et des fautes commises dans leur gestion.

Cas où la responsabilité du gérant peut être engagée
Infractions aux lois et règlements Le gérant engage sa responsabilité : • en cas d'inobservation des dispositions législatives ou réglementaires applicables à toutes les sociétés civiles : omission ou accomplissement irrégulier des formalités prévues pour la constitution de la société ou la modification de ses statuts ; infraction au droit de communication et d'information des associés ; défaut de convocation de l'assemblée annuelle ou absence de rapport écrit sur l'activité de la société au cours de l'exercice écoulé et sur les perspectives d'avenir... • et d'une manière générale, en cas d'infraction à une disposition législative ou réglementaire quelconque, même ne relevant pas du droit des sociétés.
Violation des statuts Le gérant engage sa responsabilité s'il ne se conforme pas aux prescriptions des statuts : • le gérant passe une convention sans consulter les associés alors qu'une clause des statuts prévoit l'autorisation préalable de la collectivité des associés pour ce type de convention ; • le gérant passe seul un acte sans informer ses cogérants alors que les statuts imposent une décision unanime de tous les gérants pour la conclusion de ce type d'acte.
Fautes de gestion Les fautes de gestion qui peuvent être reprochées aux gérants vont de la simple négligence ou imprudence aux manœuvres frauduleuses caractérisées. Ainsi, ont été jugées comme constituant des fautes de gestion : • la tenue défectueuse de la comptabilité qui avait causé un préjudice à la société et aux associés ; • l'engagement de la société dans des dépenses hors de proportion avec ses ressources ; • des assurances insuffisantes ainsi que le défaut de paiement des primes ayant entraîné la caducité du contrat d'assurance ; • la conclusion d'un bail dans des conditions préjudiciables à la société ; • le refus d'augmenter le loyer d'un immeuble appartenant à une société civile immobilière alors que ce loyer était six fois inférieur à celui que la SCI aurait pu réclamer en application du statut des baux commerciaux.

La responsabilité civile du gérant d'une SCI est une responsabilité de droit commun qui implique une faute et un préjudice. Pour donner lieu à réparation, la faute du gérant doit avoir provoqué un préjudice au demandeur qui pourra exercer une action en responsabilité individuelle et personnelle (c'est l'action individuelle). L'associé peut exercer l'action au nom de la société pour le préjudice que cette dernière a subi (c'est l'action sociale de l'article 1843-5 du Code civil).

1.5.2. La responsabilité fiscale et pénale

Le gérant ayant intentionnellement empêché le recouvrement d'impôts dus par la SCI peut être condamné personnellement au paiement de ces impôts (art. 267 du Livre des procédures fiscales).

Le gérant de la SCI peut engager sa responsabilité pénale dans les conditions de droit commun (aucun texte ne prévoit des sanctions pénales à l'encontre des gérants qui auraient enfreint des dispositions concernant les sociétés civiles). Ainsi, il peut être condamné en cas d'abus de confiance, d'escroquerie, de faux et d'usage de faux, de délits assimilés aux banqueroutes...

La prescription applicable est de trente ans.

Si une personne morale est gérante, ses dirigeants encourent les mêmes responsabilités pénales que s'ils étaient gérants en leur propre nom.

Zoom n° 20

La responsabilité du gérant

- Le quitus donné au gérant par l'assemblée générale ne le décharge pas de sa responsabilité pour les fautes commises dans sa gestion.
- Lorsque le gérant a un doute sur l'opération qu'il entend réaliser, il doit demander préalablement l'avis de la collectivité des associés.

---

2. Le droit à l'information et le pouvoir de décision des associés

Pour participer à la vie sociale, les associés ont un droit de vote ainsi qu'un droit à l'information.

2.1. Le pouvoir de décision des associés

Les décisions des associés peuvent être prises en assemblée, par consultation écrite, ou par consentement dans un acte. Tout associé a le droit de voter. Les statuts fixent librement les règles de majorité applicables aux décisions collectives. Les décisions des associés donnent lieu à l'établissement d'un procès-verbal.

2.1.1. Les assemblées d'associés

Les décisions des associés d'une SCI sont prises, en principe, en assemblée. La convocation et le déroulement de l'assemblée des associés sont identiques qu'il s'agisse d'une assemblée générale ordinaire ou d'une assemblée générale extraordinaire.

2.1.1.1. Qui a le droit de convoquer l'assemblée générale ?

Les statuts déterminent librement les personnes habilitées à convoquer une assemblée. En l'absence de disposition particulière, le gérant remplira ces fonctions (les statuts désignent souvent le gérant).

D'autre part, tout associé peut adresser au gérant une lettre recommandée lui demandant de convoquer une assemblée générale pour débattre d'un point particulier (art. 39 du décret n° 78-704) :

- Le gérant doit alors procéder à la consultation des associés (en assemblée ou par consultation écrite), ou s'engager à inscrire cette question à l'ordre du jour de la prochaine assemblée. Cette seconde possibilité est écartée lorsque la question posée porte sur le retard du gérant à remplir l'une de ses obligations (défaut de réunion de l'assemblée ordinaire annuelle...). Dans ce cas, il doit immédiatement consulter les associés.
- Si le gérant s'oppose à la demande ou garde le silence pendant un mois, l'associé pourra saisir le tribunal qui désignera un mandataire chargé de convoquer cette assemblée.

Zoom n° 21

Convocation par l'associé

Comme aucune disposition légale ne réglemente le droit de convocation des assemblées, vous pouvez prévoir dans les statuts la possibilité pour l'associé de convoquer lui-même l'assemblée si, à l'expiration d'un délai déterminé, le gérant n'a pas procédé à cette convocation.

2.1.1.2. Délai de convocation à respecter

La convocation est en principe adressée par lettre recommandée quinze jours au moins avant la date de réunion. Sauf clause contraire des statuts, ce délai doit être calculé sans tenir compte du jour de la réunion (si une assemblée doit être convoquée quinze jours à l'avance, la convocation doit être faite au plus tard le 5 avril pour le 20 du même mois).

Cependant, **la convocation peut être verbale**, et même sans respecter de délai, si tous les associés sont présents ou représentés à l'assemblée. Pour les SCI familiales, la convocation verbale est très souvent utilisée car beaucoup plus souple.

Zoom n° 22

Mode de convocation de l'assemblée

Une assemblée convoquée par lettre simple et à laquelle plusieurs associés ne sont pas présents ou représentés peut être annulée par décision de justice.

2.1.1.3. Lieu de l'assemblée

Les statuts peuvent :

- fixer le lieu de réunion des assemblées (siège social, domicile d'un associé...) ;
- ou laisser au gérant le soin de fixer le lieu de réunion lors de la tenue de chaque assemblée ;
- ou ne rien prévoir : l'assemblée peut alors se tenir en n'importe quel lieu fixé par l'auteur de la convocation.

Zoom n° 23

Lieu de l'assemblée

Le lieu de réunion doit être aisément accessible à tous les associés afin de ne pas empêcher certains de participer à l'assemblée.

2.1.1.4. L'ordre du jour

La convocation à l'assemblée générale doit impérativement contenir l'ordre du jour. À défaut d'indication de l'ordre du jour, les associés ne peuvent pas se préparer aux décisions qu'il faudra prendre, et si de telles décisions sont prises contre leur accord, ils pourront faire annuler l'assemblée. En revanche, si la convocation ne contient pas d'ordre du jour ou si elle est verbale, mais que les décisions sont votées à l'unanimité, l'assemblée générale ne pourra plus être remise en cause.

Lorsque le gérant convoque les associés en « assemblée générale ordinaire annuelle » :

- il n'a pas l'obligation de préciser dans l'ordre du jour les points suivants car ils sont obligatoirement débattus chaque année : audition du rapport de la gérance, approbation des comptes, quitus du gérant et affectation des résultats ;
- en revanche, il doit indiquer les résolutions de caractère épisodique car les associés n'ont aucun moyen de les prévoir et de s'y préparer : la nomination ou le renouvellement des fonctions du gérant, l'autorisation relative à la cession d'un élément important de l'actif social...

2.1.1.5. Comment se tient l'assemblée ?

2.1.1.5.1. L'associé peut-il se faire représenter ?

Tout associé a le droit de participer aux assemblées. Les associés doivent se présenter en personne aux lieu, jour et heure fixés par la convocation. Compte tenu du caractère fermé des SCI, ils ne peuvent se faire représenter par une personne autre qu'un associé, sauf stipulation expresse contraire des statuts. Ainsi, de nombreux statuts, qui excluent le recours à un tiers comme mandataire, permettent au conjoint d'être choisi comme mandataire.

2.1.1.5.2. La feuille de présence est-elle obligatoire ?

La feuille de présence n'est pas obligatoire (voir modèle sur Internet). Elle est conseillée afin de prouver que la majorité requise a bien été obtenue, et évite d'avoir à faire signer le procès-verbal par les associés présents et les mandataires.

Zoom n° 24

La feuille de présence dans une petite SCI

Si la SCI regroupe un petit nombre d'associés qui s'entendent bien, il n'est pas nécessaire d'établir une feuille de présence car faire signer le procès-verbal par tous les associés ne présente pas de difficulté.

2.1.1.5.3. Le quorum

La loi ne fixe aucun quorum pour les SCI. Si les statuts n'ont rien prévu, les décisions prises en assemblée seront valables quel que soit le nombre d'associés présents dès lors que la majorité prévue est atteinte. La mise en place d'un quorum permet de valider les règles de majorité par rapport **aux votes exprimés**. À défaut de quorum, l'absence d'un associé conduit au blocage pour l'application de la règle de l'unanimité. Le quorum permet de conserver la règle de l'unanimité malgré l'absence d'un associé.

2.1.1.5.4. Les débats

Le déroulement de l'assemblée s'effectue conformément aux statuts. Si rien n'a été prévu, le gérant sera libre d'organiser l'assemblée comme il l'entend. Généralement, un président d'assemblée est élu pour mener les débats en respectant l'ordre du jour, ainsi qu'un secrétaire pour dresser le procès-verbal d'assemblée. Une question ne figurant pas à l'ordre du jour peut être évoquée si tous les associés sont présents et acceptent ou si une clause des statuts le permet. Le plus souvent, le vote a lieu à main levée. Il peut aussi être effectué au scrutin secret lorsqu'il est prévu par les statuts ou, en l'absence de clause statutaire, lorsqu'il est décidé par l'assemblée.

2.1.1.5.5. La majorité requise

Les statuts fixent librement les règles de majorité applicables aux décisions collectives. À défaut, les décisions sont prises à l'unanimité (C. civ., art. 1852).

Les statuts peuvent prévoir une majorité :

- qui varie selon la nature des décisions à prendre : majorité des deux tiers pour les décisions des assemblées extraordinaires et majorité simple pour les décisions des assemblées ordinaires ;
- qui se calcule en capital, ou en nombre d'associés (par tête), ou en nombre et en capital, ou encore en fonction du nombre de voix détenues par chaque associé ;
- qui s'apprécie en fonction de la totalité des associés ou en ne tenant compte que des associés présents ou représentés, ou par rapport aux voix exprimées.

Attention à la majorité requise !

Il est très important de fixer dans les statuts la majorité requise pour l'adoption d'une résolution. À défaut de clause spécifique, c'est l'unanimité des associés qui peut entraîner la paralysie de la société

Décisions collectives	Ordinaires	Extraordinaires
Majorité conseillée	Majorité simple, ou légèrement plus, pour éviter le blocage de la vie sociale.	Majorité forte, voire unanimité, pour les opérations qui nécessitent un très fort consensus.
Type de décision	Approbation des comptes annuels et décision d'affectation du résultat. Fixation de la rémunération éventuelle du gérant. Autorisation donnée au gérant pour accomplir les actes excédant ses pouvoirs. Décisions qui n'entraînent pas de modification des statuts.	Modification des statuts. Modification du capital social. Agrément de nouveaux associés. Transformation de la société, etc.

2.1.1.5.6. Le nombre de voix de chaque associé

Le nombre de voix dont dispose chaque associé est librement fixé dans les statuts. Si les statuts n'ont rien prévu, le nombre de voix de chaque associé est proportionnel à sa quote-part dans le capital social.

Les statuts peuvent prévoir :

- que chaque associé ne pourra bénéficier que d'une seule voix quel que soit le nombre de parts qu'il détient (cette solution – un homme = une voix – n'est équitable que si les associés possèdent des parts en quantités sensiblement égales) ;
- une limitation du nombre des voix dont peut disposer un associé. Exemple : un seul associé ne peut disposer à lui seul de plus de 50 % des voix. Cette clause limitative des voix peut concerner toutes les décisions collectives ou seulement certaines d'entre elles.

2.1.1.5.7. Par qui est exercé le droit de vote ?

Tout associé a le droit de participer aux décisions collectives. Le droit de vote est donc un des droits fondamentaux de l'associé, qui ne peut pas en être privé ou y renoncer. Ainsi, contrairement aux sociétés anonymes, il n'est pas possible de créer des **parts sociales sans droit de vote**, car la responsabilité de l'associé de la société civile est illimitée.

Exercice du droit de vote	
Propriété des parts	**Qui vote aux assemblées ?**
Indivision	Le coïndivisaire qui représente l'indivision. À défaut d'entente, le coïndivisaire le plus diligent peut faire désigner par justice un mandataire chargé de les représenter tous.
Parts démembrées en usufruit et nue-propriété	En principe, l'usufruitier ne participe qu'aux décisions d'affectation des résultats. Les statuts peuvent prévoir une autre répartition. Si l'usufruitier est un parent qui a donné ses parts en nue-propriété à ses enfants et qui souhaite conserver le contrôle de la SCI, les statuts peuvent prévoir que l'usufruitier vote dans les assemblées générales ordinaires et le nu-propriétaire dans les assemblées générales extraordinaires.
Parts nanties au profit d'un créancier	Si les parts sociales sont nanties au profit d'un créancier, l'associé conserve son droit de vote mais il ne peut pas prendre de décisions susceptibles de diminuer la valeur des parts sociales car cela nuirait au créancier.

.../...

.../...

Mineur non émancipé ou majeur en tutelle	L'administrateur légal des biens du mineur (l'un ou l'autre de ses parents dans l'administration légale pure et simple) peut participer au vote au nom du mineur. En cas d'administration légale sous contrôle judiciaire, l'autorisation[1] du juge des tutelles n'est pas nécessaire pour exercer le droit de vote.
Mineur émancipé...	Les mineurs émancipés, les majeurs sous sauvegarde de justice, les majeurs en curatelle, les majeurs en tutelle peuvent exercer le droit de vote attaché à leur part.
Parts en communauté	Lorsqu'un associé de la SCI a acquis des parts avec des biens communs et que son conjoint n'a pas signifié son intention de faire partie de la SCI, il a seul le droit de participer aux décisions collectives car il a seul la qualité d'associé.

Zoom n° 25

Droit de vote et démembrement des parts sociales

Lorsque les parts sociales d'une société civile sont démembrées, le droit de vote pour l'affectation des bénéfices appartient à l'usufruitier. Pour toutes les autres décisions, le droit de vote appartient au nu-propriétaire. Cependant, les statuts peuvent prévoir des modalités de répartition du droit de vote différentes entre l'usufruitier et le nu-propriétaire à condition de **respecter les droits fondamentaux** de chacun. Ainsi, les statuts peuvent prévoir que l'usufruitier vote dans les assemblées générales ordinaires et le nu-propriétaire dans les assemblées générales extraordinaires. En revanche, le nu-propriétaire ne peut pas décider de manière systématique l'affectation des bénéfices en réserve, car il nuirait aux droits de l'usufruitier. De même, ce dernier ne peut pas porter atteinte à la substance des parts sociales en décidant de la modification de l'objet social ou de la dissolution de la société. Pour **diminuer les risque de conflits**, les statuts peuvent prévoir les mesures suivantes : communiquer l'information des associés à la fois à l'usufruitier et au nu-propriétaire ; convoquer l'usufruitier et le nu-propriétaire à toutes les assemblées ; autoriser la représentation aux assemblées, soit par l'usufruitier, soit par le nu-propriétaire.

1. Lorsque le père ou la mère de l'enfant est aussi associé dans la SCI, et que la résolution soumise au vote des associés met en conflit les intérêts du mineur et de ses parents, le juge des tutelles devra désigner un administrateur *ad hoc* pour représenter le mineur.

2.1.1.5.8. Les procès-verbaux

Les décisions des associés prises en assemblée ou par consultation écrite doivent faire l'objet de procès-verbaux (voir modèle dans les suppléments Internet).

Conseils pratiques pour établir les procès-verbaux

Les décisions des associés prises en assemblée ou par consultation écrite doivent faire l'objet de procès-verbaux établis et signés par le gérant[1] sur un registre spécial coté, paraphé et tenu au siège social

Les procès-verbaux peuvent être établis sur des feuilles mobiles numérotées sans discontinuité et paraphées[2] :
- les pages non utilisées doivent être annulées ;
- la reproduction peut être directement assurée par photocopie (pas de photocopies de la signature) ;
- le collage des originaux des procès-verbaux est interdit.

Le gérant est responsable de l'établissement du procès-verbal :
- un **secrétaire** chargé de noter le compte rendu des débats peut être désigné par le gérant ;
- un brouillon détaillé des délibérations, notamment en cas d'assemblée orageuse, peut être établi. Il sera signé par le gérant, et si possible par un autre associé pour éviter toute contestation ultérieure ;
- toutes les résolutions mises aux voix doivent être consignées (et pas seulement les résolutions adoptées) ;
- les copies des procès-verbaux sont certifiées conformes par le gérant.

Le procès-verbal doit **résumer les débats** (le résumé doit être fidèle et objectif). Le gérant doit donc se contenter de relater succinctement les observations des associés et les éventuels incidents, même si des associés demandent la consignation au procès-verbal de leurs observations. Il en est de même pour les questions écrites.

Attention aux erreurs ou aux omissions
1. Évitez l'erreur en communiquant pour avis le procès-verbal aux associés avant de le consigner sur le registre paraphé (*N.B.* : il n'est pas obligatoire de donner lecture à l'assemblée suivante du procès-verbal et de le faire approuver par une résolution).
2. Soyez rigoureux : avant de consigner le procès-verbal sur le registre, vérifiez que vous n'avez pas oublié de consigner une décision antérieure (pointez les décisions qui sortent de la routine de l'assemblée annuelle : autorisation donnée au gérant pour un acte dépassant ses pouvoirs...).

.../...

1. Ou le président de séance dans le cas d'un gérant qui n'est pas associé.
2. Soit par un juge du tribunal de commerce, soit par un juge du tribunal d'instance, soit par le maire de la commune ou un adjoint au maire dans la forme ordinaire et sans frais.

.../...

3. Si le procès-verbal est consigné sur le registre avec une erreur ou une omission dans sa rédaction, vous devez : rayer et numéroter les mots nuls ; piquer un renvoi en marge ; ajouter dans cette marge ou en bas de page les mots ou membres de phrase rectifiés ; faire parapher par le gérant ; et, à la fin du procès-verbal, rappeler le nombre de mots rayés, nuls et ajoutés bons puis faire signer par le gérant cette mention.
4. Tout associé peut contester l'exactitude d'un procès-verbal.

2.1.2. La consultation écrite

Les associés peuvent être consultés par correspondance. Cette procédure de consultation écrite ne peut être utilisée que si elle est **prévue par les statuts**. Les statuts peuvent :

- limiter la possibilité de consultation par correspondance à certaines décisions (exemple : toutes les décisions n'entraînant pas modification des statuts autres que l'approbation annuelle des comptes...) ;
- prévoir le principe de la consultation écrite en laissant à la gérance, lors de chaque décision à prendre, le soin de choisir entre cette procédure et la réunion d'une assemblée.

Le vote par correspondance est intéressant car il permet de consulter les associés dont l'éloignement rend difficile la participation aux réunions. En revanche, contrairement à l'assemblée générale, il ne permet pas un échange de vues entre les associés quand ils statuent sur les résolutions qui leur sont proposées.

La procédure pour une consultation écrite est la suivante :

1. Le gérant adresse par lettre recommandée aux associés le texte des résolutions proposées, son rapport, ainsi que les autres documents nécessaires à l'information des associés.
2. Les associés votent par écrit quinze jours au moins à compter de la date de réception des documents (le délai de réponse doit être fixé dans les statuts). La réponse de l'associé doit être très claire : oui ou non ou encore abstention (le vote ne peut pas être assorti d'une condition).
3. Le gérant établit le procès-verbal en mentionnant que la consultation a lieu par écrit ; la réponse de chaque associé doit y être annexée.

2.1.3. La signature d'un acte par tous les associés

Les décisions collectives peuvent aussi être prises par acte sous seing privé ou notarié signé par tous les associés (C. civ., art. 1854). La constatation des décisions collectives dans un acte est possible même si elle n'est pas expressément prévue par les statuts.

Cette forme de consultation est fréquemment employée dans les SCI avec un petit nombre d'associés. Elle permet également de prendre des décisions rapidement car il n'y a pas de convocation d'assemblée ou de délai de réponse comme lors d'une consultation écrite.

Cas n° 25

Les associés d'une SCI ont autorisé le gérant à vendre un immeuble pour un prix minimal de 1 000 000 €. Le marché immobilier étant à la baisse, le gérant n'a trouvé qu'une proposition à 800 000 €.

Afin de conclure rapidement cette transaction, le gérant fait signer par tous les associés un compromis de vente. La signature de ce compromis de vente par tous les associés est juridiquement assimilée à un vote d'assemblée générale.

2.1.4. Attention à l'abus de majorité ou de minorité !

Abus de majorité
Il y a abus de majorité quand la décision de l'assemblée est prise contrairement à l'intérêt général de la société, avec pour seul objectif de favoriser les membres de la majorité au détriment des membres de la minorité. Dans ce cas la décision abusive est annulée par les tribunaux.
Abus de minorité
Il y a abus de minorité lorsque l'attitude de l'associé est contraire à l'intérêt général de la société, et a pour seul objectif de favoriser ses propres intérêts au détriment de l'ensemble des autres associés. Si l'abus de minorité est retenu, le tribunal ne peut pas se substituer au minoritaire défaillant. Il en résulte une situation de blocage. L'abus de minorité est surtout retenu en cas d'augmentation de capital : les minoritaires qui ne peuvent pas ou ne veulent pas souscrire à une augmentation de capital refusent de voter l'augmentation afin de ne pas diluer davantage leur participation.

2.2. Le droit à l'information des associés

Pour participer à la vie sociale, les associés ont un droit à l'information. Les associés ont droit à l'information annuelle pour l'approbation des comptes de l'exercice clos. À ce titre, des documents doivent être communiqués aux associés avant chaque assemblée. De plus, les associés peuvent poser par écrit toute question sur la gestion sociale. Le gérant est tenu d'y répondre par écrit dans un délai d'un mois (art. 1855 du Code civil).

Les documents à communiquer aux associés *Ces documents, qui peuvent être envoyés aux associés sous pli ordinaire, doivent aussi être tenus à leur disposition au siège social où ils peuvent en prendre connaissance ou copie*		
Délai	**Assemblée d'approbation des comptes**	**Autre assemblée**
15 jours au moins avant la date de l'assemblée	**Le gérant adresse aux associés :** • les comptes annuels ; • le rapport de gestion ; • le texte des résolutions proposées ; • le rapport du commissaire aux comptes, le cas échéant, sur les comptes annuels.	**Le gérant adresse aux associés :** • le texte des résolutions proposées ; • le rapport du gérant ; • et, le cas échéant, le rapport des commissaires aux comptes.

Les associés ont également un **droit permanent à l'information**. Ils peuvent consulter au siège social tous les documents établis ou reçus par la société. Ils peuvent en prendre une copie et se faire assister d'un expert. Ainsi, les associés peuvent prendre connaissance des avis d'opéré, des pièces comptables, des relevés de comptes, du mandat de gestion, etc.

Les statuts peuvent prévoir un **droit d'information** des associés beaucoup **plus large**. Dans une société civile de portefeuille, les statuts peuvent imposer au gérant d'adresser tous les trimestres une information financière complète et régulière pour éviter les mauvaises surprises en fin d'exercice social (état des comptes titre et espèces, état des résultats de gestion).

3. Acquisition et financement du patrimoine immobilier par la SCI

La SCI est créée pour assurer l'acquisition et la gestion d'un patrimoine immobilier :

- Ce patrimoine peut exister dès l'origine lorsque l'immeuble est apporté par un associé au moment de la constitution de la SCI. L'immeuble peut être grevé d'un emprunt que la SCI prend à sa charge. Dans cette hypothèse, il n'y a pas de problème de financement.
- Ce patrimoine est souvent acquis par la SCI après sa création. La SCI est alors constituée uniquement par des apports en numéraire. Le gérant doit choisir un moyen de financement pour permettre à la SCI d'acquérir l'immeuble social.

Lorsque la SCI doit acquérir son patrimoine immobilier, elle doit payer le prix d'acquisition au vendeur et les frais d'acquisition au notaire (droits d'enregistrement + honoraires du notaire). La SCI peut financer l'acquisition avec ses ressources propres (le capital apporté par les associés), et avec des ressources extérieures (emprunt, crédit-bail, bail à construction...). La SCI doit pouvoir offrir des garanties.

3.1. Les frais à payer par la SCI pour l'acquisition du patrimoine immobilier

L'achat d'un immeuble est une opération coûteuse sur le plan fiscal. Elle donne lieu à la rédaction d'un acte notarié, puis fait l'objet, dans les deux mois qui suivent, d'une publicité à la conservation des hypothèques. La publicité faite à la conservation des hypothèques vaut enregistrement de l'acte de vente (c'est la raison pour laquelle les droits d'enregistrement prennent souvent la dénomination de taxes de publicité foncière). C'est le conservateur des hypothèques qui est chargé de percevoir les droits exigibles.

Les droits exigibles lors de l'achat d'un immeuble sont la TVA immobilière ou la taxe de publicité foncière.

- La TVA immobilière s'applique aux ventes de terrains à bâtir et aux immeubles neufs construits depuis moins de cinq ans ; la taxe de publicité foncière s'y ajoute au taux de 0,60 %, sauf s'il s'agit d'un terrain à bâtir ;
- La taxe de publicité foncière (c'est-à-dire les droits d'enregistrement) est due lorsque la TVA immobilière n'est pas applicable. Elle s'élève à **5 %** que l'immeuble soit à usage d'habitation ou à usage professionnel[1].

Zoom n° 26

Céder des parts sociales de SCI au lieu de l'immeuble permet des économies

Les taux de la taxe de publicité foncière sont raisonnables. Cependant, la constitution d'une SCI permet de réaliser des économies en cédant des parts de SCI au lieu d'un immeuble :

- la cession des parts d'une société civile immobilière n'a pas besoin d'un acte notarié et ne fait pas l'objet d'une publicité à la conservation des hypothèques ;
- la cession des parts sociales d'une SCI est également taxée à 5 %. La cession de l'immobilier professionnel est donc taxée au même taux que l'immeuble soit ou non logé dans une SCI. Cependant, la SCI permet de réduire la base d'imposition dans certains cas (voir cas n° 63 page 261).

Les frais d'acquisition de l'immeuble par la SCI sont-ils déductibles ?	La SCI est imposée à	
	l'impôt sur le revenu	l'impôt sur les sociétés
TVA immobilière	Si la SCI opte pour la TVA, elle peut récupérer la TVA sur l'acquisition (19,60 % × prix d'acquisition). Les loyers seront assujettis à la TVA.	
Les droits d'enregistrement et les honoraires du notaire	Ces frais ne sont pas déductibles car ils constituent des dépenses liées à l'acquisition d'un capital.	Ces frais sont déductibles. Ils peuvent être étalés par fractions égales sur une période maximale de cinq ans.

1. Non compris le prélèvement pour frais d'assiette de 0,09 % et le « salaire » du conservateur des hypothèques de 0,10 % du prix de l'immeuble.

3.2. Le financement par apport en capital

Les associés peuvent financer la construction ou l'acquisition de l'immeuble par voie d'apport en capital social. La SCI reçoit du numéraire et attribue en contrepartie des parts sociales qui tombent dans le patrimoine de l'associé. Avec ces liquidités, la SCI finance l'acquisition de l'immeuble social.

Pour acquérir les parts sociales de la SCI, les associés peuvent emprunter. Si la SCI n'est pas soumise à l'impôt sur les sociétés, les associés peuvent déduire de leur part de bénéfices sociaux **les intérêts des emprunts qu'ils ont contractés** personnellement **pour l'acquisition** ou **la souscription de leurs parts de SCI**. La banque exigera une caution hypothécaire de la SCI qui sera un peu plus onéreuse qu'une garantie hypothécaire, et ne sera pas toujours facile à réaliser sur le plan juridique (voir page 148).

Autant de modalités de financement que d'associés dans une SCI

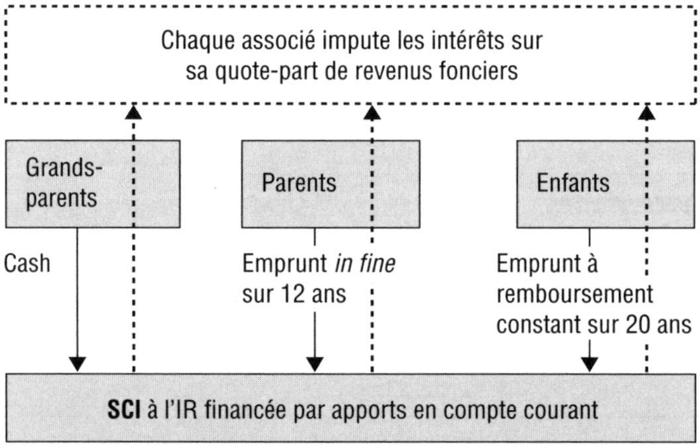

3.3. Financement par apport en compte courant

3.3.1. Modalités de fonctionnement

Les associés peuvent mettre à la disposition de la SCI des fonds sous la forme de compte courant. Si la SCI est imposée à l'impôt sur le revenu, le régime des comptes courants est très souple : **les comptes courants peuvent être débiteurs, ce qui permet d'éviter la constitution d'une trésorerie captive**.

Régime fiscal des intérêts des comptes courants dans une SCI		
	La SCI est imposée à	
	l'impôt sur le revenu	**l'impôt sur les sociétés**
Les intérêts versés aux associés sont-ils déductibles des résultats de la SCI ?	Les intérêts sont intégralement déductibles si le compte courant sert réellement à financer l'acquisition de l'immeuble[1].	Les intérêts ne sont déductibles que : • si le capital est entièrement libéré ; • dans la limite du TMPV[2] ; • et qu'à hauteur d'un plafond d'avance égal à une fois et demie le capital social. Cette dernière limite s'applique uniquement aux dirigeants et aux associés possédant plus de la moitié du capital.
Les intérêts versés aux associés sont-ils imposables chez l'associé ?	Les intérêts sont soumis dans la catégorie des revenus mobiliers à l'impôt sur le revenu : • l'associé peut opter pour le prélèvement libératoire au taux de 30 %[3] ; • si l'associé a contracté un emprunt pour financer son apport en compte courant, il peut déduire les intérêts de son emprunt s'il n'opte pas pour le prélèvement libératoire.	

1. L'acquisition, la construction, la réparation, l'amélioration ou la conservation de l'immeuble. **Les limites de taux et de libération de capital s'appliquent en matière de BIC et non de revenus fonciers**.
2. Taux égal à la moyenne annuelle des taux effectifs moyens pour des prêts à taux variables (TMPV).
3. L'option pour le prélèvement libératoire est intéressant si le taux marginal d'imposition sur le revenu du contribuable est supérieur à 18 %. Certaines limites concernent les associés dirigeants.

Cas n° 26

Déductibilité des intérêts des comptes courants dans une SCI

Dans une SCI au capital de 10 000 € entièrement libéré, le gérant laisse en compte courant une somme de 17 000 € moyennant un intérêt annuel de 12 %. La SCI comptabilise en charges les intérêts pour : 17 000 € × 12 % = 2 400 €. Le TMPV est de 5 %.

---

1. **La SCI est imposée sur le revenu** ⇒ les intérêts sont intégralement déductibles s'ils sont liés à la conversation de l'immeuble.
2. **La SCI est soumise à l'impôt sur les sociétés** ⇒ une partie des intérêts n'est pas déductible.

Le plafond d'une fois et demie le capital social est de 15 000 € (10 000 × 1,5). Le taux maximal est de 5 %. Les intérêts sont donc déductibles à hauteur de : 15 000 € × 5 % = 750 €.

Cas n° 27

Rémunération des intérêts des comptes courants et évasion fiscale

Une SCI soumise à l'IR achète un appartement en cours de construction afin de le louer. Elle contracte un emprunt. Tant que l'immeuble n'est pas achevé, elle ne perçoit pas de loyers. Les associés font une avance en compte courant à la SCI pour lui permettre de faire face au paiement des premières échéances de l'emprunt. Les associés ont un taux marginal d'impôt sur le revenu de 40 %.

La SCI doit-elle rémunérer les comptes courants ?

Dans la pratique les comptes courants ne sont généralement pas rémunérés. Si la SCI rémunère les comptes courants, les intérêts seront entièrement déductibles des revenus fonciers car ils sont bien nécessaires à l'acquisition de l'immeuble (à défaut, la SCI aurait dû emprunter). Ces intérêts diminuent le revenu foncier qui est soumis à l'IR au niveau des associés au taux de 40 %. Bien sûr, les associés devront déclarer les intérêts perçus en rémunération de leur compte courant dans la catégorie des revenus de capitaux mobiliers (RCM). Mais ils peuvent opter pour le prélèvement libératoire au taux de 18 %

et faire ainsi une économie d'impôt (40 % – 18 % = 22 % d'économie !). Au final, sous cet angle, mieux vaut faire un apport en compte courant qu'en capital.

3.3.2. Le financement par emprunt bancaire est préférable à l'apport en compte courant

3.3.2.1. L'emprunt bancaire est préférable à l'apport en capital

L'emprunt bancaire est préférable à l'apport en capital car les intérêts sont fiscalement déductibles et permettent ainsi une économie d'impôt[1]. De plus, les primes de l'assurance décès invalidité sont déductibles et garantissent un capital au conjoint survivant en cas de décès (la valeur du bien immobilier qui n'est plus grevé d'un emprunt). L'argent qui n'est pas apporté au capital de la société peut alors être placé dans un contrat d'assurance-vie qui n'est pas imposé.

3.3.2.2. L'emprunt bancaire est préférable à l'apport en compte courant

Le compte courant peut être rémunéré. Les intérêts sont alors déductibles du résultat imposable[2]. Cependant, les associés doivent les déclarer dans la catégorie des revenus de capitaux mobiliers pour les imposer à l'impôt sur le revenu au taux progressif majoré des prélèvements sociaux. L'option pour le prélèvement libératoire au taux de 16 % majoré des prélèvements sociaux est très restreinte. Globalement, l'apport en compte courant est neutre car les intérêts déductibles au niveau de la société sont imposables au niveau de l'associé.

L'emprunt bancaire est alors préférable car les intérêts sont fiscalement déductibles et permettent ainsi une économie d'impôt[3]. L'argent

1. Économie d'impôt sur le revenu ou d'impôt sur les sociétés selon la structure de gestion patrimoniale.
2. Du revenu foncier car ils sont nécessaires au financement de l'acquisition de l'immeuble ; ou du BIC pour de la location meublées. Les limites de déductibilité sont alors plus restrictives en BIC.
3. Économie d'impôt sur le revenu ou d'impôt sur les sociétés selon la structure de gestion patrimoniale.

qui n'est pas apporté en compte courant peut alors être placé dans un contrat d'assurance-vie qui n'est pas imposé à l'impôt sur le revenu.

Au regard de l'ISF, la créance qui résulte de l'apport en compte courant est taxé comme l'assurance-vie. Cependant, **le compte courant peut ne pas être rémunéré**. La société bénéficie ainsi d'un enrichissement qui s'accumule sous forme de réserves. Si les droits sociaux bénéficient de l'exonération en tant que biens professionnels, cet enrichissement est exonéré d'ISF alors que la capitalisation d'une assurance-vie est taxable à l'ISF.

3.3.2.3. Mode d'emploi

Étape N° 1 La société contracte un emprunt[1] *in fine* sur 8 ans minimum[2]

- Les intérêts dus à la banque sont intégralement[3] déductibles du résultat de la société et permettent ainsi une économie d'impôt[4].
- De plus, les primes de l'assurance décès invalidité sont déductibles et garantissent un capital au conjoint survivant en cas de décès (la valeur du bien immobilier qui n'est plus grevé d'un emprunt). L'ADI peut même porter sur 200 % du capital tout en restant déductible.
- La société peut ne faire aucun décaissement (sa trésorerie n'est pas affectée) si les paiements du capital et des intérêts sont reportés à l'expiration de l'emprunt.

Étape N° 2 Les fonds qui ne sont pas apportés en compte courant ou en capital sont placés dans un contrat d'assurance-vie à huit ans

1. **Si le compte courant existe déjà**, la société peut substituer un emprunt bancaire au compte courant de l'associé qui remploie alors les fonds disponibles dans un contrat d'assurance-vie.
2. Durée minimum du contrat d'assurance-vie pour bénéficier de l'exonération d'imposition.
3. Les limites de déductibilité des comptes courants en BIC ou IS ne s'appliquent pas.
4. Économie d'impôt sur le revenu ou d'impôt sur les sociétés selon la structure de gestion patrimoniale.

- les intérêts acquis dans le cadre de l'assurance-vie sont exonérés d'imposition s'ils sont capitalisés pendant huit ans.
- en cas de décès de l'associé en cours de contrat, les capitaux reviennent aux bénéficiaires désignés en exonération de droits de mutation à titre gratuit à concurrence de 152 500 € par bénéficiaire.

Étape N° 3 **À la date d'expiration du contrat ou de l'emprunt (au bout de huit ans au minimum), les sommes acquises dans le cadre de l'assurance-vie (capital et intérêts capitalisés) permettant le remboursement à la banque de l'emprunt (capital et intérêts capitalisés éventuellement)**

Au final, mieux vaut un financement par emprunt bancaire accouplé à un contrat d'assurance-vie qu'un apport en capital ou qu'un compte courant d'associé

En effet, les intérêts de l'emprunt sont déductibles intégralement, alors que les revenus acquis dans le cadre de l'assurance-vie sont exonérés en totalité. On est gagnant sur les deux tableaux. Ce montage d'optimisation fiscale est une manifestation licite d'habileté fiscale qui ne tombe pas sous le coup de l'abus de droit. C'est l'application du principe de liberté de gestion patrimoniale.

3.3.3. Cas pratique : financement par emprunt à remboursement constant et compte courant des parents ; détention de la pleine propriété des parts par les enfants

Des parents constituent avec leurs enfants une SCI pour acheter un immeuble le 1er janvier N d'une valeur d'un million d'euros. Les enfants détiennent 90 % des parts en pleine propriété alors que les parents, minoritaires, détiennent seulement 10 % des parts. La SCI finance l'investissement par emprunt à hauteur d'un million d'euros et le solde par compte courant. C'est la capacité de financement des parents minoritaires dans la SCI qui permet l'obtention de l'emprunt (les parents se portent caution).

Le bilan de départ se présente donc comme suit :

Au 01/01/N

Actif en K€		Passif en K€		
Immeuble	1 500	Capital		10
		• enfants	*9*	
		• parents	*1*	
		Compte courant parents		500
Trésorerie	10	Emprunt		1 000
	1 510			**1 510**

Le revenu foncier en cumul sur quinze ans est le suivant :

	En K€
Loyers	1 575
Intérêts	– 450
Autres charges	– 125
Revenus fonciers	**1 000**

Étape n° 1 : quel financement choisir ?

Les revenus fonciers dégagés par la SCI sont imposés essentiellement au niveau des enfants qui sont faiblement fiscalisés. Le financement par un emprunt *in fine* n'offre pas d'effet de levier fiscal, car l'économie d'impôt réalisée au niveau des enfants est très faible. L'emprunt à remboursement constant et donc obtenu pour financer l'investissement immobilier.

Au bout de quinze ans, le bilan de la SCI, après remboursement de l'emprunt, se présente comme suit :

Actif		Passif		
Immeuble	1 500	Capital		10
		• enfants	*9*	
		• parents	*1*	
		Compte courant		
		• résultat		1 000
		– des enfants	*900*	
		– des parents	*100*	
		• apports des parents		500
Trésorerie	10	Emprunt		0
	1 510			**1 510**

Étape n° 2 : faut-il rémunérer le compte courant des parents ?

La SCI peut rémunérer le compte courant des parents.

Déductibilité et imposition des intérêts
Les intérêts sont déductibles des revenus fonciers, car ils ont pour objet le financement de l'acquisition de l'immeuble – si la SCI opte pour l'IS, des limites de taux et de base s'appliquent également pour déterminer le montant des intérêts déductibles.

Symétriquement, les intérêts sont imposables au niveau des associés (les parents) à l'impôt sur le revenu dans la catégorie des revenus de capitaux mobiliers (RCM). L'option pour le prélèvement libératoire (IR au taux de 18 %) permet d'atténuer l'imposition.

Droits de succession
Le compte courant constitue un actif successoral. Les intérêts servis vont augmenter le montant du compte courant et, par voie de conséquence, la base de calcul des droits de succession. Or, l'intérêt du montage réside dans le fait que les enfants sont propriétaires d'un immeuble, *via* la SCI, qui se valorise, alors que le compte courant n'est pas réévalué – la valeur comptable de l'immeuble qui figure dans le bilan de la SCI ci-dessus correspond à son coût d'acquisition d'il y a quinze ans ; sa valeur de marché est largement supérieure. L'absence de rémunération offre donc un effet de levier important en matière de transmission.

Équité
Si tous les enfants ne sont pas associés à la SCI, la rémunération du compte courant est nécessaire. À défaut, l'enfant qui est associé de la SCI profite de l'absence de rémunération, car cela valorise les parts sociales qu'il détient. L'enfant non associé de la SI est donc lésé. Lors de l'ouverture de succession, il pourra demander réparation pour rupture d'égalité.

3.4. Le financement par emprunt bancaire

La SCI emprunte directement auprès d'une banque pour financer l'acquisition de l'immeuble.

Le gérant doit négocier les taux avec différents banquiers. Il peut faire appel à un courtier en taux.

La banque exigera des garanties :

- la caution des associés, un engagement de non-cession de parts de la SCI... Cette garantie des associés permet à la banque de couvrir le risque de voir les associés céder leurs parts sociales à des personnes insolvables ;
- la garantie hypothécaire sur l'immeuble social.

Zoom n° 27

Emprunt et SCI

- Quand c'est la SCI qui emprunte directement, **le coût de la constitution de la garantie hypothécaire est moins onéreux** car le créancier peut demander un privilège de prêteurs de deniers, exonéré de la taxe de publicité foncière (0,60 % du montant de l'inscription hypothécaire).
- Lorsque la SCI est soumise à l'impôt sur le revenu, seuls les intérêts de l'emprunt sont déductibles du bénéfice imposable. En revanche, si la SCI opte pour l'impôt sur les sociétés, toutes les charges liées à l'emprunt sont déductibles (les frais de dossier, les intérêts...).

3.4.1. L'emprunt *in fine* permet d'optimiser fiscalement

La société civile de patrimoine peut financer l'investissement immobilier par un emprunt *in fine*. Le capital est remboursé à l'arrivée du terme. Pendant la durée de vie de l'emprunt, seuls les intérêts sont payés. Le remboursement du capital est en général assuré par un placement réalisé dans le cadre d'un contrat d'assurance-vie exonéré d'imposition. L'emprunt *in fine* est adossé à un contrat d'assurance-vie nanti en garantie du remboursement final de l'emprunt.

Les avantages de ce type d'emprunt sont les suivants :

- Le montage dégage des **excédents de trésorerie**. En effet, les loyers encaissés servent à payer uniquement les intérêts d'emprunt. Dans un emprunt classique, les loyers remboursent le capital et les intérêts. Ces excédents de trésorerie permettent d'alimenter le contrat d'assurance-vie qui servira au remboursement du prêt *in fine*. Les intérêts d'emprunts sont déductibles alors que les revenus du contrat d'assurance-vie sont exonérés d'imposition.

- Les intérêts d'emprunt permettent de minorer le revenu foncier par rapport à un emprunt à remboursement constant. Il en résulte une **économie d'impôt sur le revenu**.
- Comme le capital de l'emprunt n'est pas remboursé, la valeur des parts sociales de la société civile est diminuée. La base imposable à l'ISF est donc réduite. Mais les placements réalisés dans le contrat d'assurance-vie sont imposable à l'ISF. Le bilan est donc neutre au niveau de l'ISF.

Tout simplement !

Les **flux de trésorerie en cumul avant impôts sont les mêmes** entre un emprunt *in fine* et un emprunt à remboursement constant. Pour un emprunt *in fine*, le capital non décaissé par rapport à un emprunt à remboursement constant est injecté dans un contrat d'assurance-vie qui servira à rembourser le capital en fin de période. Le montant des intérêts décaissés plus important pour l'emprunt *in fine* par rapport à l'emprunt à remboursement constant est compensé par les intérêts « encaissés » sur le contrat d'assurance-vie. Les flux de trésorerie sont donc identiques. Mais **les intérêts sur l'emprunt sont déductibles alors que les intérêts sur le contrat d'assurance-vie ne sont pas imposables**. Il en résulte une économie d'impôt sur le revenu et de prélèvements sociaux. C'est **cette économie d'impôt** qui **optimise fiscalement le financement avec l'emprunt *in fine***.

3.4.2. Cas pratique : emprunt in fine*, démembrement, dilution et optimisation fiscale*

Des parents achètent un immeuble le 1er janvier N d'une valeur de 1,5 million d'euros par l'intermédiaire d'une SCI. Ils envisagent de financer l'intégralité par emprunt. Le capital de départ est donc faible. Les loyers représentent 7 % du prix d'acquisition.

Le bilan de départ se présente comme suit :

Au 01/01/N

Actif en K€		Passif en K€	
Immeuble Trésorerie	1 000 1	Capital Emprunt	1 1 000
	1 001		**1 001**

Étape n° 1 : quel financement choisir ?

Deux modalités de financement sont envisagées :

- un emprunt sur 15 ans à mensualités constantes au taux de 5 % ;
- un emprunt sur 15 ans remboursables en fin de période au taux de 5 %. Pour assurer le remboursement du capital, un montant de 400 000 € est placé dans un contrat d'assurance-vie sur des supports euros au taux de rendement espéré de 4,3 % nets d'impôt.

Les comptes de résultats en cumul sur 15 ans,et le capital acquis par l'assurance-vie se présentent comme suit :

	Remboursement	
	In fine	**Constant**
Loyers Intérêts Autres charges	1 100 – 750 – 108	1 100 – 450 – 108
Revenus fonciers	**242**	**542**
Impôts (IR + PS = 50 %)	121	271
Économie	**150**	
Assurance-vie		
Capital initial Taux net d'impôts Capital acquis	400 4,30 % 758	

Au bout de 15 ans, pour un emprunt à remboursement constant, nous obtenons les éléments suivants :

Au 31/12/N+14 après remboursement de l'emprunt

Actif		Passif	
Immeuble	1 000	Capital	1
		Comptes courants	
		• résultat	542
		• apports	458
Trésorerie	1	Emprunt	0
	1 001		**1 001**

Au 31/12/N+14

Apports	458
Impôts	271
Décaissement total	**729**

Au bout de 15 ans, pour un emprunt *in fine*, nous obtenons les éléments suivants :

Au 31/12/N+14 après remboursement de l'emprunt

Actif		Passif	
Immeuble	1 000	Capital	1
		Comptes courants	
		• résultat	242
		• assurance-vie	758
Trésorerie	1	Emprunt	0
	1 001		**1 001**

Au 31/12/N+14

Assurance-vie	400
Impôts	121
Décaissement total	**521**

Conclusion : les deux modalités de financement mobilisent des flux de trésorerie presque identiques avant impôts. **Mais l'emprunt *in fine* constitue la voie la moins imposée qu'il faut donc privilégier dans la mesure où les revenus fonciers sont fortement imposés au niveau des parents**. En revanche, pour l'ISF, l'imposition est la même, car il faudra déclarer le montant des comptes courants, qui s'élève à 1 million d'euros.

Étape n° 2 : démembrement pour optimiser fiscalement l'opération

Les parents transmettent la nue-propriété des parts sociales à leurs quatre enfants et conservent l'usufruit. Le contrat d'assurance-vie sur lequel les parents ont placé 400 000 € pour assurer le remboursement de l'emprunt *in fine*, est donné en pleine propriété aux enfants. Cette donation est faite en franchise d'imposition puisqu'elle profite pleinement de l'abattement de 50 000 € pour enfant (50 000 € × 2 parents × 4 enfants = 400 000 €).

Au final, en fin de période de remboursement, le bilan se présente comme suit :

Au 31/12/N+14 après remboursement de l'emprunt

Actif		Passif	
Immeuble	1 000	Capital	1
		Comptes courants	
		• usufruitier	242
		• nue-propriétaire	758
Trésorerie	1	Emprunt	0
	1 001		**1 001**

Étape n° 3 : augmentation de capital pour diluer les parents

Les parents sont usufruitiers. Ils perçoivent donc l'intégralité du revenu foncier, qui est fortement imposé à leur niveau. En incorporant les comptes courants au capital, les parents sont dilués. Cette incorporation leur permet de diminuer la quote-part de revenu foncier qui leur est attribuée et donc leur imposition.

Le bilan après augmentation de capital par compensation de compte courant se présente comme suit :

Actif		Passif		
Immeuble	1 000	Capital initial Augmentation du capital • parents • enfants	1 242 758	 24 % 76 %
		Capital total	**1 001**	**1 001**
Trésorerie	1	Emprunt	0	
	1 001		**2 002**	

La quote-part des parents dans le revenu foncier de la SCI passe ainsi de 100 % à 24 %.

Étape n° 4 : bilan de l'opération en termes d'optimisation fiscale

ISF

Comme précédemment, les parents doivent déclarer la valeur en pleine propriété des parts sociales de la SCI dont ils détiennent l'usufruit. Mais ces parts sociales ont une valeur nulle puisque la SCI est endettée (comptes courants). Cependant, la valorisation de l'immeuble au prix de marché doit être intégrée.

En revanche, les parents usufruitiers doivent déclarer à l'ISF un compte courant de 242 K€ contre 1 000 € précédemment. En effet, ce sont les enfants qui ont la pleine propriété du compte courant correspondant au capital acquis par l'assurance-vie.

Droits de mutation

Les parents ont transmis en franchise de droits un contrat d'assurance-vie dont la valeur s'élève à 758 K€. Au décès des parents, les enfants pourront recouvrer la pleine propriété des parts de la SCI en franchise de droit.

Revenus fonciers

Pendant la période d'emprunt, le mode de financement *in fine* a permis de minorer l'impôt sur le revenu des parents. Après remboursement de l'emprunt, l'augmentation de capital par incorporation de compte courant a permis de minorer la quote-part de revenu foncier déclaré par les parents. La quote-part de revenus fonciers transmis aux enfants sera beaucoup moins imposée.

3.5. Le financement par crédit-bail immobilier

Lorsqu'un chef d'entreprise veut acquérir ses locaux professionnels en crédit-bail[1], le montage suivant est souvent réalisé :

- le chef d'entreprise crée une SCI avec ses enfants dans une optique de transmission de son patrimoine ;
- la SCI acquiert en crédit-bail l'immeuble à usage professionnel ;
- **la SCI sous-loue l'immeuble à l'entreprise** dans le cadre d'un bail commercial **pour un loyer correspondant à la valeur locative réelle de l'immeuble** (l'entreprise est souvent une société commerciale dont le chef d'entreprise est l'associé principal).

3.5.1. La situation de la SCI en cours de crédit-bail

La SCI finance l'acquisition ou la construction de l'immeuble à usage professionnel par la technique du crédit-bail :

- La société de crédit-bail est propriétaire de l'immeuble qu'elle loue à la SCI. La SCI comptabilise en charges les loyers que lui facture la société de crédit-bail.
- La SCI met l'immeuble à la disposition d'une entreprise commerciale par la voie de la sous-location. La SCI comptabilise en produit les loyers qu'elle facture à l'entreprise commerciale.

Si la sous-location porte :

- sur des **locaux meublés ou** entièrement **équipés** $\Rightarrow$ le régime d'imposition de la SCI est le régime des **BIC non professionnels**, la SCI bascule alors à l'IS ;

1. Le crédit-bail est une opération de location assortie d'une promesse de vente du bien au locataire à l'expiration de la période de location. Le prix de vente tient compte des redevances versées.

- sur des **locaux nus** ⇒ le régime d'imposition de la SCI est le régime des **BNC non professionnels**.

Le régime des BIC non professionnels et des BNC non professionnels concernent des opérations réalisées par un contribuable qui n'exerce pas de véritable activité professionnelle. Le contribuable ne participe pas de façon personnelle, continue et directe à la gestion. Il réalise une opération de placement dans des activités relevant des BIC (régime d'imposition des industriels et commerçants) ou des BNC (régime d'imposition des professions libérales), sans participer personnellement à la gestion.

Les BIC non professionnels et les BNC non professionnels ne bénéficient pas des avantages réservés aux vrais professionnels :

- **les déficits ne sont pas imputables sur le revenu global**. Ils sont seulement reportables sur les bénéfices tirés d'activités semblables durant les six années suivantes ;
- les biens ne sont pas considérés comme un outil de travail. Ils sont donc pris en compte pour le calcul de l'ISF.

La SCI qui finance l'acquisition d'un immeuble crédit-bail et le sous-loue à une entreprise **sera certainement en situation déficitaire** car les loyers encaissés sont généralement inférieurs aux redevances de crédit-bail décaissées (les loyers que la SCI perçoit correspondent à la valeur locative de l'immeuble, alors que les redevances de crédit-bail qu'elle paie correspondent au financement du prix d'acquisition).

Or ce déficit n'est pas imputable sur le revenu global de l'associé qui doit, par conséquent, financer un déficit sans pouvoir réaliser d'économie d'impôt.

Deux solutions peuvent être envisagées :

- **La SCI peut facturer à l'entreprise des loyers plus élevés.** Cependant, l'entreprise court **un risque fiscal** car l'administration peut invoquer la théorie de l'acte anormal de gestion (accepter des loyers plus élevés que ceux du marché constitue un acte anormal de gestion) pour réintégrer une partie des loyers (la partie des loyers qui n'est pas fiscalement déductible car elle est jugée excessive).

- **L'allongement de la durée du crédit-bail** permet de diminuer les redevances et d'éviter ainsi un déficit. Cette solution alourdit le coût financier de l'opération.

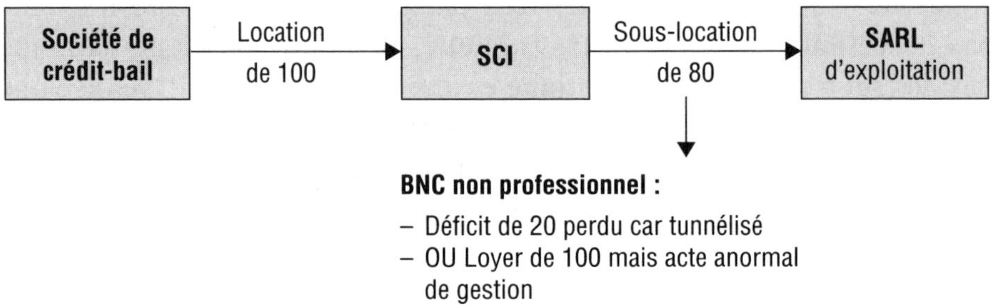

Si la SCI a opté pour l'IS, le déficit sera imputable sur les bénéfices réalisés par la SCI au cours des exercices suivants sans limitation de durée.

Par ailleurs, lorsque le prix de levée de l'option d'achat est inférieur au coût d'acquisition du terrain par la société de crédit-bail, la quote-part de loyers correspondant à la différence n'est pas fiscalement déductible.

3.5.2. Situation de la SCI à la fin du contrat de crédit-bail

En fin de contrat de crédit-bail, la SCI peut lever l'option d'achat. Si l'option d'achat est levée, les conséquences sont les suivantes :

- **la SCI devient propriétaire de l'immeuble** qui doit alors être inscrit au bilan de la SCI ;
- **une fraction des loyers** déduits pendant la période de location **peut être imposée**[1] ;

1. Sur le plan fiscal, lors de la levée de l'option d'achat, une fraction des loyers antérieurement déduits peut être réintégrée dans les résultats imposables de la SCI lorsque le prix de levée de l'option d'achat est inférieur à la valeur résiduelle de l'immeuble. La valeur résiduelle est la valeur initiale du bien diminuée des amortissements que la SCI aurait pratiqués si elle avait été propriétaire de l'immeuble. Le montant de cette réintégration est égale à la différence entre la valeur résiduelle de l'immeuble et le prix de levée de l'option d'achat.

- **la SCI change d'activité** car elle va cesser son activité de sous-location pour une activité de location (elle est propriétaire de l'immeuble). Si la SCI n'a pas opté pour l'IS, le changement d'activité entraîne :
  - un **changement de régime fiscal** : les résultats de la SCI sont imposés dans la catégorie des **revenus fonciers** au lieu d'être imposés dans la catégorie bénéfices non commerciaux (BNC) ;
  - **l'imposition d'une plus-value** à la date de changement[1].

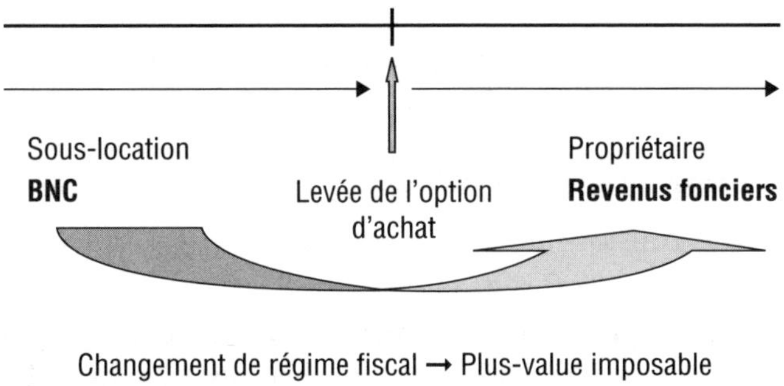

Effet de levier fiscal du crédit-bail

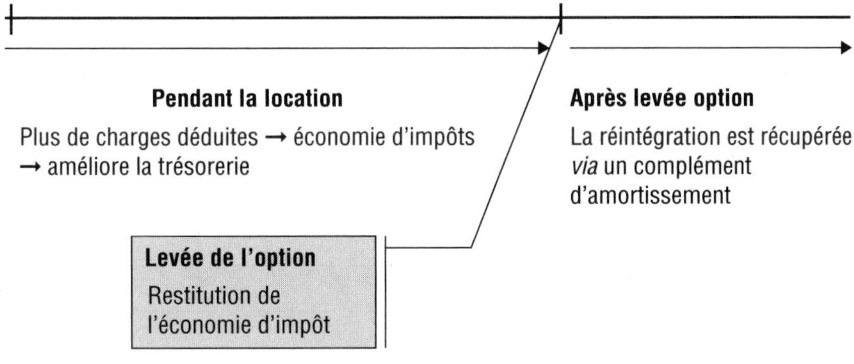

1. La différence entre la valeur vénale de l'immeuble à la date de la levée de l'option d'achat et sa valeur résiduelle constitue une plus-value entièrement à court terme imposable dans la catégorie des bénéfices non commerciaux. Les associés de la SCI peuvent demander un report d'imposition de la plus-value jusqu'à la date de cession de l'immeuble ou des parts de la SCI.

Cas n° 28

Réintégration d'une quote-part des loyers et imposition d'une plus-value quand la SCI lève l'option d'achat

Une SCI qui n'a pas opté pour l'IS, signe le 1er janvier N un contrat de crédit-bail immobilier avec une SICOMI pour financer un ensemble immobilier dont le coût s'élève à 2 000 000 € (dont 500 000 € pour le terrain). La durée de vie probable de la construction est de 25 ans.
La durée du crédit-bail est de 18 ans. Les redevances sont trimestrielles, d'un montant de 57 000 € HT et payables d'avance (premier versement le 1er janvier N).
Une levée d'option est possible au 1er janvier N+18 pour une somme globale de 700 000 €.
La valeur vénale au 1er janvier N+18 est estimée à 2 000 000 €.

Quand la SCI lève l'option d'achat :

- l'ensemble immobilier est inscrit à l'actif de la SCI pour le prix d'acquisition de 700 000 € ;
- la SCI est imposée sur la différence entre le prix de l'option d'achat et la valeur résiduelle de l'ensemble immobilier au 1er janvier N+18 (*N.B. :* le prix de la levée de l'option d'achat est affectée en priorité au terrain).

Terrain Valeur nette comptable au 1er janvier N+18	500 000 €
Construction Valeur nette comptable au 1er janvier N+18 Brut : 1 500 000 Amortissement : 1 500 000 × 4 % × 18 = (1 080 000) 420 000	420 000 €
Valeur résiduelle de l'ensemble immobilier ①	920 000 €
Prix de levée de l'option ②	700 000 €
Valeur vénale de l'immeuble ③	2 000 000 €
Réintégration fiscale d'une quote-part des loyers ① – ②	220 000 €
Imposition d'une plus-value ③ – ①	1 080 000 €

Si la SCI a opté pour l'IS, elle peut amortir l'immeuble sur la base de sa valeur résiduelle ①. Elle récupère ainsi l'impôt sur les sociétés qu'elle a payé à cause de la réintégration fiscale d'une quote-part des loyers.

En revanche, si la SCI n'a pas opté pour l'IS, elle est imposée dans la catégorie des revenus fonciers. L'amortissement des constructions ne peut pas être déduit en revenus fonciers. Elle ne récupère donc pas l'impôt payé à cause de la réintégration fiscale d'une quote-part des loyers.

La SCI doit-elle financer par crédit-bail immobilier l'acquisition de l'immeuble social ?	
Avantages	**Inconvénients**
• Ce type de financement offre une excellente garantie au créancier (la société de crédit-bail) puisqu'il est propriétaire de l'immeuble financé. • Le montage SCI permet au chef d'entreprise de constituer un patrimoine et de le transmettre à ses enfants. • La société commerciale loue l'immeuble dans le cadre d'un bail commercial.	• La société commerciale doit être bénéficiaire pour assurer le financement de l'immeuble au travers des loyers qu'elle verse à la SCI. • Si la durée du crédit-bail excède 12 ans, le montage a un coût élevé car la taxe de publicité foncière et le salaire du conservateur sont calculés sur la valeur totale des loyers. • Le montage a également un coût élevé à cause de l'imposition des plus-values. Cependant, cet inconvénient est réduit en cas de donation ou de cession des parts de la SCI du fait de l'abattement par année de détention. • Le crédit-bail ne peut pas permettre le financement d'un immeuble affecté à l'habitation.

Cas n° 29

Apport des titres à une société holding à l'IS pour éviter l'imposition de la plus-value lors du changement de régime fiscal

Un dirigeant a constitué une SCI a l'IR pour acquérir un immeuble d'exploitation dans le cadre d'un contrat de crédit-bail immobilier. Mais s'il était constitué avec un faible capital de 10 K€.

Pour éviter l'imposition de la plus-value lors du changement de régime fiscal, il décide d'apporter les parts de la SCI à une société holding imposée à l'IS. Il reçoit en échange des titres de la holding.

…/…

(Suite cas n° 29)

— .../...

Pour évaluer la valeur d'apport des titres de la SCI, on peut retenir la valeur d'utilité de l'immeuble sous déduction de la dette actualisée du crédit-bail immobilier (valeur actuelle des loyers restant à payer et de l'option d'achat).
Si la valeur d'apport est estimée à 100 K€, la plus-value d'apport de 90 K€ peut bénéficier d'un sursis d'imposition.

3.6. Financement par un bail à construction

Si le chef d'entreprise n'a pas suffisamment de liquidités pour acheter par l'intermédiaire d'une SCI l'immeuble destiné à l'activité de l'entreprise, le montage suivant peut être adopté :

1. la SCI achète le terrain ;
2. la SCI loue le terrain à l'entreprise dans le cadre d'un bail à construction ;
3. l'entreprise construit un immeuble sur ce terrain ;
4. cet immeuble appartient à la SCI en fin de bail.

Le bail à construction permet donc à la SCI de faire supporter le coût de la construction à l'entreprise commerciale qui assure ainsi le financement du patrimoine social. En fin de bail, la SCI est propriétaire de la construction. Si l'entreprise n'a pas suffisamment de disponibilités financières pour faire bâtir, la SCI peut confier le terrain à une SICOMI qui finance l'édification grâce à ce bail. La SICOMI loue par crédit-bail l'immeuble commercial à l'entreprise.

3.6.1. Le régime du bail à construction

La SCI loue à l'entreprise un terrain dans le cadre d'un bail à construction. L'entreprise construit un immeuble sur ce terrain. Cet immeuble appartient à la SCI en fin de bail.	
Définition	Le bail à construction est un bail par lequel l'entreprise s'engage à édifier des constructions sur le terrain de la SCI et à les conserver en bon état d'entretien pendant toute la durée du bail (CCH, art. L. 251-1 al. 1). Les constructions reviennent à la SCI en fin de bail, sauf clause contraire prévue par les parties (CCH, art. L. 251- 2).

.../...

.../...

Hypothèque pour garantir un emprunt	Le bail à construction confère à l'entreprise un **droit réel sur le terrain**. Le coût des travaux peut donc être financé au moyen d'un emprunt garanti par une hypothèque.
Engagements	L'entreprise prend l'engagement d'édifier une construction et d'entretenir les constructions nouvelles. Au terme du bail, la SCI est assurée d'être propriétaire de celles-ci.
Durée du bail	Le bail à construction est consenti pour une durée comprise entre 18 et 99 ans. La SCI a intérêt à conclure le bail pour une durée supérieure à 30 ans car le régime fiscal de faveur du bail à construction ne produit tous ses effets que si le contrat est conclu pour au moins 30 ans.
Contrepartie du bail	La contrepartie du bail à construction est constituée par un loyer et/ou par la remise de la construction. Il n'est pas possible de prévoir que la rémunération de la SCI sera entièrement constituée de la remise, en fin de bail, des locaux bâtis par l'entreprise. De plus, le loyer ne doit pas être symbolique.
Dépôt de garantie	La SCI peut prévoir un dépôt de garantie pour assurer le paiement des loyers.
Révision du loyer	Le loyer du bail à construction peut faire l'objet d'une révision triennale selon des modalités que vous définissez librement. À défaut de stipulation contraire, le loyer payable en numéraire est révisable par période triennale à compter de l'achèvement des travaux et au plus tard au terme de la sixième année du bail (l'indice de référence servant à déterminer le montant du loyer révisé est l'indice de variation du revenu brut de l'immeuble, par mètre carré de surface utile).
Droit au bail TVA	• Le bail à construction donne lieu au paiement **du droit au bail de 2,50 %** sur le montant des loyers sans tenir compte du droit de reprise des constructions en fin de bail par le bailleur. • La SCI peut opter pour la **TVA immobilière** (CGI, art. 260-5°). Dans ce cas, le bail à construction est exonéré du droit de bail si le preneur prend l'engagement de construire et justifie de l'achèvement des constructions dans le délai de 4 ans (éventuellement prorogé). L'assiette de la TVA est constituée par le montant cumulé des loyers, ou par la valeur des immeubles remis au bailleur au cours du bail. La TVA doit être acquittée en totalité dès la conclusion du contrat (la possibilité de paiement sur les encaissements étant exclue pour les baux à construction).
Taxe de publicité foncière	Le bail à construction doit faire l'objet d'une publicité obligatoire à la conservation des hypothèques. Il doit donc être établi par acte authentique. Le bail à construction est exonéré de la taxe de publicité foncière au taux de 0,60 % (seul est dû le salaire du conservateur).

3.6.2. L'imposition dans le cadre d'un bail à construction

Quand une société commerciale soumise à l'IS (SARL, SA, SAS) édifie des constructions sur un terrain qu'une SCI lui donne en location dans le cadre d'un bail à construction, l'imposition doit être examinée :

- **au niveau de la société** : les dépenses de construction engagées peuvent être déduites du résultat imposable de la société sous forme d'amortissements si elles ont été engagées dans l'intérêt de l'entreprise (les dépenses de construction sont engagées dans l'intérêt de l'entreprise si elles relèvent d'une gestion normale) ;
- **au niveau de la SCI** : les loyers perçus et l'attribution gratuite des constructions sont imposés en tant que revenus fonciers si les dépenses de construction sont engagées dans l'intérêt de l'entreprise. À défaut, ces profits sont imposés en tant que revenus de capitaux mobiliers sans ouvrir droit à l'avoir fiscal.

Bail à construction et imposition	**Imposition**	
	Au niveau de la société commerciale soumise à l'IS[1]	**Au niveau de la SCI soumise à l'IR**[1]
Les dépenses de construction sont engagées dans l'intérêt de l'entreprise.	Charges déductibles du résultat imposable.	Le profit (loyers et attribution gratuite des constructions) est imposé en tant que revenu foncier.
Les dépenses de construction ne sont pas engagées dans l'intérêt de l'entreprise.	Charges non déductibles du résultat imposable.	Le profit (loyers et attribution gratuite des constructions) est imposé en tant que revenu de capitaux mobiliers sans ouvrir droit à l'avoir fiscal.

3.6.2.1. Imposition de la SCI en tant que bailleur du terrain

Les loyers perçus par la SCI ainsi que l'attribution gratuite des constructions sont imposés dans la catégorie des **revenus fonciers**.

1. Le chef d'entreprise est associé de la société commerciale et de la SCI.

Zoom n° 28

Les revenus de la location d'immeubles nus par une SCI peuvent être imposés comme des bénéfices commerciaux

Les revenus de la location d'immeubles nus par une SCI peuvent être imposés comme des bénéfices commerciaux (la SCI est alors soumise à l'IS) si cette location a pour objectif de permettre au bailleur de poursuivre sous une forme juridique différente son exploitation commerciale antérieure, ou de participer effectivement à la gestion ou aux résultats de l'entreprise locataire.

Exemples :

- le bail est conclu moyennant un loyer correspondant à 0,5 % du chiffre d'affaires du preneur, avec un minimal annuel de 30 000 € et attribution au bailleur en fin de bail des locaux réalisés par le preneur ;
- les deux sociétés appartiennent aux mêmes associés.

Imposition de la SCI en tant que bailleur du terrain	
Recettes	**Imposition**
Loyer payé en espèces	Les loyers au titre du bail à construction sont imposés en tant que **revenus fonciers** : loyers encaissés par le propriétaire, y compris les loyers arriérés ou perçus d'avance. Les dépôts de garantie ne sont pas imposés tant qu'ils ne sont pas définitivement acquis par le bailleur.
Loyer payé par remise d'immeuble	Si le bail à construction stipule que le prix du bail consiste, en tout ou partie, dans la remise d'un immeuble, **le prix de revient de cet immeuble constitue un revenu foncier dont l'imposition peut être échelonnée sur 15 ans** (répartition du revenu sur l'année de l'attribution des immeubles et sur les 14 années suivantes – CGI, art. 33 *ter* 1). **À noter :** • **En cas de cession de l'immeuble** remis en paiement, la partie du revenu foncier qui n'a pas encore été taxée est imposée au titre de l'année de cession. Le cédant peut toutefois bénéficier, dans les conditions de droit commun, de l'étalement en faveur des revenus exceptionnels. • **En cas de décès du bailleur**, ses héritiers peuvent demander le maintien de l'étalement pour la période restant à courir.

.../...

.../...

Remise gratuite en fin de bail de l'immeuble construit	La remise gratuite des constructions édifiées par le preneur constitue un **revenu foncier imposable.** Cependant : • si la **durée du bail est égale ou supérieure à 30 ans**, la remise des constructions ne donne lieu à **aucune imposition ;** • si la durée du bail est comprise entre 18 et 30 ans, **l'impôt n'est dû que sur une valeur réduite en fonction de la durée du bail** : le revenu brut foncier est égal au prix de revient des constructions, sous déduction d'une décote égale à 8 % par année de bail au-delà de la dix-huitième. De plus, **l'imposition peut être échelonnée sur 15 ans** (répartition du revenu sur l'année de l'attribution des immeubles et sur les 14 années suivantes). **À savoir :** • En cas de résiliation du bail avant le terme des 18 ans, le contrat perd sa qualification de bail à construction et le bailleur ne peut plus bénéficier des avantages fiscaux (Inst., 26 février 1993). • La durée du bail à prendre en considération pour le calcul des abattements est celle qui a été convenue par le bail à construction d'origine. Il ne faut donc pas prendre en compte la prorogation du bail (si un bail à construction conclu en N pour une durée de 20 ans fait l'objet en N+10 d'une prorogation pour 5 ans en vue d'édifier un nouvel immeuble, l'imposition de la valeur de la première construction est effectuée sur l'année N+10 avec un abattement de 16 %). • L'administration fiscale peut mettre en œuvre la procédure de répression des abus de droit si le prolongement de la durée du bail à construction a pour but d'éviter ou de différer le paiement des impôts normalement dus à l'expiration du contrat.
Remise en fin de bail de l'immeuble construit, moyennant paiement d'une indemnité	Si la construction revient au bailleur en contrepartie d'une indemnité, **cette opération n'est pas imposable**. **À savoir :** si l'indemnité versée à l'entreprise est insuffisante, cette indemnité n'est pas fiscalement déductible (acte anormal de gestion). Elle constitue alors un revenu distribué imposable dans la catégorie des revenus mobiliers chez l'associé.
Vente de l'immeuble par le bailleur	1. En cas de cession de l'immeuble remis gratuitement en fin de bail, la partie du revenu foncier qui n'a pas encore été taxée est imposée au titre de l'année de cession. Le cédant peut toutefois bénéficier, dans les conditions de droit commun, de l'étalement en faveur des revenus exceptionnels.

.../...

.../...

	2. Pour le calcul de la plus-value (plus-value = prix de vente – prix de revient) : • Le prix de revient de la construction est égal au prix de revient du terrain (prix payé pour son acquisition ou, en cas de succession ou de donation, sa valeur vénale réelle). **Le prix d'acquisition de l'immeuble est considéré comme nul** (dans le cas où le transfert de la propriété des constructions s'est effectué moyennant le versement d'une indemnité au preneur, le prix d'acquisition de la construction est alors égal au montant de l'indemnité versée). • La durée de détention qui permet de calculer l'abattement pour durée de détention, est appréciée en tenant compte, pour le terrain, de la date effective d'acquisition par le bailleur et, pour la construction, de la date d'expiration du bail. **L'exonération de la plus-value n'est donc possible que 15 ans après l'expiration du bail à construction**.

Cas n° 30

Bail à construction et SCI – Remise gratuite en fin de bail de l'immeuble construit

Une SCI achète un terrain de 250 000 € qu'elle loue par bail à construction à une SARL qui édifie un entrepôt pour un coût de 500 000 €. Le bail est conclu pour une durée de 25 ans. À l'issue du bail, la SCI récupère la propriété de l'entrepôt qui vaut 750 000 € (250 000 € + 500 000 €).

Le montant du revenu foncier imposable s'élève à 500 000 € (c'est le prix de revient de l'immeuble). Cette somme est diminuée d'un abattement égal à 8 % calculé sur 7 ans, soit 56 % (25 ans – 18 ans = 7 ans). Le revenu foncier imposable correspondant à la remise de l'immeuble s'élève donc à 500 000 € × 44 % = 22 000 €. De plus, la SCI peut demander l'étalement de l'imposition sur 15 ans.

3.6.2.2. Imposition de l'entreprise locataire

Imposition de l'entreprise locataire	
Charges	**Imposition**
Loyers	**Les loyers sont déductibles du résultat imposable** de la société (loyers concernant l'exercice sans considération de leur date de paiement). Le dépôt de garantie n'est pas déductible, tant qu'il n'est pas définitivement acquis au bailleur.
Dépenses de construction sur le terrain du bailleur	L'entreprise peut amortir la construction : • sur **la durée du bail** si la construction est transférée gratuitement au bailleur ; • sur **la durée normale d'utilisation** si la construction est transférée contre indemnité au bailleur. **À savoir** : les dépenses de construction peuvent être déduites sous forme d'amortissements si elles sont engagées dans **l'intérêt de l'entreprise**. Elles ne doivent donc pas constituer un **acte anormal de gestion**, notamment dans le cas où les travaux réalisés par le locataire doivent revenir sans indemnité au bailleur qui serait le principal associé. Il a été ainsi jugé que la remise gratuite au propriétaire, en fin de bail, des travaux de construction exécutés par l'entreprise sur un immeuble pris en location auprès de son principal associé ne constitue pas un acte anormal de gestion compte tenu du montant modéré du loyer, de la durée du bail et de la nature des travaux exécutés (CE, 8 novembre 1978).
Sortie de la construction du bilan du locataire à l'expiration du bail	À l'expiration du bail, la construction édifiée par le locataire est transférée au bailleur. Elle doit donc être sortie de l'actif du bilan de la société locataire. • **En cas de remise gratuite de la construction au bailleur**, l'amortissement est calculé sur la durée du bail. La valeur résiduelle est donc nulle. La sortie de l'actif du bilan n'a **aucune incidence sur le résultat**. • **En cas de remise contre indemnité de la construction au bailleur**, l'opération s'analyse comme une cession d'élément d'actif relevant du régime des **plus-values et moins-values professionnelles** (indemnité – valeur comptable de la construction = plus-value).

4. Les garanties demandées par le banquier pour le financement de la SCI

Si la SCI emprunte afin de financer l'acquisition de l'immeuble social, la banque exigera une inscription hypothécaire sur l'immeuble, ainsi que la caution des associés.

Si les associés ont décidé d'emprunter directement afin de financer la SCI, ils devront fournir une garantie à la banque : le nantissement de leurs parts sociales, ou le cautionnement de la SCI.

Qui emprunte ?	Quelles sont les garanties offertes ?
La SCI emprunte	• Une inscription hypothécaire sur l'immeuble • La caution des associés
Les associés empruntent	• Le nantissement des parts sociales • Le cautionnement de la SCI

4.1. Le nantissement des parts sociales

Le nantissement des parts sociales est une garantie peu utilisée car sa réalisation est difficile. En effet, si l'associé ne peut pas rembourser l'emprunt garanti par le nantissement, la banque mettra en vente par adjudication les parts sociales nanties. L'acheteur des parts (l'adjudicataire) devra être agréé par les autres associés. De plus, chaque associé pourra se substituer à l'acheteur. Dans ces conditions, les éventuels adjudicataires seront réticents à se porter acquéreur.

Le nantissement des parts sociales	
La constatation du gage	Le nantissement doit être constaté par un acte authentique ou sous seing privé. Il doit être signifié à la SCI par acte d'huissier de justice ou accepté par la SCI dans un acte notarié. Le nantissement doit donner lieu à une publicité dont la date détermine le rang des créanciers nantis. Le défaut de publicité n'entraîne aucune sanction. Cependant, il n'est pas possible de déterminer le rang du créancier nanti.

.../...

.../...

La réalisation du gage	• La vente des parts sociales nécessite un agrément de la part des autres associés. En cas de réalisation forcée du gage, il faudra également obtenir cet agrément. Si l'agrément n'est pas obtenu, la procédure peut encore durer une année. • Cependant, il est possible d'obtenir à l'avance cet agrément (C. civ., art. 1867). Le projet de nantissement doit alors être notifié avec demande d'agrément à la société et aux associés par acte d'huissier ou lettre recommandée avec accusé de réception. Le consentement à ce projet vaut agrément de l'adjudicataire si la vente aux enchères des parts sociales a été notifiée aux autres associés et à la société un mois avant. • En cas de réalisation forcée du gage, chaque associé peut se substituer à l'adjudicataire dans un délai de cinq jours à compter de la vente, ou à défaut, la SCI peut racheter elle-même les parts sociales pour les annuler.

4.2. Le cautionnement de la SCI

Le cautionnement est une garantie fréquemment utilisée qu'il faut manier avec précaution.

Le cautionnement peut remettre en cause le régime d'imposition de la SCI

En effet, le cautionnement donné dans l'intérêt personnel de la caution est un acte de commerce qui risque de remettre en cause le caractère civil de la SCI, et, par voie de conséquence, le régime d'imposition de la SCI en l'assujettissant à l'IS (la SCI est alors soumise à l'impôt sur les sociétés au lieu d'être imposée sur le revenu). Cependant, tant que le cautionnement reste l'accessoire de l'activité civile, il ne remet pas en cause le caractère civil de la SCI (c'est aux tribunaux de trancher).

Le cautionnement de la SCI peut être nul

Les statuts doivent délimiter avec précision les possibilités pour la SCI de se porter caution. À défaut, la SCI pourrait se soustraire trop facilement à ses obligations de caution. En contrepartie, le financement du patrimoine social serait difficile.

Quand le cautionnement de la SCI est-il nul ?	Le cautionnement de la SCI est	
	Nul	Valable
L'objet social autorise le cautionnement		X
Une clause des statuts interdit le cautionnement	X	
Les statuts n'ont rien de prévu et le cautionnement contribue à la réalisation de l'objet social		X
Les statuts n'ont rien de prévu et le cautionnement ne contribue pas à la réalisation de l'objet social : • le cautionnement n'est pas autorisé par l'unanimité des associés • le cautionnement est autorisé par l'unanimité des associés – sans fraude – avec fraude (concert frauduleux entre le créancier et le gérant)	 X X	 X

4.3. L'inscription hypothécaire sur l'immeuble

L'hypothèque est une garantie de premier ordre qui consiste en un droit reconnu au créancier (le banquier) sur les immeubles de la SCI. Elle constitue un **titre exécutoire** qui permet au créancier, en cas de non-paiement, de faire saisir l'immeuble ou de le faire vendre sans qu'il soit nécessaire de saisir un tribunal.

La publicité de l'hypothèque s'effectue par une inscription à la conservation des hypothèques.

L'hypothèque conventionnelle résulte d'un accord entre la SCI et l'organisme prêteur et fait l'objet d'un acte authentique devant notaire. L'hypothèque peut être prise en premier rang ou en deuxième rang : les créanciers exercent leur droit dans l'ordre d'inscription. L'immeuble hypothéqué peut être vendu : l'hypothèque reste attachée à l'immeuble.

Procédure de la purge : l'acquéreur de l'immeuble propose aux créanciers hypothécaires de leur rembourser le montant de leur créance : si les créanciers acceptent, l'immeuble est purgé de ses hypothèques.

Mainlevée de l'hypothèque : l'inscription de l'hypothèque grève l'immeuble pour la durée du crédit majorée de deux années.

Quand le crédit est remboursé, le débiteur peut :

- attendre la levée automatique de l'hypothèque qui devient périmée deux ans après la fin du crédit ;
- demander la mainlevée de l'hypothèque qui doit être établie devant notaire après déclaration du créancier qui atteste avoir été réglé. Le notaire demande la radiation de l'inscription à la conservation des hypothèques ⇒ frais de mainlevée.

Le site www.anil.org de l'Agence nationale d'information sur le logement vous permet de calculer les frais de notaire et le coût d'une hypothèque.

4.4. La caution des associés

L'associé qui se rend caution d'une obligation se soumet envers le créancier a satisfaire cette obligation si le débiteur n'y satisfait pas lui-même (C. civ., art. 2011) : l'associé caution d'un emprunt bancaire s'engage à rembourser le prêt si la SCI emprunteuse est défaillante.

Il existe deux types de cautionnement :

- **le cautionnement simple**. L'associé qui se porte caution simple bénéficie :
  - du droit de « discussion » : il peut obliger le créancier à vendre les biens du débiteur avant de se retourner contre la caution ;
  - du droit de « division » : il peut obliger le créancier à partager la dette entre toutes les cautions.
- **le cautionnement solidaire**. Le créancier peut obliger une des cautions à régler la totalité de la dette quand le débiteur n'est plus en mesure de l'acquitter.

Si la personne qui se porte caution est mariée :

- sous le régime de la séparation de biens ⇒ la caution n'engage pas son conjoint sur ses biens ;
- sous le régime de la communauté ⇒ la caution engage son conjoint – sauf sur les biens propres de ce dernier et sur l'immeuble du domicile conjugal qui ne peut être vendu sans son accord.

Le cautionnement concerne la totalité des biens de l'intéressé et engage même les héritiers de la personne qui s'est porté caution.

Conditions de forme de l'acte de caution :

- acte écrit et signé de la main du cautionnaire ;
- préciser la désignation du cautionné ;
- mentionner la durée et l'objet du cautionnement.

La caution pour prêt peut être dénoncée uniquement s'il y a remplacement de la caution ou remboursement du prêt. Le remboursement intégral du prêt cautionné fait tomber l'engagement de caution.

Le créancier (la banque) de la SCI doit informer l'associé caution avant le 31 mars de chaque année du montant du crédit non encore remboursé au 31 décembre de l'année précédente.

5. La location de l'immeuble social par la SCI

5.1. La SCI met gratuitement l'immeuble social à la disposition de ses associés

La SCI peut mettre gratuitement l'immeuble social à la disposition de ses associés qui profitent ainsi de l'économie d'un loyer.

Cette situation se rencontre :

- dans les SCI familiales constituées dans une optique successorale : des parents ont apporté leur appartement à une SCI afin d'en faciliter la transmission à leurs enfants ;
- dans les SCI entre concubins ou couple pacsé lors de l'acquisition de leur résidence principale.

Zoom n° 29

Démembrement des parts de la SCI et mise à disposition

Si les parts sont démembrées, seul l'usufruitier peut bénéficier de la mise à disposition de l'immeuble social car ayant seul droit aux bénéfices, il est normal qu'il profite seul des économies.

Résidence principale détenue par l'intermédiaire d'une SCI	
Mise à disposition gratuite d'un associé ou d'un tiers	• La valeur locative du logement n'est pas à déclarer dans les recettes brutes de la SCI. En contrepartie, les charges ne sont pas déductibles des revenus de la SCI. • L'associé occupant ne peut pas bénéficier des réductions d'impôt sur dépenses afférentes à l'habitation principale.
Location avec un loyer atténué	La SCI doit déclarer le loyer dans ses recettes brutes. En contrepartie elle impute les charges sur ses revenus. Chaque associé peut alors imputer sa quote-part de déficit sur ses revenus.
Location avec un loyer anormalement bas	La SCI doit déclarer le loyer dans ses recettes brutes. En contrepartie elle impute les charges sur ses revenus. Chaque associé peut alors imputer sa quote-part de déficit sur ses revenus. Mais l'associé locataire doit ajouter l'avantage en nature dont il bénéficie.
Location et abus de droit	Si les associés constituent une SCI et concluent un contrat de bail uniquement afin de créer un déficit foncier, l'abus de droit est établi. Le déficit foncier n'est pas déductible.

5.2. La SCI loue l'immeuble social aux associés ou à des tiers

5.2.1. La rédaction du contrat de location

L'établissement du bail détermine les rapports entre le locataire et la SCI. Le bail peut être commercial, professionnel ou d'habitation (voir dans les suppléments Internet les modèles de contrat de location type). Le bail peut être établi par acte sous seing privé, ou par acte notarié[1].

Zoom n° 30

Intérêt d'un bail notarié

Le bail notarié donne lieu à la délivrance d'une copie exécutoire qui permettra à la SCI impayée d'obtenir directement un commandement de payer par voie d'huissier. Ainsi, la SCI évite de recourir au tribunal pour demander de pouvoir exécuter la créance, et gagne quelques mois de procédure.

1. Seuls les baux de plus de douze ans à durée limitée sont soumis à la taxe de publicité foncière de 0,60 %.

La SCI doit respecter la réglementation des baux commerciaux, professionnels ou d'habitation. Elle peut cependant adapter les clauses du bail en fonction de la situation :

- la durée du bail, sa résiliation ou son renouvellement ne peuvent pas être négociés ;
- les droits et obligations en matière de réalisation de travaux sur l'immeuble loué doivent être précisés pour éviter toute difficulté ;
- une clause du contrat doit stipuler que les améliorations des locaux réalisées par le locataire ne seront acquises qu'à la fin du bail renouvelé. À défaut, cet avantage en nature est taxé comme un revenu foncier à la fin du bail initial.

5.2.2. La détermination du loyer

Lors de la conclusion du bail, les parties déterminent librement le montant du loyer.

- Cependant, le loyer doit correspondre à la valeur locative afin de ne pas être remis en cause.
- De plus, le principe de libre détermination du montant du loyer n'est pas absolu puisque la loi du 6 juillet 1989 sur les baux d'habitation a créé des secteurs.

La fixation du loyer d'origine continuera à produire des effets pendant de nombreuses années, car lors du renouvellement du bail, le changement de loyer est réglementé (le loyer est souvent révisé en fonction d'un indice).

Zoom n° 31

Quelques conseils de prudence pour la location

Le risque d'impayés de loyers constitue un frein important à l'investissement immobilier car il faut faire face aux échéances du prêt même si le locataire ne paie plus le loyer.

- Vous pouvez souscrire une assurance « loyers-impayés » et/ou un contrat « garantie d'occupation ». Ce contrat peut prévoir une extension de garantie aux détériorations commises par le locataire et aux frais contentieux et judiciaires.

.../...

(Suite zoom n° 31)

— .../...

- Vous devez exiger du locataire une caution solidaire qui sera, le cas échéant, appelée en garantie.
- Vous devez sélectionner avec soin votre locataire.
- Vous pouvez louer par l'intermédiaire d'un agent immobilier, d'un administrateur de biens ou d'un notaire.
- Demandez au locataire un dépôt de garantie.

Cas n° 31

Location par une SCI à une société commerciale et associés communs

Quand les associés de la SCI sont également les associés de la société locataire, ils peuvent être tentés de :
- majorer le loyer pour augmenter les charges déductibles de la société commerciale ;
- minorer le loyer pour créer un déficit foncier au sein de la SCI.

Lorsque le loyer encaissé par la SCI ne correspond pas à la valeur locative de l'immeuble social, il peut être remis en cause.

Le loyer peut être remis en cause	
Par	**Sur la base des motifs suivants**
L'administration fiscale	L'administration fiscale peut **contester le loyer** si : • le loyer est anormalement bas[1] (notablement inférieur à la valeur locative des propriétés données en location) ; • et si le propriétaire ne peut invoquer aucune circonstance indépendante de sa volonté qui soit de nature à faire obstacle à la location de l'immeuble à son prix normal. L'administration fiscale pourra alors taxer la différence de loyer à l'impôt sur le revenu (ou à l'IS si la SCI y est soumise), et opérer un redressement concernant la contribution autonome sur les loyers.

.../...

1. Il est important de faire une étude du marché pour déterminer la valeur locative de l'immeuble social, et de la conserver pour toute discussion ultérieure avec l'administration.

.../...

L'administration fiscale	L'administration fiscale peut **contester le montage SCI en démontrant l'abus de droit**[1]. L'administration fiscale doit prouver que le montage SCI a pour seul objectif de se soustraire à l'impôt qui serait normalement dû.
L'associé minoritaire	L'associé minoritaire d'une SCI peut contester un loyer anormalement bas en engageant une procédure judiciaire fondée sur **l'abus de majorité**.

Cas n° 32

Loyer contesté par l'administration fiscale

Une SCI loue ses locaux à une clinique et abandonne une partie des loyers dus, à cause des difficultés économiques que connaît la clinique. Les associés de la SCI sont également associés à la clinique.

Dans ce cas, la SCI ne pratique pas un loyer anormal (ce n'est pas un acte anormal de gestion). En effet, la SCI a intérêt à faire cet abandon pour permettre à la clinique de surmonter ses difficultés financières plutôt que de supporter les charges entraînées par une procédure d'expulsion et la recherche d'un nouveau locataire, bien que les associés de la SCI soient les associés de la clinique (Cons. d'État, 9 mai 1990).

Cas n° 33

SCI et abus de droit

Une personne est propriétaire d'un studio qu'elle loue. Elle paie des impôts sur ses revenus fonciers. Elle doit réaliser des travaux dans son habitation principale. Ces travaux ne sont pas déductibles en tant que particulier. La personne constitue une SCI qui met gratuitement la maison à sa disposition. Les travaux entraînent alors un déficit foncier qui pourra s'imputer sur le revenu foncier de la location, et permettre ainsi une économie d'impôt.

1. L'abus de droit est une procédure qui permet d'écarter les montages fiscaux acrobatiques dont le seul objectif est de se soustraire à l'impôt qui serait normalement dû.

L'administration peut remettre en cause la SCI car elle a été constituée uniquement dans le but de permettre à ses associés de bénéficier d'un déficit foncier.

Cas n° 34

SCI et abus de droit

La modicité des loyers par rapport à la valeur locative ainsi que l'importance des travaux effectués permet de prouver la fictivité de la SCI dès lors que les associés n'ont pas démontré l'intérêt de la SCI.
Une SCI familiale ayant acquis un domaine classé monument historique et ayant entrepris d'importants travaux lui permettant de se créer des déficits fonciers a un caractère fictif.

Cas n° 35

Loyer contesté par l'associé minoritaire

Les deux associés majoritaires d'une SCI qui avait consenti une réduction de loyer excessive à leur société civile professionnelle locataire ont été condamnés à payer à la SCI le montant des loyers dont elle avait été privée (Cass. civ. Ire, 20 mars 1989).

Cas n° 36

Location par une SCI à un associé avec un loyer faible

Une SCI est constituée entre trois associés détenant chacun un tiers du capital social. La SCI est propriétaire d'un immeuble qu'elle loue à l'un des associés pour 10 000 € par an. Les charges s'élèvent à 13 000 €. La valeur locative normale de l'immeuble est de 30 000 €.

La location ne peut pas être considérée comme fictive sous prétexte que le loyer est anormalement bas ou qu'il existe des liens étroits entre le bailleur (la SCI) et le locataire (l'associé locataire). En revanche, l'avantage consenti par la SCI à son associé locataire doit être imposé. Cet avantage ne doit pas être ajouté aux résultats de la SCI mais à la quote-part de résultat revenant à l'associé locataire.

Au niveau de la SCI		
Loyers		10 000
Charges		– 13 000
Déficit foncier		**– 3 000**
Au niveau des associés non locataires		
Quote-part de déficit foncier		**– 1 000**
Au niveau de l'associé locataire		
Quote-part de déficit		– 1 000
Avantage en nature dont il bénéficie		20 000
Valeur locative	30 000	
Loyer payé	– 10 000	
	20 000	
Bénéfice foncier à déclarer		**19 000**

Cas n° 37

Location par une SCI à un associé avec un loyer faible et abus de droit

Une SCI est constituée entre deux époux qui détiennent 96 % des parts sociales et un beau-frère qui détient 4 % des parts sociales. La SCI loue l'immeuble aux époux pour 10 000 € par an. La SCI engage d'importants travaux (40 000 €), pour remettre l'immeuble en bon état, financés par des apports de capitaux des époux. La valeur locative normale de l'immeuble est de 30 000 €.

Le loyer anormalement bas et les liens étroits entre le bailleur et le locataire ne sont pas suffisants pour établir le caractère fictif de la location. En revanche, les époux ont constitué une SCI et conclu un contrat de bail uniquement afin de créer un déficit foncier. **L'abus de droit** est donc établi. Le déficit foncier n'est pas déductible.

Cas n° 38

Location par une SCI à un associé d'un immeuble à usage mixte

Une SCI loue aux associés, à un loyer normal, un immeuble affecté au logement des associés et à leur usage professionnel.

Hypothèses	Usage	Répartition	Déficit foncier imputable ?
①	Habitation	2/3	Non car abus de droit
	Professionnel	1/3	Oui
②	Habitation	1/3	Oui
	Professionnel	2/3	Oui

6. La gestion fiscale de la TVA

6.1. La TVA immobilière lors de l'acquisition de l'immeuble social

La TVA immobilière s'applique aux acquisitions de terrains à bâtir et d'immeubles neufs faites par des entreprises ou par des particuliers (*N.B.* : les entrepreneurs de travaux immobiliers relèvent de la TVA de droit commun, en tant que prestataires de services) :

- Si l'acquéreur est un simple particulier, la TVA est payée au moment de la publication à la conservation des hypothèques de l'acte d'achat.
- Si l'acquéreur est un assujetti réalisant par ailleurs d'autres opérations imposables, la TVA sera payée selon la procédure habituelle au moment du dépôt de la déclaration CA-3.

Indépendamment de la TVA, la taxe de publicité foncière est due au taux de 0,60 % sur le prix HT. Cependant, les acquisitions de terrains à bâtir et les apports immobiliers à des sociétés sont exonérés de cette taxe. La TVA se calcule sur le prix stipulé dans l'acte ou sur la valeur vénale si celle-ci est supérieure, comme en matière d'enregistrement. La TVA est exigible à la date de signature de l'acte notarié.

La TVA immobilière *La TVA immobilière s'applique aux acquistions de terrains à bâtir et d'immeubles neufs*	
Acquisition d'un terrain à batir	Les acquisitions de terrains à bâtir sont assujetties à la TVA si l'acquéreur, au pied de l'acte notarié, prend l'**engagement de construire dans les quatre ans**. À défaut de construction dans le délai de quatre ans, les droits d'enregistrement deviennent rétroactivement exigibles, majorés d'un droit supplémentaire de 1 % sans compter l'intérêt de retard de 0,4 % par mois. **La TVA immobilière ne s'applique plus aux terrains à bâtir acquis par un particulier en vue de la construction d'immeubles à usage d'habitation.** Ces acquisitions sont soumises aux droits d'enregistrement au taux de 5 %. **Cette mesure ne concerne pas les SCI**.
Acquisition d'un immeuble neuf	Les ventes d'immeubles neufs sont soumises à la TVA dans les deux hypothèses suivantes : • l'immeuble est vendu en cours de construction ; • il s'agit de la première vente dans le délai de cinq ans à compter de l'achèvement de l'immeuble. Les mutations suivantes quittent le champ de la TVA pour tomber sous le régime de l'enregistrement. Pour un immeuble d'habitation acheté par un particulier ou par une entreprise, la TVA payée à l'achat n'est pas déductible. La TVA payée à l'achat s'impute alors sur la TVA exigible à la revente. Cette imputation est interdite lorsqu'il s'agit d'un immeuble à usage professionnel car la TVA à l'achat a été déduite.

Cas n° 39

Achat et revente d'un immeuble d'habitation

Une SCI achète le 15 octobre N sur plan, un appartement pour le prix HT de 500 000 €. L'immeuble est achevé le 31 décembre N.

Hypothèse ① : La SCI revend l'immeuble social en N+2 pour un prix HT de 700 000 €.
Hypothèse ② : La SCI revend l'immeuble social en N+7 pour un prix HT de 800 000 €.

Acquisition en N

- L'immeuble est en cours de construction ⇒ c'est la TVA qui s'applique. Elle n'est pas récupérable car il s'agit d'un immeuble à usage d'habitation : 500 000 × 19,60 % = 98 000 €.
- Il faut y ajouter la taxe de publicité foncière au taux de 0,60 % : 500 000 × 0,60 % = 3 000 €.

Revente en N+2

Il s'agit de la première mutation réalisée dans les cinq ans qui suivent la date d'achèvement de l'immeuble. La revente reste soumise à la TVA avec imputation de la TVA payée à l'achat puisque l'immeuble est à usage d'habitation :

- TVA : (700 000 × 19,60 %) – 98 000 = 39 200 €.
- Taxe de publicité foncière : 700 000 × 0,60 % = 4 200 €.

Revente en N+7

La vente ne se situe plus dans le délai de cinq ans de la date d'achèvement de l'immeuble. L'immeuble a donc quitté le champ de la TVA. La vente sera soumise aux droits d'enregistrement au taux de 5 % : 800 000 × 5 % = 40 000 €.

La TVA sur l'achat ne sera pas reversée car elle n'a jamais été déduite.

6.2. La TVA immobilière lors de la revente de l'immeuble social

Quand la TVA immobilière a été déduite lors de l'acquisition, cette déduction est remise en cause en cas de vente de l'immeuble plus de cinq ans après l'achèvement de l'immeuble. La cession est alors soumise aux droits d'enregistrement, ce qui entraîne l'obligation de régulariser la TVA initialement déduite si la cession intervient dans le délai de vingt ans qui suit l'acquisition. La régularisation se fait alors par vingtième.

Cas n° 40

Régularisation de la TVA initialement déduite sur un immeuble

Une SCI achète en juin N un local commercial qu'elle loue équipé à une société commerciale. La SCI récupère la TVA qui a grevé l'acquisition (8 000 €). La SCI revend cet immeuble en avril N+3.

Il s'agit de la deuxième mutation à compter de l'achèvement. La revente est donc exonérée de TVA pour être soumise aux droits d'enregistrement. De plus, l'opération a lieu à l'intérieur du délai de régularisation de 20 ans, l'entreprise devra reverser une partie de la taxe initialement déduite : le nombre d'années civiles ou de fractions d'années civiles écoulées depuis l'acquisition est de quatre (N, N+1, N+2 et N+3) ⇒ le montant de la TVA à reverser sera de : 8 000 € × (20 – 4)/20 = 6 400 €. Si la **cession** porte sur les **parts sociales**, il n'y a **pas** lieu de **régulariser la TVA** initialement déduite.

6.3. La TVA sur les loyers

6.3.1. La SCI doit-elle opter pour la TVA ?

Si la SCI opte pour la TVA, les loyers sont assujettis à la TVA au taux de 5,5 % ou de 19,6 %.

Si la SCI n'opte pas pour la TVA, elle ne doit plus acquitter la contribution sur les revenus locatifs (CRL) car elle a été supprimée.

Cependant, la CRL reste exigible si : la SCI opte pour l'impôt sur les sociétés (IS) ou si l'un de ses associés est soumis à l'IS ; si les locaux loués sont achevés depuis plus de quinze ans ; et si les loyers ne sont pas assujettis à la TVA. La CRL est alors de 2,5 % du montant des loyers perçus par la SCI. Cette contribution est à la charge de la SCI.

Pour la SCI

La SCI encaisse la TVA sur les loyers et la reverse au Trésor. De plus, la SCI peut récupérer la TVA payée en amont :

- sur les travaux d'entretien… ;
- lors de l'acquisition d'un immeuble soumis à la TVA immobilière, ou au fur et à mesure de la construction si la SCI fait construire elle-même.
  Cette possibilité de se faire rembourser la TVA payée lors de l'acquisition est très intéressante pour la SCI car cela représente des sommes importantes (presque 20 % du prix d'acquisition). Cependant, en cas de cession ultérieure de l'immeuble social, la TVA initialement déduite sur l'acquisition devra être reversée pour partie à l'État.

Pour le locataire

Si le locataire est assujetti à la TVA (une entreprise qui loue des locaux professionnels à la SCI est obligatoirement assujettie à la TVA), la

TVA payée sur les loyers pourra être récupérée. L'option pour la TVA par la SCI est donc totalement neutre pour l'entreprise.

Cas n° 41

Une société civile immobilière construit un immeuble à usage de bureaux qu'elle loue à une société d'exploitation

La SCI a intérêt à opter immédiatement pour la TVA car cela lui permet de demander le remboursement de la taxe ayant grevé le coût de la construction. Les loyers facturés supporteront la TVA, mais elle sera récupérée par la société locataire. L'option aura permis d'abaisser le coût de la construction du montant de la TVA.

Cas n° 42

Une société civile immobilière construit un immeuble destiné à être loué à une banque, à une compagnie d'assurances ou à une clinique

Le locataire n'est pas soumis à la TVA et ne peut donc pas récupérer la TVA grevant les loyers qui lui sont facturés par la SCI. Il négociera un loyer proche de la valeur locative de l'immeuble. La SCI encaissera en principe un loyer HT inférieur de 19,6 % à celui du marché.
Si la SCI opte pour la TVA, elle peut demander le remboursement de la TVA qui a grevé le coût de la construction. En contrepartie, elle devra pendant vingt ans facturer la TVA sur le montant des loyers, et encaisser un loyer HT inférieur à celui du marché. L'option n'est pas nécessairement avantageuse si on fait la balance financière entre l'avantage résultant du remboursement du crédit de taxe et la pénalisation liée à la facturation de la TVA sur les loyers pendant vingt ans.

6.3.2. La TVA : comment ça marche ?

La TVA est une taxe totalement neutre pour la SCI assujettie à la TVA

Quand une SCI est assujettie à la TVA :
- elle reverse au Trésor la TVA qu'elle encaisse sur ses ventes ;
- elle récupère auprès du Trésor la TVA qu'elle paie sur ses achats[1].

…/…

1. La SCI paie la **TVA au taux de 5,5 %** pour les travaux d'amélioration, de transformation, d'aménagement et d'entretien portant sur des locaux à usage d'habitation achevés depuis plus de deux ans.

.../...

La récupération s'opère par imputation. La SCI fait la soustraction entre la taxe exigible (la TVA encaissée sur les ventes) et la taxe déductible (la TVA payée sur les achats) au titre de chaque mois ou de chaque trimestre :
- si le solde est positif, le montant en est versé au Trésor ;
- si le solde est négatif, il constitue un crédit de TVA qui est reportable sur la TVA des mois suivants jusqu'à épuisement sans limitation de délai. De plus, la SCI peut en demander le remboursement[1].

6.3.3. La SCI peut-elle opter pour la TVA ?

En principe, les locations immobilières constituent une activité économique relevant de la TVA. En réalité, la loi prévoit de nombreuses exonérations, assorties ou non d'un droit d'option (CGI, art. 261 D).

TVA et locations d'immeubles *En principe, les locations immobilières constituent une activité économique relevant de la TVA*	
Les locations exclues de la TVA	Les locations qui portent sur des immeubles à usage d'habitation, sans distinguer selon qu'elles sont nues ou meublées (le législateur n'a pas voulu que la TVA soit une cause d'augmentation des loyers).
Les locations obligatoirement soumises à la TVA	Les locations qui présentent un caractère commercial[2] : • les locations **d'immeubles professionnels équipés**, c'est-à-dire munis du mobilier et du matériel ; • les locations de **garages et de parkings**, sauf si elles constituent la dépendance d'un immeuble d'habitation ; • les locations de terrains équipés, à usage de **camping** par exemple ;

.../...

1. Quand une entreprise se trouve en situation de crédit de taxe, elle peut en demander le remboursement en fin d'année, au 31 décembre, à condition que le crédit soit au moins de 150 €, ou en fin de trimestre, à la condition que chacune des déclarations mensuelles du trimestre (ou la déclaration trimestrielle pour les entreprises relevant du réel simplifié) fasse apparaître un crédit de taxe et que le remboursement demandé soit au moins de 760 €.
2. Les locations à caractère commercial ne peuvent pas être consenties, en principe, par une SCI. À défaut, la SCI est soumise à l'IS.

.../...

Les locations obligatoirement soumises à la TVA	• les locations **commerciales par assimilation** : les locations d'immeubles sont obligatoirement soumises à la TVA lorsqu'elles « constituent pour le bailleur un moyen de poursuivre, sous une autre forme, l'exploitation d'un actif commercial ou d'accroître ses débouchés ou lorsque le bailleur participe aux résultats de l'entreprise locataire » (CGI, art. 261-D-2°) ; • **les locations meublées à usage d'habitation accompagnées de prestations parahôtellières** sont imposées à 5,50 %. Le contribuable doit offrir trois des prestations suivantes : le petit déjeuner, le nettoyage quotidien des locaux, la fourniture de linge de maison ou la réception de la clientèle ; et doit être immatriculé au registre du commerce et des sociétés au titre de cette activité.
Les locations soumises à la TVA par option	L'option pour la TVA est possible lorsque la location porte sur des : • locaux nus à usage professionnel, qu'il s'agisse de locaux à usage industriel, commercial ou de bureaux loués à des assujettis ; • terres et bâtiments d'exploitation à usage agricole.

6.3.4. Quelles sont les modalités de l'option pour la TVA ?

La SCI bailleresse peut opter pour la TVA lorsque la location porte sur des locaux nus à usage professionnel loués à un assujetti. Le locataire ne bénéficie d'aucune procédure lui permettant d'influencer le libre exercice de cette option.

Lorsque le locataire n'a pas la qualité d'assujetti (cas d'une administration publique essentiellement), l'option est possible à la condition qu'elle fasse l'objet d'une clause figurant dans le contrat de bail, ce qui implique l'accord du locataire (l'accord du locataire est nécessaire car il ne pourra pas récupérer la TVA qu'il devra verser en plus du loyer).

L'option couvre une période de dix ans, portée à vingt ans lorsque le propriétaire a obtenu un remboursement de crédit de taxe. À l'échéance, l'option peut être dénoncée par la SCI. À défaut, elle couvre une nouvelle période de dix ans. L'option doit être exercée immeuble par immeuble. Pour le calcul des droits à déduction, chaque immeuble est traité comme un secteur distinct d'activité.

L'option peut être faite dès l'origine sur l'imprimé d'immatriculation M 0. Elle doit également faire l'objet d'une déclaration écrite, qui doit être formulée dans les quinze jours de l'assujettissement et qui prend effet au premier jour du mois où elle est établie. La déclaration d'option doit mentionner le régime d'imposition choisi en fonction du loyer annuel prévu dans le contrat de bail. Cette déclaration doit être signée par tous les associés.

Zoom n° 32

SCI et option pour la TVA

Pour les SCI ayant acquis un immeuble soumis à la TVA, il est primordial de faire cette option dès l'origine, même si le bien n'est pas encore loué, afin de pouvoir récupérer l'intégralité de la TVA payée lors de l'acquisition (à défaut, la TVA ne serait pas déductible).

6.3.5. Les régimes de déclaration en matière de TVA sur les loyers

Les régimes de déclaration varient en fonction du loyer annuel prévu dans le contrat de bail. La SCI qui relève du réel simplifié peut opter pour le réel normal	
Nature du régime	**Montant des loyers encaissés**
Réel normal	Montant annuel des loyers[1] HT supérieurs à : • 230 000 € pour les locations autres que meublées ; • 763 000 € pour les locations meublées.
Réel simplifié	Montant annuel des loyers[1] HT qui ne dépassent pas : • 230 000 € pour les locations autres que meublées ; • 763 000 € pour les locations meublées.

6.4. Le paiement de la TVA

Le paiement de la TVA est mensuel pour les SCI relevant du réel normal et trimestriel pour les autres.

1. La SCI doit retenir l'ensemble des recettes qui proviennent de tous leurs immeubles.

La TVA est exigible sur les loyers ainsi que sur les droits d'entrée ou pas de porte. La TVA n'est pas exigible sur les dépôts de garantie et les cautionnements versés par les locataires. La **TVA est exigible** lors de l'**encaissement** des loyers.

Si la SCI ne dépose pas ses déclarations de TVA dans les délais, elle encourt une majoration de 10 % appelée pénalité d'assiette. Si la SCI paie avec retard sa TVA, elle devra payer un intérêt de retard de 0,4 % par mois appelé pénalité de recouvrement. Les pénalités d'assiette et de recouvrement ne sont pas déductibles.

Le paiement de la TVA *Les modalités de paiement de la TVA varient selon que la SCI relève du régime du réel normal ou du réel simplifié*	
Le régime du réel normal	La SCI doit adresser à l'administration une **déclaration CA-3** détaillant les loyers encaissés au cours du mois écoulé, de même que la TVA déductible. Si le solde est positif, la SCI acquitte aussitôt la TVA nette dont elle est redevable ; dans le cas contraire, elle dégage un crédit reportable les mois suivants.
Le régime du réel simplifié	1. La SCI paie quatre acomptes trimestriels basés sur la TVA due au titre de l'exercice précédent, avant déduction de la TVA afférente aux acquisitions d'immobilisations[1]. La recette des impôts adresse à la SCI un **avis d'acompte M** précisant le montant à payer et la date limite de paiement (modèle dans les suppléments Internet). 2. Une fois l'année écoulée, la SCI détermine le montant de la TVA sur les loyers encaissés et le montant de la TVA déductible sur un **imprimé CA-12** (modèle dans les suppléments Internet), à adresser à l'administration au cours du mois d'avril. La SCI peut ainsi comparer la TVA exigible et la TVA provisionnelle qui a été versée par application du coefficient. En cas d'insuffisance, le solde est payé au Trésor. L'excédent éventuel constitue un crédit reportable.

1. 25 % pour les trois premiers acomptes et 20 % pour le quatrième acompte. La SCI qui a payé **moins de 1 000 €** de TVA au titre de l'exercice précédent est dispensée de verser les acomptes de TVA.

Cas n° 43

Le régime du réel simplifié

Au cours de l'année N, la SCI Sommer a encaissé des loyers hors taxe de 80 000 €, et a supporté une TVA déductible sur ses charges de 10 000 €. Elle a payé des acomptes de TVA pour un montant global de 5 000 €.
Pour le premier trimestre N+1, les loyers encaissés s'élèvent à 25 000 € HT et la TVA déductible sur immobilisations est de 600 € HT.

Établir la déclaration CA-12 pour l'année N.
Les déclarations remplies sont présentées dans les suppléments Internet.

Déclaration CA-12 pour l'année N

1. Calcul des acomptes trimestriels à payer en N+1 (imprimé CA-12)

Les acomptes trimestriels à payer en N+1 sont égaux au quart de la TVA due au titre de l'exercice N, avant déduction de la TVA afférente aux acquisitions d'immobilisations.

TVA collectée : 80 000 × 19,6 % =	15 680 €
TVA déductible	10 000 €
TVA exigible avant déduction de la taxe sur immobilisation	5 680 €

Acompte trimestriel à payer en N+1 : 5 680 €/4 = 1 420 € pour les trois premiers et 5 680/5 = 1 136 € pour le dernier.

2. Calcul du solde de TVA à payer au titre de l'année N

La SCI détermine le montant de la TVA sur les loyers encaissés et le montant de la TVA déductible au titre de l'année N. Elle déduit les acomptes qu'elle a versés en N par application du coefficient aux loyers encaissés durant l'année N.

TVA collectée : 80 000 × 19,6 % =	+ 15 680 €
TVA déductible	– 10 000 €
Acomptes payés	– 5 000 €
Solde à payer au Trésor	**+ 680 €**

Avis d'acompte pour le premier trimestre N+1

La SCI reçoit un avis d'acompte lui précisant le montant de l'acompte à payer (1 420 €) et la date limite de paiement.

Zoom n° 33

Déclaration de TVA en ligne

Sur le site www.minefi.gouv.fr vous pouvez déclarer et payer en ligne votre TVA grâce à la procédure **d'échange de formulaires informatisé (l'EFI)**. La procédure de **l'échange de données informatisé (EDI)** est une procédure de transmission de fichiers. Vous devez alors utiliser les services d'un prestataire spécialisé qui transmettra vos déclarations de TVA pour votre compte. Vous pouvez aussi devenir vous-même partenaire EDI et émettre pour votre compte. Les fichiers transmis respectent la norme technique EDIFACT.

---

7. La gestion fiscale de l'imposition des bénéfices

Une société civile immobilière est **transparente**[1] fiscalement. Elle relève de **l'impôt sur le revenu (IR)**, car c'est une société de personnes dont les associés ont une responsabilité indéfinie[2]. Elle peut **opter pour l'impôt sur les sociétés (IS)**.

1. Seules les sociétés immobilières de copropriété sont réellement transparentes. Une société civile est **semi-transparente**. Nous conservons néanmoins ce terme de transparence par simplification pédagogique.
2. Une SARL relève de l'IS, car c'est une société de capitaux dont les associés ont une responsabilité limitée au montant des apports.

7.1. Le régime d'imposition des bénéfices de la SCI transparente

7.1.1. Les parts de la SCI sont conservées dans le patrimoine privé des associés

Si les parts de la société civile sont conservées dans **le patrimoine privé des associés personnes physiques**, le résultat de la société civile est déterminé selon la **nature de son activité**. Le résultat ainsi déterminé est réparti entre les associés en fonction de ses droits dans le résultat. **Chaque associé déclare alors sa quote-part de résultat à l'impôt sur le revenu**.

7.1.1.1. Le résultat de la société civile est déterminé selon la nature de son activité

Le résultat de la société civile est déterminé selon la **nature de son activité** :

- Les loyers de la **location nue** d'un immeuble sont imposés selon les règles des « **revenus fonciers** ».
- La **gestion du portefeuille** est imposée dans la catégorie des « **Revenus de capitaux mobiliers** » (RCM) pour les dividendes ou les intérêts encaissés ; et selon les « **Plus-values mobilières des particuliers** » pour les plus-values de cession des actions ou des obligations.
- La **cession d'un immeuble** est imposée selon le régime des « **Plus-values immobilières des particuliers** ».
- Une **location équipée ou meublée** est imposée selon les « **bénéfices industriels et commerciaux** » avec le risque de faire basculer la société à l'IS[1].

Au final, tout se passe comme si l'associé exerçait en direct ces différentes activités comme un simple contribuable : on applique les règles de la **fiscalité des ménages**. C'est l'application de la **transparence fiscale**.

1. La location équipée ou meublée est commerciale sur le plan fiscal. Une société civile qui exerce une activité commerciale bascule à l'IS sauf si la société réalise moins de 10 % d'activités commerciales.

Les **charges** qui ne sont **pas déductibles** en fiscalité des ménages ne sont pas non plus déductibles au niveau de la société. Ainsi, les rémunérations versées aux associés à raison des fonctions qu'ils exercent dans la société, les intérêts qui rémunèrent le compte courant des associés, etc., ne sont pas déductibles. À l'impôt sur les sociétés, ces charges sont déductibles dès lors qu'elles sont engagées dans l'intérêt d'exportation.

Il y a également un **cloisonnement des activités** au sein de la société civile : le déficit d'une activité ne peut pas s'imputer sur le bénéfice d'une autre activité...

Au final, chacun des revenus (le revenu foncier, les RCM, etc.) garde sa nature propre pour être imposé entre les mains des associés comme tel : c'est le **principe de tunnelisation**.

En général, les revenus d'une **SCI** sont imposés en **revenus fonciers**. Mais, si elle gère un portefeuille de valeurs mobilières, les revenus correspondants sont imposés en RCM.

7.1.1.2. Chaque associé déclare sa quote-part de résultat à l'impôt sur le revenu

Chaque associé déclare sa quote-part de résultat à l'impôt sur le revenu en respectant les étapes suivantes :

7.1.1.2.1. Répartition du résultat entre les associés

Le **résultat** de la société civile est **réparti entre les associés** en fonction de ses droits dans le résultat, qui résultent des statuts ou d'une convention. À défaut de clauses statutaire ou de convention, la répartition se fait en fonction des droits dans le capital.

Une convention passée **avant la clôture de l'exercice** peut conférer aux associés des droits différents dans les bénéfices de la société de ceux attribués par les statuts ! Une convention comportant une clause de rétroactivité est inopposable à l'administration. En revanche, une convention secrète est opposable à l'administration si elle est portée à sa connaissance.

Un associé qui bénéficie d'un avantage est imposé sur la totalité de cet avantage sans se référer au pourcentage de répartition des bénéfices sociaux. Ainsi, dans une SCI qui loue à un associé un appartement pour un loyer anormalement bas, l'associé sera imposé sur la totalité de l'avantage en nature.

7.1.1.2.2. Déduction de charges spécifiques aux associés

Sur sa quote-part de résultat, chaque associé peut déduire certaines charges selon les règles de la **fiscalité des ménages**.

Puisque les intérêts d'emprunt pour l'acquisition d'un immeuble sont déductibles des loyers pour déterminer le revenu foncier, chaque associé peut imputer sur sa quote-part de revenu foncier les intérêts d'emprunt pour l'acquisition des parts sociale d'une SCI. De même, les intérêts des emprunts contractés pour financer les droits de mutation à titre gratuit ne sont pas déductibles.

En fiscalité des ménages, les droits de mutation à titre onéreux ou à titre gratuit ne constituent pas des charges déductibles. En effet, il s'agit de dépenses liées à l'acquisition d'un capital et non d'un revenu. Les droits de mutation sur l'acquisition de parts sociales ne sont donc pas déductibles

7.1.1.2.3. Ajout de la quote-part de résultat au revenu global de l'associé

Chaque associé **ajoute** à son revenu global imposable **sa quote-part de bénéfice** dans la société civile (quote-part de revenu foncier, de RCM, etc.) ou **déduit sa quote-part de déficit**. Mais l'**imputation des déficits** sur les autres revenus du contribuable est souvent **limitée**.

La distribution ultérieure des réserves échappera à toute imposition au niveau des associés.

Le résultat de la société est donc imposable au niveau des associés dès sa réalisation, même s'il n'y a pas de décision de distribution des bénéfices. **L'associé peut donc décaisser un impôt sur le revenu correspondant à des bénéfices qu'il n'a pas encaissés**. Ainsi, en cas de détournement de bénéfice par un associé, les associés grugés devront quand même payer l'impôt correspondant à leur quote-part de résultat. Ils pourront uniquement demander à l'associé indélicat réparation du préjudice social et fiscal qu'ils ont subi.

Même si la société n'a pas clos d'exercice au cours de l'année civile, l'associé doit quand même déclarer sa quote-part de résultat au 31 décembre de l'année civile en vertu du principe de **l'annualité de l'impôt**.

C'est l'associé qui détient les parts sociales de la société civile à la date de clôture de l'exercice qui sera imposable à raison du bénéfice réalisé.

Si les parts sociales sont cédées en cours d'exercice, c'est le nouvel associé ayant vocation à percevoir les bénéfices qui supportera l'impôt correspondant. Une convention pourrait attribuer à l'associé sortant la quote-part de bénéfice correspondant à son temps de présence dans la société. Cette convention régulièrement portée à la connaissance de l'administration lui serait alors opposable.

En cas de décès d'un associé, les parts sociales sont transmises à ses héritiers. Ceux-ci sont alors imposables sur le bénéfice réalisé par la société.

Quand un associé se retire d'une société civile, il a droit au remboursement de la valeur de ses droits sociaux (art. 1869 du Code civil). À défaut de trésorerie suffisante, le financement du retrait de l'associé peut être assuré par la vente d'un élément de l'actif social (vente d'un immeuble, etc.). La plus-value dégagée est alors imposable entre les mains des seuls associés restant dans la société à la clôture de l'exercice.

Le financement du retrait de l'associé peut également être assuré par l'attribution d'une fraction de l'actif social. La plus-value latente correspondant doit également être imposée entre les mains des seuls associés restant (plus-value latente de l'actif transféré = valeur réelle – valeur nette comptable). Cependant, l'associé sortant peut être seul redevable de l'impôt correspondant à la plus-value, si une convention modifiant le pacte social est antérieure au retrait et à la clôture de l'exercice social.

7.1.1.2.4. Paiement de l'impôt sur le revenu

Chaque associé paie l'impôt sur le revenu en fonction de son revenu imposable global (salaires + quote-part de revenus fonciers, de RCM, etc., dans la société civile) et de son quotient familial. Le bénéfice de la société civile est donc imposé même s'il n'est pas distribué : l'associé doit décaisser un impôt sur le revenu sur sa quote-part de bénéfice dans la société civile même s'il n'encaisse pas le dividende correspondant, car non distribué par la société civile !

Modalités d'imposition d'une SCI à l'IR

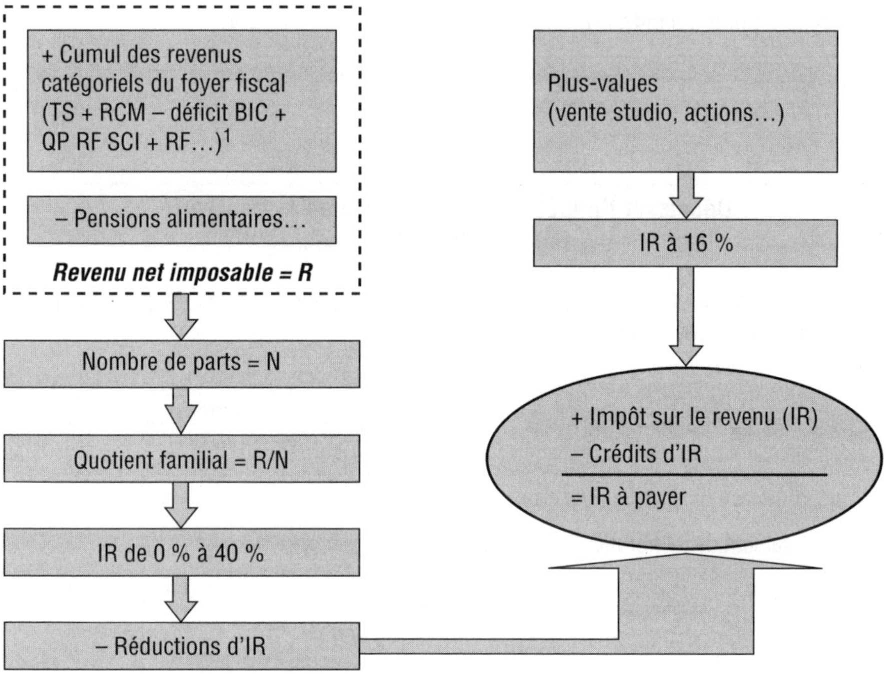

1. Salaires + Revenus de Capitaux Mobiliers (dividendes) – déficit Bénéfices Industriels et Commerciaux (commerçant) + Quote-part de Revenus Fonciers de la SCI + Revenus Fonciers en direct.

Zoom n° 34

Décaisser l'impôt sur le revenu sans encaisser les revenus correspondants !

En fiscalité des ménages, **les revenus sont imposés quand ils sont encaissés** (comptabilité de caisse). La plus-value réalisée sur la vente d'un immeuble est imposée, car le prix de vente est encaissé. La plus-value lors de la donation d'un immeuble n'est pas imposée, car elle est simplement latente. De même, les loyers sont imposés en revenus fonciers lorsqu'ils sont encaissés par la société civile. La quote-part de revenu foncier est alors imposée au niveau des associés. L'associé doit payer l'impôt sur le revenu correspondant. Mais la société civile n'est pas obligée de distribuer le dividende correspondant à la quote-part de revenu foncier. Cependant, quand la société civile met en paiement un dividende (transfert de trésorerie de la société civile vers l'associé), celui-ci n'est pas imposé au niveau de l'associé, car il correspond à un bénéfice qui a déjà été imposé.

Cas n° 44

Décaisser l'impôt sur le revenu malgré la trésorerie exsangue de la société civile !

L'immobilier détenu par une société civile s'autofinance : les loyers permettent de rembourser l'emprunt et les autres charges.

La société civile	Trésorerie	Revenus fonciers	IS
Loyers encaissés	10 000 €	10 000 €	10 000 €
Remboursement de l'emprunt			
• intérêts	– 4 000 €	– 4 000 €	– 4 000 €
• ammortissement du capital	– 5 000 €		
Charges de gestion décaissées	– 1 000 €	– 1 000 €	– 1 000 €
Amortissement de l'immeuble			– 4 000 €
	0 €	**5 000 €**	**1 000 €**
Taux d'imposition des associés		50 %	
Taux d'imposition de la société			15 %
IR + CSG + CRDS à payer par les associés		**2 500 €**	
IS à payer par la société			**150 €**

(Suite cas n° 44)

— .../...

La société civile transparente (revenus fonciers) a une trésorerie de zéro. Mais son revenu foncier est positif, car seuls les intérêts d'emprunts sont déductibles du revenu foncier. Les associés doivent donc payer des impôts (2 500 €) sur leurs quote-parts de revenu foncier. Mais la société civile ne peut pas distribuer un dividende de 5 000 €, car sa trésorerie ne le permet pas. L'associé est coincé ! À l'IS, la société paie seulement 150 € d'impôt. La société ne peut pas non plus distribuer de dividendes, car elle n'a pas la trésorerie correspondante.

7.1.2. Les parts de la société civile sont inscrites à l'actif du bilan d'une entreprise

Quand les parts d'une SCI sont inscrites à l'actif du bilan d'une entreprise, elles constituent un **actif privé, car la société exerce une activité patrimoniale**. En revanche, quand les parts d'une SNC exerçant une activité professionnelle sont inscrites à l'actif du bilan d'une entreprise, elles constituent un actif professionnel.

En vertu du principe de liberté d'affectation comptable, un commerçant peut inscrire à l'actif de son bilan des parts de société civile immobilière bien qu'elles ne soient pas affectées à l'exploitation. En revanche, un agriculteur ou une profession libérale ne peut inscrire à l'actif du bilan de son entreprise que des biens nécessaires à son exploitation.

Si les parts de la société civile sont inscrites à l'actif du bilan d'une entreprise, le résultat de la société civile est déterminé selon le **régime d'imposition de l'associé**. Le résultat ainsi déterminé est réparti entre les associés en fonction de ses droits dans le résultat. **Chaque associé déclare alors sa quote-part de résultat selon son régime d'impostion**.

Si les parts de la société civile sont inscrites à l'actif du bilan de **l'entreprise individuelle** d'un commerçant, le résultat de la société civile est déterminé en appliquant les règles des « **bénéfices industriels et commerciaux – BIC** », même s'il s'agit d'une activité de location et/ou de gestion de portefeuille. Le commerçant ajoute[1] alors

1. Le commerçant réintègre sa quote-part de BIC de manière extra-comptable sur l'imprimé fiscal n° 2058-A.

au bénéfice de son entreprise individuelle sa quote-part de BIC dans la société civile.

De même, si les parts de la société civile sont inscrites à l'actif du bilan d'une **SARL imposée à l'impôt sur les sociétés (IS)**, le résultat de la société civile est déterminé en appliquant les règles IS (ce sont les règles BIC avec des spécificités aux sociétés IS). Le gérant ajoute[1] alors au bénéfice de sa SARL sa quote-part de BIC dans la société civile.

Au final, la société comptabilise en charge l'impôt correspondant au bénéfice de sa filiale alors que ce bénéfice n'est pas comptabilisé en produits puisqu'il n'a pas été distribué. Cet distorsion porte atteinte au **principe d'image fidèle**. Pour éviter cet inconvénient, une clause statutaire d'affectation systématique des résultats de la filiale aux associés permet de comptabiliser en produits le bénéfice au titre de l'année de son imposition.

Adieu le cloisonnement des activités et la tunnélisation au sein de la société civile ! Le déficit d'une activité peut alors s'imputer sur le bénéfice d'une autre activité, les intérêts de l'acquisition de l'immeuble s'imputent sur les dividendes de la gestion de portefeuille, comme si la société civile avait opté pour l'IS.

Zoom n° 35

La société civile transparente : un instrument de gestion des déficits

Si les résultats de la société civile sont négatifs, chaque associé peut imputer sur ses propres revenus la quote-part de déficit qui lui revient, et réaliser ainsi une économie d'impôt. En revanche, l'opacité d'une société civile imposée à l'IS empêche la remontée des déficits.

1. Le commerçant réintègre sa quote-part de BIC de manière extra-comptable sur l'imprimé fiscal n° 2058-A.

Zoom n° 36

Intérêts d'emprunt et revenus fonciers

- **L'associé peut déduire de sa quote-part de revenu foncier** les intérêts d'emprunt contracté pour l'achat des parts sociales de la SCI, ou pour l'acquisition de l'immeuble apporté à la SCI, et rémunéré par l'attribution de parts sociales (apport à titre pur et simple). Cependant, aucune déduction n'est admise lorsque l'immeuble est seulement mis à la disposition de la société (apport en jouissance).
- **La SCI peut déduire de ses loyers** les intérêts d'emprunt contracté par la SCI pour l'acquisition de l'immeuble et les intérêts de compte courant d'associé s'ils sont nécessaires à l'acquisition du revenu foncier (voir page 172).

Zoom n° 37

SCI à l'IR et revenus exceptionnels ou différés

Lorsqu'une SCI soumise à l'IR perçoit au titre d'une année des revenus exceptionnels ou différés, ses associés subissent de plein fouet les effets de la progressivité de l'IR :

- Les revenus différés sont des revenus que la SCI perçoit au cours d'une année mais dont l'échéance remonte aux années antérieures : arriérés de loyers.
- Les revenus exceptionnels sont des revenus dont le montant dépasse la moyenne des revenus nets des trois années précédentes (l'appréciation se fait au niveau de l'associé pour sa quote-part de revenus exceptionnels) : une SCI encaisse des produits financiers importants générés par la gestion d'une importante trésorerie résultant de la vente de l'immeuble social.

Pour atténuer la progressivité de l'IR, un mécanisme d'ajustement est prévu sur demande expresse de l'associé. Le mécanisme consiste à ajouter au revenu courant de l'associé le quart du revenu exceptionnel ou différé et à multiplier par quatre le montant supplémentaire d'IR ainsi obtenu.

Zoom n° 38

SCI et micro-foncier : une simplification à éviter !

Lorsque le revenu brut foncier annuel du foyer fiscal est inférieur à 15 000 €, le régime du micro-foncier s'applique. Le contribuable porte alors directement le revenu brut sur sa déclaration de revenus.

.../...

(Suite zoom n° 38)

— .../...

L'administration applique un abattement de 43 % qui couvre l'ensemble des charges (aucune autre déduction ne peut-être opérée). Au final, 70 % des loyers encaissés sont imposés. La SCI est en principe exclue du micro-foncier. Cependant, si le contribuable est propriétaire **d'un immeuble** qu'il loue nu et **de parts d'une SCI** qui donne en location nue un autre immeuble, le micro-foncier peut s'appliquer. Le montant des loyers ne doit pas dépasser 15 000 € **y compris la quote-part de loyer dans la SCI**. Le micro-foncier s'applique alors à tous les loyers, **y compris la quote-part de loyer dans la SCI**. Mais le **micro-foncier** n'est pas avantageux : vous êtes **toujours bénéficiaire** ! Vous ne pouvez pas déduire les intérêts d'emprunt, les travaux d'entretien ou d'amélioration... et au final, vous ne pouvez pas imputer l'éventuel déficit sur votre revenu global...

Vous avez donc intérêt à **opter pour le régime réel d'imposition** (revenus fonciers). L'option est globale et s'applique pour une période de trois ans. L'option résulte de la souscription de la déclaration n° 2044.

Cas n° 45

Une partie des parts de la SCI est inscrite à l'actif du bilan d'une entreprise

Une SCI encaisse les loyers des immeubles qu'elle donne en location. Les parts sociales de la SCI appartiennent pour moitié à un simple particulier et pour moitié à un commerçant qui a inscrit les titres à l'actif du bilan de son entreprise.

Sur le plan fiscal, le gérant de la SCI devra tenir deux comptabilités distinctes de façon à déterminer deux catégories de résultats fiscaux :

- Il déterminera d'abord, à partir d'une comptabilité de caisse, le résultat imposable de la SCI en appliquant les règles des revenus fonciers ; il attribuera la moitié de ce résultat au particulier qui l'ajoutera à son revenu global au titre des revenus fonciers.
- Il déterminera ensuite, à partir d'une comptabilité commerciale, le résultat imposable en appliquant les règles BIC ; la moitié de ce résultat reviendra au commerçant qui l'ajoutera au bénéfice imposable de son entreprise (« réintégration extra-comptable »).

7.2. Le régime d'imposition des bénéfices de la SCI soumise à l'IS

7.2.1. L'option pour l'IS

La SCI peut opter pour l'IS. L'option peut être formulée dès l'origine dans les statuts, la SCI est alors immédiatement soumise à l'IS. Sinon, ses effets rétroagissent au premier jour de l'exercice en cours, si elle est formulée dans les trois premiers mois, et le premier jour de l'exercice suivant dans les autres cas.

La SCI paie l'impôt sur les sociétés (la SCI est « opaque » fiscalement). **L'imposition est effectuée selon le mécanisme suivant** :

1. Dans un premier temps, il faut calculer le bénéfice imposable réalisé par la SCI selon les règles des BIC (« bénéfices industriels et commerciaux »).
2. Ce bénéfice est soumis à l'impôt sur les sociétés (IS) à 15 % au niveau de la SCI qui paie personnellement cet IS. Les associés ne sont donc pas imposés.
3. Si la SCI décide de distribuer son bénéfice sous forme de dividendes, ces dividendes constituent alors des revenus imposables au niveau des associés dans la catégorie des « revenus de capitaux mobiliers ». Il y a donc double imposition (au niveau de la SCI et au niveau des associés). Cette double imposition est cependant atténuée grâce à un abattement de 40 %.

L'option doit être signée par l'ensemble des associés si les statuts n'ont pas prévu les modalités de l'option (les statuts peuvent prévoir que la décision est réservée au gérant ou à l'assemblée des associés statuant à une majorité donnée).

Cas n° 46

Une SCI opte pour l'IS après sa constitution

Une société civile immobilière opte pour le régime de l'IS après sa constitution (ou se transforme en SARL, en SA ou en SAS). En principe, le passage à l'IS de la SCI entraîne l'imposition immédiate des plus-values latentes au nom des associés selon le régime des plus-values privées.

.../...

(Suite cas n° 46)

— .../...

- L'imposition immédiate des plus-values latentes n'a aucune incidence si les immeubles que possède la SCI ont été acquis depuis plus de quinze ans, car la plus-value est alors exonérée d'imposition. La société pourra pratiquer l'amortissement sur la valeur actuelle de l'immeuble.
- Si l'imposition immédiate des plus-values latentes est importante, les associés peuvent demander le bénéfice du sursis d'imposition (CGI, art. 202 *ter*-II. Les plus-values ne sont alors pas immédiatement imposées. Le sursis est soumis à des conditions strictes[1].
- Si les plus-values latentes ont fait l'objet d'une imposition immédiate, le bilan d'ouverture mentionne les valeurs actuelles et non les valeurs d'origine. Les amortissements et les plus-values de cession se calculent dans ce cas sur des bases réévaluées. La SCI récupère ainsi progressivement, par le jeu des amortissements plus importants, le montant de l'imposition des plus-values.

7.2.2. La société imposée à l'IS est idéale en période de constitution d'un patrimoine

Un investisseur détient des immeubles et un portefeuille de valeurs mobilières par l'intermédiaire d'une société civile, en principe imposée à l'impôt sur le revenu. Cependant, l'investisseur peut opter pour l'IS. La détention en direct d'un patrimoine n'offre pas cette possibilité.

7.2.2.1. L'option pour l'IS permet de réduire le bénéfice imposable

Pour une **location nue**, les charges déductibles à l'IS sont plus importantes qu'en revenus fonciers. En effet, toutes les charges engagées dans l'intérêt de l'exploitation sont déductibles de l'IS, **notamment l'amortissement de l'immeuble**. Ainsi, les frais de déplacement du gérant (amortissement de la voiture, train, restaurants, hôtels, etc.) et son éventuelle rémunération sont déductibles de l'IS.

1. La SCI doit, dans les soixante jours, produire un bilan d'ouverture mentionnant pour chaque immobilisation la valeur d'origine, ainsi que le montant des amortissements et des provisions qui auraient été déduits si elle avait été soumise à l'IS dès le départ.

Pour la **gestion d'un portefeuille**, les intérêts d'emprunt contractés pour l'acquisition de ce portefeuille, la documentation, l'amortissement de l'ordinateur, etc., sont déductibles de l'IS. À l'impôt sur le revenu, dans la catégorie des revenus de capitaux mobiliers (RCM), seuls les frais de garde sont déductibles.

Le résultat de la société civile est imposé à **l'IS au taux de 15 %** au lieu d'être imposé à **l'impôt sur le revenu au taux de 52 %**. En effet, les revenus fonciers et les revenus de capitaux mobiliers (RCM) sont imposés à l'impôt sur le revenu, qui peut atteindre 40 % majorés des prélèvements sociaux dont son pour 12 %.

7.2.2.2. L'option pour l'IS permet de réduire le taux d'imposition

Cependant, **le déficit reste captif au sein d'une société à l'IS**. Comme la société est opaque fiscalement, le déficit ne remonte pas vers les associés. À l'IR, le déficit foncier s'impute sur les autres revenus du contribuable dans la limite de 10 720 €. En revanche, les moins-values réalisées sur la gestion d'un portefeuille de valeurs mobilières ne sont pas imputables sur le revenu global. Elles sont simplement reportables sur les plus-values de même nature des six années suivantes (tunnélisation).

7.2.2.3. L'économie d'impôt est consacrée à l'autofinancement

La diminution du bénéfice imposable et du taux d'imposition entraîne une économie d'impôt qui peut être consacrée à l'autofinancement pour développer le patrimoine du contribuable. La société à l'IS permet de capitaliser les revenus du patrimoine : l'argent qui n'est pas consacré au paiement de l'impôt est réinjecté dans de nouveaux investissements. De plus, la société imposée à l'IS assure une meilleure adéquation entre les flux encaissés et l'impôt décaissé, notamment en matière de revenus fonciers.

Une SCI réalise un investissement locatif qui s'autofinance : les loyers encaissés permettent le remboursement de l'emprunt. La SCI ne dégage donc aucune trésorerie. En début de période d'amortissement, les mensualités de l'emprunt sont essentiellement composées d'intérêt. Le résultat imposable est donc nul. En revanche, en fin de période d'amortissement, les mensualités correspondent essentiellement au remboursement du capital. Les loyers encaissés sont presque entièrement imposables puisqu'il n'y a plus d'intérêt à déduire. Il en résulte un impôt sur le revenu très élevé que le contribuable doit décaisser alors que la SCI ne peut pas lui verser de dividendes puisque sa trésorerie est toujours nulle. Le contribuable se trouve coincé. L'option pour l'IS lui évite ce désagrément.

7.2.2.4. Difficile de sortir les richesses accumulées sans imposition

7.2.2.4.1. Dividende

Quand une société civile à l'IR distribue un dividende, ce dividende n'est pas imposé au niveau des associés puisqu'il correspond à un bénéfice qui a déjà été imposé chez les associés. C'est le principe de la transparence fiscale. Ainsi, les revenus fonciers ou les revenus de capitaux mobiliers sont imposés chez les associés au fur et à mesure de leur encaissement par la SCI. En revanche, la SCI distribue ses résultats ; les dividendes ne sont pas imposables chez les associés.

Quand une société civile imposée à l'IS distribue un dividende, celui-ci est imposé à l'impôt sur le revenu chez l'associé dans la catégorie des RCM après un abattement de 40 % à son taux marginal d'imposition qui peut atteindre 40 % et majoré des prélèvements sociaux de 12,1 %. Finalement, l'économie d'impôt réalisée pendant la période d'autofinancement est restituée quand les richesses accumulées sont distribuées aux associés. D'ailleurs, quand on compare une société civile à l'IR et une société civile à l'IS qui distribue l'intégralité de ses bénéfices, on arrive à la même charge d'imposition globale (voir le chapitre 6 consacré à des cas pratiques d'optimisation fiscale).

7.2.2.4.2. Rémunération

Une société civile à l'IS permet de payer un salaire à son gérant, notamment s'il souhaite bénéficier d'une couverture sociale. Un arbitrage entre salaires et dividendes est nécessaire. C'est une manière de récupérer l'économie d'impôt. En revenus fonciers aucune rémunération des déductibles.

7.2.2.4.3. *Imposition de la cession*

La société civile à l'IS qui gère un immeuble peut déduire l'amortissement de l'immeuble. Il en résulte une économie d'IS. En fin de période d'amortissement, la valeur nette comptable de l'immeuble est nulle (coût d'acquisition – amortissements déduits = 0). En cas de cession, la plus-value dégagée correspond au prix de vente puisque la valeur nette comptable est égale à zéro (plus-value = prix de cession - valeur comptable). L'économie d'IS générée par la déduction des amortissements est restituée lors de la taxation des plus-values. Cette plus-value est alors imposée à l'IS au taux de 15 %, voire $33^{1/3}$ %. Si les associés veulent récupérer le prix de la vente sous forme de dividendes, ils seront lourdement taxés à l'impôt sur le revenu dans la catégorie RCM.

En revenus fonciers, l'IS est calculé à partir du prix d'acquisition. De plus, la plus-value est exonérée au bout de quinze ans de détention.

7.2.2.5. La cession temporaire d'usufruit permet de réunir les avantages de l'IR et de l'IS

Voir le chapitre 5 consacré à l'usufruit temporaire.

7.2.3. Une société civile imposée à l'IS permet de jouer sur les distributions de dividendes pour minorer l'IR des associés

Le dividende distribué par une société civile à l'IS à un associé personne physique est ajouté à ses autres revenus. Son revenu global est imposé à l'impôt sur le revenu qui est progressif (barème par tranche). Le dividende est donc imposé au taux marginal d'imposition (TMI) du contribuable. Ce dernier peut avoir des revenus annuels qui fluctuent beaucoup, notamment s'il exerce une activité indépendante. Si l'année N, les revenus du contribuable sont faibles, il aura intérêt à distribuer le maximum de dividendes pour qu'il soit imposé à un TMI relativement faible.

Si la société civile à l'IS connaît des problèmes de trésorerie, elle n'est pas obligée de décaisser le dividende : elle peut se contenter de l'inscrire au compte courant. Attention ! L'inscription en compte courant vaut paiement chez l'associé et entraîne donc une imposition.

7.2.4. La société imposée à l'IS est idéale pour compenser les déficits d'une activité avec les bénéfices d'une autre activité

Une société peut exercer plusieurs activités : une activité en phase d'investissement peut dégager des pertes alors qu'une activité mature dégage en général des bénéfices.

Dans une société imposée à l'IR, chaque activité est imposable selon sa nature : une location nue est imposée selon les « revenus fonciers », une location équipée ou meublée est imposée selon les « Bénéfices industriels et commerciaux », la gestion de la trésorerie est imposable dans la catégorie des « Revenus des capitaux mobiliers », la cession d'un immeuble est imposée selon le régime des « Plus-values immobilières des particuliers »... Il n'y a donc pas de compensation entre le bénéfice d'une activité avec le déficit d'une autre activité au sein de la société. Chaque associé devra alors déclarer à l'impôt sur le revenu sa quote-part dans la société de revenus fonciers, de BIC, de RCM, de PV immobilière... L'imputation des déficits sur les autres revenus sera souvent limitée : un déficit foncier s'impute dans la limite de 10 700 € ; un déficit BIC non professionnel est seulement reportable sur les BIC de même nature ; une moins-value immobilière est définitivement perdue. C'est l'application de la **transparence fiscale**.

Dans une société imposée à l'IS, toutes les activités sont imposables selon les mêmes règles des Bénéfices industriels et commerciaux. Le résultat imposable se détermine au niveau de la société : l'ensemble des charges est imputé sur l'ensemble des produits de la société **sans aucun cloisonnement**. Ainsi, la moins-value de la cession de l'immeuble, le déficit généré par la location équipée, s'imputent sur les produits de la gestion de la trésorerie ou sur le bénéfice dégagé par la location nue ; les intérêts d'emprunt contracté pour l'acquisition d'un immeuble loué nu s'imputent sur les loyers de la location équipée... C'est l'application de **l'opacité fiscale**.

L'IS permet une globalisation des revenus

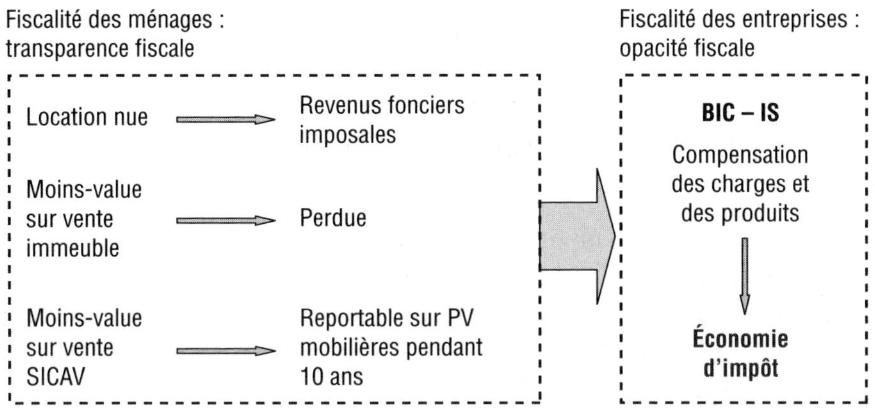

7.2.5. *L'option pour l'IS est conseillée pour le financement de l'immobilier par crédit-bail*

Le dirigeant constitue une SCI pour acquérir l'immeuble d'exploitation. La SCI loue l'immeuble à la société d'exploitation. La SCI peut acquérir l'immeuble en le finançant par emprunt. Elle peut aussi le louer à une société de crédit-bail immobilier. À la fin de la période de location, elle lève l'option d'achat et devient propriétaire de l'immeuble.

Pendant la période de location, la SCI sous-loue l'immeuble à la société d'exploitation. Puis en fin de contrat de crédit-bail, lorsqu'elle devient propriétaire de l'immeuble, elle loue l'immeuble à la société d'exploitation.

L'option pour l'IS évite deux problèmes fiscaux aux conséquences importantes.

Premier problème fiscal évité : déficit perdu

La sous-location par la SCI est imposée dans la catégorie des « bénéfices non commerciaux non professionnels » (BNC non professionnels). Pendant les premières années de sous-location, la SCI réalise en général un déficit. Ce **déficit** « non commercial non professionnel » n'est pas imputable sur le revenu global. Il est seulement reportable sur les BNC non professionnels des six années suivantes (il est « tunnélisé »). Il risque donc d'être **perdu**.

Second problème fiscal évité : plus-value imposée lors de la levée de l'option d'achat et droit d'enregistrement

Quand la SCI lève l'option d'achat, elle devient propriétaire. Elle passe alors de la sous-location imposée en BNC à la location imposée en revenus fonciers. Ce changement de régime fiscal a des conséquences en matière de droits d'enregistrement et d'imposition sur les plus-values.

Les droits d'enregistrement sont exigibles. Cependant, ils sont calculés sur le prix de levée de l'option d'achat et non sur la valeur vénale de l'immeuble. La plus-value réalisée (différence entre la valeur vénale de l'immeuble et le prix de levée d'options d'achat) est imposée, car il y a cessation de l'activité BNC.

7.2.6. *L'option pour l'IS permet de réduire l'ISF*

Quand une société civile de patrimoine est transparente, son résultat est directement imposé au niveau des associés (revenus fonciers, RCM, etc.). Les revenus imposables du contribuable augmentent. La base pour le calcul du plafonnement de l'ISF (bouclier fiscal) est majorée. Le mécanisme du plafonnement est moins avantageux.

Si la société civile opte pour l'IS et ne distribue pas ses résultats, cela diminue les revenus imposables servant de base au calcul du plafonnement de l'ISF.

7.2.7. *Un choix subi : les sociétés civiles qui exercent une activité commerciale !*

7.2.7.1. Une société civile exerçant une activité commerciale bascule à l'IS

Une société civile doit exercer uniquement une activité civile (location nue d'immeubles, gestion d'un portefeuille de valeurs mobilières, etc.). À défaut, elle est nulle de plein droit sur le plan juridique. En revanche, une société commerciale peut exercer une activité civile ou une activité commerciale.

Sur le plan fiscal, une société civile peut très bien exercer une activité commerciale. Elle bascule alors automatiquement à l'impôt sur les sociétés. Ainsi, une SCI qui loue nu un immeuble est imposée à l'impôt sur le revenu selon les règles des revenus fonciers. Si elle meuble ou équipe l'immeuble, la location devient meublée ou équipée. Une location meublée ou équipée est commerciale sur le plan fiscal. La SCI est alors imposée à l'IS. Sur le plan strictement juridique, la location n'est pas commerciale : le locataire n'a pas le statut de commerçant, le bail n'a pas de nature commerciale...

Si les loyers correspondent à un certain pourcentage des bénéfices de la société d'exploitation, la location présente un caractère commercial sur le plan fiscal. La SCI bascule à l'IS.

7.2.7.2. Des conséquences fiscales dramatiques

La requalification fiscale de l'activité de location entraîne une cascade d'impositions pour la période redressée (le délai de reprise de l'administration fiscale est de trois ans dans le cadre d'un contrôle fiscal) :

- Imposition à l'IS sans pouvoir déduire l'amortissement de l'immeuble. En effet, la société n'a pas comptabilisé d'amortissement pensant, de bonne foi, relever des revenus fonciers. Un amortissement non comptabilisé est irrégulièrement différé et perdu fiscalement.
- Imposition des associés à l'IR dans la catégorie des revenus de capitaux mobiliers (RCM) pour les sommes distribuées par la société civile, sans ouvrir droit à l'abattement de 40 %. En effet, les sommes distribuées par une société à l'impôt sur le revenu ne sont pas imposables au niveau des associés par application de la transparence fiscale. Quand la société bascule à l'IS, ces sommes deviennent imposables.
- La location nue d'un local commercial est exonérée de TVA avec possibilité d'options. La requalification en location équipée soumet les loyers obligatoirement à la TVA. Il en résulte un redressement.
- L'apport d'un immeuble à une société civile transparente est exonéré de droits d'enregistrement. En revanche, l'apport d'un immeuble à une société imposée à l'IS est imposé au droit enregistrement de 5 %. Il en résulte également un redressement.

- L'activité de location nue est une activité de gestion de patrimoine n'imposait à la taxe professionnelle. La location équipée devient une activité économique soumise à la taxe professionnelle.
- Si la société civile n'a pas tenu de comptabilité pour l'établissement de sa déclaration de revenus fonciers, cette absence de comptabilité pourra entraîner une taxation d'office à l'impôt sur les sociétés.

7.2.7.3. Pour éviter que la société civile bascule à l'IS

7.2.7.3.1. Tolérance du dixième

Une tolérance du dixième permet d'éviter cette cascade de redressements. Si les recettes de nature commerciale ne dépassent pas 10 % du total des recettes, la société ne sera pas soumise de plein droit à l'impôt sur les sociétés.

Pour les sociétés civiles exerçant une activité agricole, la tolérance est plus large : elles ne sont pas soumises à l'IS si les recettes accessoires provenant d'activités commerciales n'excèdent pas le seuil de 30 % ni le montant de 50 000 €.

7.2.7.3.2. Choix d'une autre forme de société

Une société civile qui exerce une activité commerciale est imposée automatiquement à l'IS. Pour échapper à ce type d'imposition, les associés doivent choisir une autre forme de société : une société en nom collectif ou une société en participation non immatriculée au registre du commerce et des sociétés.

7.2.7.4. Cas pratiques de sociétés civiles qui basculent à l'impôt sur les sociétés

7.2.7.4.1. Location meublée ou équipée

La location nue relève des revenus fonciers. La **location meublée** est commerciale sur le plan fiscal. En revanche, la location meublée est une activité civile sur le plan du droit privé. Ainsi, l'investisseur n'a pas le statut de commerçant et se contente de gérer son patrimoine privé. Si la location meublée est exercée par une SCI, celle-ci bascule automatiquement à l'IS.

Pour échapper à l'IS, la location meublée devra être exercée au sein d'une société en nom collectif, d'une EURL ou d'une SARL de famille qui a opté pour l'impôt sur le revenu... Les associés pourront alors bénéficier du statut de loueur en meublé professionnel (LMP).

La location d'un établissement muni du mobilier ou du matériel nécessaire à son exploitation est également une location commerciale qui soumet à l'IS la société civile propriétaire.

Ont ainsi été soumises à l'impôt sur les sociétés :

- une SCI qui donne en location un immeuble à usage de clinique, muni de l'essentiel des installations techniques nécessaires à une clinique ;
- une SCI propriétaire d'un chalet à la montagne qui le donne en location meublée quelques mois par an ;
- une SCI qui donne en location un terrain de camping aménagé ;
- une société civile agricole qui loue nu à une société d'exploitation une maison de retraite, mais lui facture des prestations d'entretien.

7.2.7.4.2. Opérations de revente d'immeubles

Un simple particulier ou une SCI qui achète et revend un immeuble risque d'être qualifié de marchand de biens par l'administration fiscale. En principe, la requalification suppose d'acheter l'immeuble en vue de le revendre (art. 35-I-1er du CGI). La condition d'habitude peut être retenue par le conseil d'État si l'administration apporte la preuve de l'intention de revente au moment de l'acquisition. L'activité de marchand de biens est commerciale. La SCI est donc imposée à l'IS.

Si les associés de la SCI sont des marchands de biens, l'administration fiscale fait preuve de réalisme économique. Elle apprécie la condition d'habitude au niveau des associés.

7.2.7.4.3. Opérations de lotissement de terrain

Quand un particulier ou une SCI réalise une opération de lotissement sur un terrain lui appartenant, le profit est imposé selon le régime des plus-values immobilières des particuliers car il s'agit d'une opération de gestion d'un patrimoine privé. Cependant, si le terrain a été acquis en vue du lotissement et de la vente par lots, cette intention spéculative entraîne la requalification fiscale en activité de marchand de biens.

Une société civile constituée en vue de procéder à une opération de vente de lotissement sera donc soumise à l'IS. Pour y échapper, il faudrait constituer une société en nom collectif ou une société en participation non immatriculée au registre du commerce et les sociétés.

7.2.7.4.4. Gestion trop active d'un portefeuille

Une société civile de portefeuille exerce une activité de gestion de patrimoine qui constitue une activité civile. Une gestion active du portefeuille pourrait être qualifiée de commerciale, car l'achat et la vente répétés de titres pourraient constituer des actes de commerce (art. L. 110-1 du Code de commerce). La société devrait alors basculer à l'IS, car une société civile qui exerce une activité commerciale est imposée de plein droit à l'IS.

7.2.8. L'option pour l'IS : un choix à mûrir !

- **L'option pour l'IS est irrévocable** : une SCI qui opte pour l'IS sera toujours imposée à l'IS. Le retour à la case départ est interdit. Même si le taux de l'IS augmente, la SCI est condamnée à supporter cette augmentation.
- Si l'option est exercée après la constitution de la SCI, ce changement de régime fiscal entraîne les mêmes conséquences **qu'une cessation d'activité avec imposition immédiate des plus-values latentes**.
- L'option pour l'IS entraîne un **complément de droit d'apport de 5 %** sur la valeur actuelle de l'immeuble social car il s'agit alors de l'apport d'un immeuble par une société soumise à l'IR à une société soumise à l'IS.
- Mais une SCI qui fait de la location meublée est à l'IS de plein droit tant que la location reste meublée. Dès que la location devient nue, **la SCI bascule à nouveau à l'IR** (revenus fonciers). Le passage IS vers IR équivaut à une liquidation sur le plan fiscal.

- Si un particulier vend ses parts de SCI à une société imposée à l'IS (SARL, SA...), **la SCI bascule des revenus fonciers à l'IS sans option**. En effet, quand les parts d'une société transparente (la SCI) sont inscrits à l'actif d'une entreprise, c'est le régime d'imposition de l'entreprise qui détermine le régime d'imposition de la société transparente. La société imposée à l'IS réintègre alors sa quote-part de bénéfice dans la SCI déterminée selon les règles IS (déduction d'un amortissement...).
- L'opacité d'une société civile imposée à l'IS empêche la remontée des déficits au niveau des associés.

7.2.9. Arbitrage IS-IR pour une location nue

La location nue peut être isolée au sein d'une société imposée à l'impôt sur le revenu (SCI, SNC...) ou d'une société imposée à l'IS (une SCI qui opte pour l'IS, une SARL, une SA...). Pour la suite de l'exposé, nous partons du principe que la structure retenue est la société civile immobilière (SCI).

	SCI soumise à l'IR	SCI soumise à l'IS
L'option pour l'IS est avantageuse pour un associé ayant d'importants revenus	Le résultat de la SCI est imposé sur le revenu au niveau des associés. Chaque associé ajoute à son revenu global dans la catérogie « revenus fonciers » sa quote-part de résultat dans la SCI. Le résultat de la SCI est donc soumis au taux progressif de **l'impôt sur le revenu qui peut atteindre 40 %**.	Le résultat de la SCI est soumis à l'impôt sur les sociétés au niveau de la société au taux de 15 %. C'est la SCI qui paie l'IS.
Déductibilité des droits d'enregistrement	Les droits d'enregistrement et les frais de notaire ne sont **pas déductibles** car ils constituent des dépenses liées à l'acquisition d'un capital.	Les droits d'enregistrement et les frais de notaire sont **déductibles** et peuvent être étalés sur la durée d'amortissement de la construction.
Taxation de l'apport d'un immeuble à la SCI	L'apport d'un immeuble à titre pur et simple par une personne physique à une SCI soumise à l'IR n'est assujetti à aucun droit.	L'apport d'un immeuble à titre pur et simple par une personne physique à une SCI soumise à l'IS est assujetti **au droit de 5 %**.

.../...

	SCI soumise à l'IR	SCI soumise à l'IS
L'amortissement de l'immeuble est plus avantageux	La SCI ne pratique aucune déduction au titre de l'amortissement.	La SCI peut déduire de son résultat imposable l'amortissement[1] de l'immeuble et les frais réels. Cependant, si la SCI loue les locaux à son gérant, **l'amortissement n'est pas entièrement déductible** : l'amortissement déductible est plafonné à la différence entre le loyer et les autres charges. L'amortissement non déductible peut être déduit ultérieurement sans limitation de durée dès que le plafond ne s'applique plus.
Distribution de dividendes	**Les dividendes** distribués par la SCI aux associés **ne sont pas imposés** au niveau de l'associé car ils correspondent à des bénéfices de la SCI qui ont déjà été imposés au niveau de l'associé.	**Les dividendes** distribués par la SCI aux associés **sont imposés** au niveau de l'associé dans la catégorie des revenus de capitaux mobiliers. Les bénéfices distribués subissent donc une double imposition (IS au niveau de la SCI + IR au niveau de l'associé). Cependant, l'abattement de 40 % permet d'atténuer cette double imposition. Si la SCI distribue tout son bénéfice il faut comparer le **niveau global d'imposition** (IS de la SCI + IR sur dividendes de l'associé).
Report des déficits	Le déficit est imputable sur les autres revenus de l'associé dans la limite de 10 700 €. Au-delà, le déficit foncier est reportable sur les revenus fonciers **des dix années suivantes**.	Le déficit est reportable sur les bénéfices des exercices suivants **sans limitation de durée** et/ou sur les bénéfices des trois années précédentes.

.../...

1. L'amortissement est égal à 4 % du coût d'acquisition de l'immeuble si l'immeuble a une durée de vie estimée à vingt-cinq ans. Le terrain n'est pas amortissable. Il peut être estimé à 20 % du coût d'acquisition de la construction.

	SCI soumise à l'IR	SCI soumise à l'IS
Bénéfices mis en réserve et autofinancement des investissements	Que les bénéfices soient mis en réserve ou distribués aux associés, ils sont toujours soumis au niveau de l'associé à **l'impôt sur le revenu**. Même si les associés ne prélèvent pas les bénéfices de la SCI sous forme de dividendes, ils sont quand même imposés. L'associé de la SCI peut donc **décaisser un impôt sur le revenu** élevé **sans encaisser le revenu** correspondant, notamment si la SCI est endettée.	Les bénéfices mis en réserve sont imposés uniquement à 15 % au niveau de la société. La **marge dégagée** par cette imposition plafonnée pourra être **investie dans d'autres acquisitions immobilières**. Cependant, il faudra bien désinvestir un jour. Les dividendes distribués ou le boni de liquidation seront alors soumis au niveau des associés à **l'impôt sur le revenu**.
Imposition de la plus-value de cession de l'immeuble	Le régime des **plus-values des particuliers** s'applique. La plus-value de cession est soumise au niveau de l'associé à **l'impôt sur le revenu** au taux de 16 % majoré des prélèvements sociaux au taux de 12,1 %. Soit une **imposition** globale **de 28,1 %**. La plus-value de cession est égale au prix de vente moins le **coût d'achat**. La plus-value est ensuite diminuée d'un certain nombre d'abattements. La **plus-value est exonérée** au bout de 15 ans de détention.	Le régime des **plus-values professionnelles** s'applique. La plus-value de cession est soumise **à l'IS au taux de 15 %**. La plus-value de cession est égale au prix de vente moins la **valeur comptable de l'immeuble** (prix d'acquisition – amortissements). Au final, l'économie d'IS générée par la déduction des amortissements est restituée lors de la taxation des plus-values !
Retour à la case départ	L'option pour l'IS est toujours possible.	Le retour à l'IR est impossible car l'option pour l'IS est irrévocable.
Comptabilité	La SCI n'est pas obligée de tenir une comptabilité.	Obligations comptables plus contraignantes.
Imposition de la plus-value de cession des parts sociales	La SCI est une société à **prépondérance immobilière soumise à l'IR** : la plus-value de cession des parts sociales est imposée comme la **cession d'un immeuble** selon le régime des plus-values immobilières des particuliers.	La SCI est une société à **prépondérance immobilière soumise à l'IS** : la plus-value de cession des parts sociales est imposée selon le régime des **plus-values mobilières** des particuliers.

.../...

	SCI soumise à l'IR	SCI soumise à l'IS
Imposition de la plus-value de cession des parts sociales	La plus-value de cession est diminuée d'un certain nombre d'abattements. Puis elle est soumise à l'IR au taux de 18 % majorée des prélèvements sociaux au taux de 12,1 %. Soit une **imposition** globale **de 30,1 %**.	Si les cessions dépassent 25 000 € par an, la plus-value de cession est soumise à l'IR au taux de 18 % majorée des prélèvements sociaux au taux de 12,1 %. Soit une **imposition** globale **de 30,1 %**.
Capital non libéré	Les intérêts qui rémunèrent les compte courant des associés sont déductibles.	Les intérêts qui rémunèrent les compte courant des associés ne sont pas déductibles.
Monuments historiques	Les parts de SCI détenant des monuments historiques ouverts au public sont exonérées de droits de succession[1].	Si la SCI opte pour l'IS, l'exonération ne s'applique pas.
Dépenses de travaux	• **Les dépenses d'entretien et de réparation** qui permettent de maintenir l'immeuble en bon état **sont déductibles.** • **Les dépenses d'amélioration ne sont pas déductibles**. Cependant, si elles concernent des **locaux à usage d'habitation,** elles sont immédiatement déductibles.	• **Les dépenses d'entretien et de réparation** qui permettent de maintenir l'immeuble en bon état **sont déductibles**. • **Les dépenses d'amélioration**[2] **sont** immobilisées et **déduites** ensuite du résultat **sous forme d'amortissements**.
Intérêts d'emprunt	Les intérêts des emprunts contractés pour **l'acquisition, la construction, la réparation ou l'amélioration de l'immeuble** donné en location sont déductibles.	Les intérêts d'emprunt sont déductibles s'ils sont engagés dans **l'intérêt de l'entreprise**, même si l'emprunt n'est pas affecté à l'acquisition de l'immeuble. À défaut, ils constituent un **acte anormal de gestion** et ne sont pas déductibles[3].

.../...

1. Ainsi que les meubles en constituant le complément. Les héritiers, donataires ou légataires doivent souscrire une convention à durée indéterminée. Certaines conditions particulières doivent être remplies relatives au lien de parenté des associés et à l'ancienneté de détention des parts (CGI, art. 795 A, ann. III art. 281 *ter*).
2. Dépenses qui augmentent la valeur de l'immeuble ou qui prolongent sa durée d'utilisation.
3. En cas d'emprunt à taux dégressif, un taux prohibitif pendant une première période conduirait l'Administration à rejeter la déduction d'une partie des intérêts sur la base du principe de l'acte anormal de gestion.

	SCI soumise à l'IR	SCI soumise à l'IS
Plafonnement ISF	Si la société réalise un déficit imputable sur le revenu global de l'associé à hauteur de sa quote-part, l'ISF de l'associé est plafonné car son revenu imposable est diminué.	Si la société ne distribue pas de dividendes, l'ISF de l'associé est plafonné car son revenu imposable est diminué.
Exonération des plus-values de cession des droits sociaux	Pour une location nue, **exonération de la plus-value de cession au bout de 15 ans de détention** (régime des plus-values des particuliers)	Pas d'exonération des plus-values de cession des droits sociaux.
Cloisonnement des activités	**Cloisonnement** : le résultat de chaque activité est déterminé selon les règles des revenus catégoriels concernés (revenus fonciers pour les loyers, RCM pour la gestion de la trésorerie...). Un déficit catégoriel est alors imputable sur un bénéfice catégoriel de manière restrictive.	**Pas de cloisonnement** : **le déficit d'une activité s'impute sur le bénéfice d'une autre activité** selon les règles BIC. Le résultat global est alors imposé à l'IS au niveau de la société.

À partir du tableau précédent, les associés devront comparer le montant de l'IR et de l'IS pour prendre leur décision en considérant, notamment, les éléments suivants :

- **Apport effectué**. Si un associé apporte un immeuble, l'option pour l'IS est défavorable car l'apport sera taxé à 4,80 % au lieu d'être exonéré.
- **Taux personnel d'imposition des associés à l'impôt sur le revenu**. Le principal avantage de l'IS est son taux d'imposition relativement faible. Les associés auront intérêt à opter pour l'IS si leur taux marginal à l'impôt sur le revenu est supérieur, et si la SCI ne distribue pas de bénéfice.
- **Le financement de la SCI**. Lorque la SCI a emprunté pour acquérir l'immeuble social, elle ne pourra généralement pas distribuer de bénéfices car elle aura une trésorerie insuffisante. Les bénéfices comptables seront mis en réserve. Dans cette situation, la SCI soumise à l'IS sera taxée à 15 % seulement.
- **Les objectifs de la SCI**. Si les associés envisagent la cession de l'immeuble social, l'option pour l'IS risque d'entraîner l'imposi-

tion d'une importante plus-value. Cependant, si les associés envisagent de céder uniquement les parts sociales, le régime de l'IS n'est pas trop pénalisant car la cession des parts sociales est taxée au taux de 30,1 %, quel que soit le régime fiscal de la SCI.

Zoom n° 39

SCI soumise à l'IS sans opter pour l'IS

Une SCI peut opter pour l'IS. Mais cette option est irrévocable. Une SCI soumise à l'IS peut aussi détenir les parts sociales d'une autre SCI qui n'a pas opté pour l'IS. En vertu de la transparence fiscale de la SCI, la SCI filiale sera imposée selon les mêmes règles que la SCI mère. Le résultat de la SCI fille sera donc calculé selon les règles IS, bien que n'ayant pas opté pour l'IS, et sera imposé directement au niveau de la SCI mère.

Zoom n° 40

SCI et IS à taux réduit

Le taux de l'IS est de $33^{1/3}$ %. Cependant, une **petite SCI** peut être soumise à l'**IS au taux réduit de 15 %** pour la partie de son bénéfice inférieure à 38 120 €. Les conditions suivantes doivent être respectées :

- chiffre d'affaires HT inférieur à 7 630 000 €[1] ;
- capital entièrement libéré ;
- capital détenu directement ou indirectement pour 75 % au moins par des personnes physiques[2].

Cas n° 47

Distribution de dividendes par une SCI et imposition globale

Une SCI réalise un bénéfice de 10 000 €. Elle distribue l'intégralité de son bénéfice à ses associés. Ses associés ont un taux d'imposition marginal de 30 %.

Calculer le niveau global d'imposition selon que la SCI est soumise à l'IR ou à l'IS.

1. CA HT réalisé au cours du premier exercice pour lequel la société demande à bénéficier du taux réduit.
2. Le capital peut être détenu par une société si elle satisfait à l'ensemble des conditions.

Quand basculer à l'IS ?

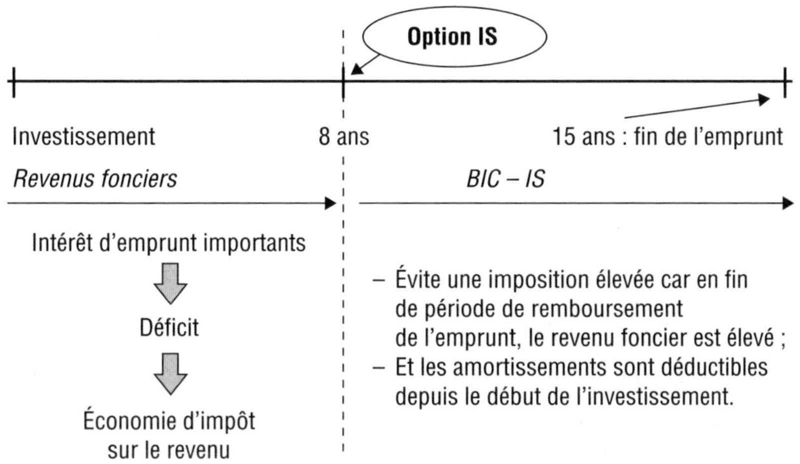

SCI soumise à l'IR		
Bénéfice de la SCI imposé au niveau des associés		
– Bénéfice	10 000 €	
– Taux marginal d'imposition	30 %	
– IR	3 000 €	3 000 €
– Taux des prélèvements sociaux	12 %	
– Prélèvements sociaux	1 200 €	1 200 €
Dividendes non imposés		0 €
Imposition au niveau des associés		**4 200 €**
Net encaissé par l'associé		**5 800 €**
SCI soumise à l'IS		
Bénéfice de la SCI imposé au niveau de la SCI		
– Bénéfice	10 000 €	
– Taux IS	15 %	
– IS	1 500 €	1 500 €
Imposition au niveau de la SCI		**1 500 €**

Dividendes distribués aux associés		
– Bénéfice	10 000 €	
– Impôts	– 1 500 €	
– Bénéfice distribuable	8 500 €	
Abattement de 40 %	– 3 400 €	
Dividendes imposables	5 100 €	
– Taux marginal d'imposition	30 %	
– IR	1 530 €	1 530 €
– Taux des prélèvements sociaux	12 %	
– Prélèvements sociaux	1 020 €	1 020 €
Imposition au niveau des associés		**2 550 €**
Net encaissé par l'associé		**5 950 €**
Gain de trésorerie pour l'associé si option pour l'IS		
– avec un taux marginal d'IR de 30 %		**135 €**
– avec un taux marginal d'IR de 40 %		625 €

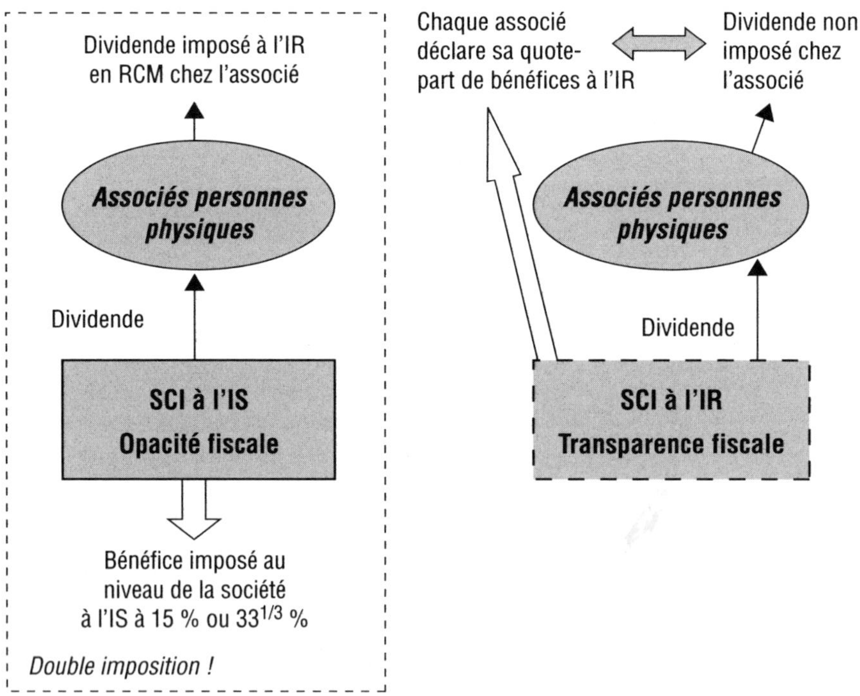

7.3. Calcul de l'imposition quand la SCI est imposée sur le revenu

Lorsqu'une SCI relevant de l'impôt sur le revenu donne en location un immeuble nu dont elle est propriétaire, les loyers qu'elle perçoit sont imposables au niveau de l'associé dans la catégorie des revenus fonciers[1]. La SCI n'est donc pas imposée personnellement pour ses revenus locatifs. La SCI aura simplement l'obligation de déposer une déclaration annuelle de résultat (imprimé n° 2072) au service des impôts.

Les loyers de la SCI peuvent être imposés dans une catégorie fiscale autre que celle des revenus fonciers :

- lorsque les parts de la SCI figurent à l'actif du bilan d'une entreprise, les revenus correspondants sont imposés en tant que BIC ;
- les revenus de locaux loués (ou sous-loués) meublés ou tout équipés sont taxés comme des BIC ;
- les revenus provenant de la sous-location d'immeubles loués nus sont imposés dans la catégorie des BNC.

7.2.1. Les revenus imposables

Les revenus imposables comprennent :

- **Les loyers encaissés**. Les loyers à déclarer au titre d'une année sont ceux qui ont été effectivement encaissés, même s'ils se rapportent à une autre année[2]. Les loyers perçus d'avance sont imposés au titre de l'année de leur perception. Si le loyer est soumis à la TVA, c'est le montant hors taxes qu'il faut déclarer ; corrélativement, les charges ne sont déductibles que pour leur montant hors TVA.

1. Une SCI ne peut pas bénéficier du régime micro-foncier (régime applicable lorsque le montant des loyers annuels perçus n'excède pas 15 000 €). Une SARL de famille ne peut pas bénéficer du régime micro-BIC (location meublée dont les loyers annuels n'excèdent pas 27 000 €).
2. Les loyers perçus par un mandataire sont imposables dès leur perception par le mandataire ; les loyers saisis sont imposables ; les revenus de substitution ou les indemnités d'assurance perçues dans le cadre d'un contrat de garantie de loyers sont imposables dès leur perception ; les dépôts de garantie conservés par la SCI en contrepartie de loyers impayés ou de charges locatives non remboursées sont imposables.

- **Les dépenses incombant au propriétaire et mises à la charge du locataire** (taxe foncière, grosses réparations...).
- **Les recettes exceptionnelles ou accessoires** :
  - le droit d'entrée (le pas-de-porte) payé par un commerçant lors de la conclusion d'un bail commercial ;
  - les améliorations ou les constructions édifiées par le locataire lorsqu'elles reviennent gratuitement à la SCI à l'expiration du bail ;
  - les recettes provenant de la location du droit d'affichage ou du droit de chasse, les redevances pour exploitation des carrières.

En revanche, ne constituent pas un revenu imposable l'indemnité d'assurance obtenue à la suite d'un sinistre et les sommes reçues à titre de dépôt de garantie, sauf lorsque le bailleur est autorisé à les conserver à titre définitif à la suite d'impayés par exemple ou pour remettre les locaux en état à la suite du départ du locataire.

Lorsque l'immeuble social est mis à la disposition gratuite de l'un des associés ou même d'un tiers, la SCI ne devrait pas être taxable car elle ne bénéficie d'aucun revenu :

- Lorsqu'un associé se réserve la jouissance **à usage d'habitation** de l'immeuble social, la SCI n'a pas à déclarer l'avantage en nature correspondant ; corrélativement, la SCI n'a pas le droit de déduire les charges relatives à l'immeuble occupé.
- En revanche, pour tous les autres locaux utilisés gratuitement par leur occupant, la SCI devra incorporer leur valeur locative dans la déclaration annuelle des résultats.

Zoom n° 41

SCI et produits financiers

Une SCI soumise à l'IR qui gère sa trésorerie encaisse des produits financiers qui ne remettent pas en cause son caractère civil car ce sont des « fruits civils ». La SCI reste donc soumise à l'IR. La SCI encaisse deux catégories de revenus : des « revenus fonciers » pour son activité de location et des « revenus de capitaux mobiliers » pour son activité de gestion de trésorerie. Elle doit donc faire deux déclarations. Pour les produits financiers, les associés peuvent opter pour le prélèvement libératoire de 30 % (18 % d'IR + 12 % de prélèvements sociaux) qui leur permet d'échapper à la progressivité de l'impôt sur le revenu (intéressant si le taux marginal à l'IR est supérieur à 18 %).

.../...

(Suite zoom n° 41)

— .../...

Si la SCI opte pour l'IS, les produits financiers et les revenus de la location seront soumis à l'IS.

Activité	Régime d'imposition	Déclarations fiscales
Location	Revenus fonciers	n° 2072
Gestion de trésorerie	Revenus de capitaux mobiliers	n°s 2561 et 2561 *bis*

Zoom n° 42

L'administration se méfie de la gratuité en matière de location

1. La SCI peut mettre gratuitement à disposition des associés ou de tiers des locaux professionnels. La SCI doit alors déclarer la **valeur locative** de ces locaux dans ses recettes brutes. En contrepartie, elle impute les charges sur ses revenus (voir déclaration n° 2072 dans les suppléments Internet).
2. Quand la SCI renonce à des loyers, le montant n'est pas pris en compte dans les revenus imposables de la SCI si la SCI a intérêt à cet abandon. À défaut, l'abandon est un acte de disposition, une libéralité de la SCI imposable (la preuve incombe à l'administration).
3. Si les locaux sont vacants, aucun revenu n'est à déclarer[1]. Les charges sont néanmoins déductibles et génèrent ainsi un déficit foncier. La SCI doit démontrer qu'elle a vraiment essayé de louer l'immeuble et qu'elle ne s'en est pas réservé la jouissance.

Cas n° 48

Abandon de loyers par une SCI

Une SCI renonce temporairement à ses loyers pour éviter d'aggraver la situation financière de la société locataire. La SCI évite ainsi de supporter le coût de l'éviction du locataire et de la nouvelle affectation des locaux.

1. La taxe sur les locaux vacants n'est pas due.

La SCI a intérêt à abandonner les loyers qui ne sont alors pas imposables.

7.2.2. Les charges déductibles

Dans un premier temps, il faut déterminer **le revenu brut** en déduisant des recettes :

- les dépenses incombant au locataire et acquittées par le propriétaire ;
- les indemnités d'éviction payées au locataire.

Les charges suivantes peuvent être déduites pour leur montant réel lorsqu'elles sont décaissées :

- les primes d'assurance ;
- les frais de gestion courante à hauteur de 20 € par an et par local ;
- les frais de procédure ;
- la rémunération des concierges ;
- les honoraires et commissions pour la gestion des immeubles ;
- les dépenses d'entretien et de réparation ;
- les taxes foncières ;
- **les dépenses d'amélioration pour les immeubles d'habitation** qui ont pour objet une meilleure adaptation de l'immeuble aux conditions actuelles de confort (installation d'un chauffage central, d'un ascenseur ou d'une salle d'eau – les dépenses de reconstruction ou d'agrandissement sont cependant exclues) ;
- **les intérêts des emprunts :**
  - les intérêts des emprunts contractés par les associés pour acquérir les parts sociales ou participer à une augmentation de capital sont déductibles de la quote-part de revenus fonciers de l'associé ;
  - les intérêts des emprunts contractés par la SCI auprès d'une banque sont déductibles sous réserve d'une corrélation suffisante entre le montant de l'emprunt et son utilisation au profit de la SCI ;
  - les intérêts des emprunts contractés par la SCI envers les associés sont déductibles, sous réserve de ne pas déguiser une distribution de bénéfice.

Zoom n° 43

Déductibilité des intérêts

Une SCI effectue des travaux. Elle dispose de liquidités suffisantes pour les financer. Elle décide cependant d'emprunter auprès d'un associé pour financer les travaux. Le Conseil d'État a refusé la déduction des intérêts d'emprunt car celui-ci ne sert pas à financer les travaux effectués puisque la SCI dispose de liquidités suffisantes.

Les **droits d'enregistrement et les frais de notaire** payés par la SCI lors de l'acquisition de l'immeuble ne sont **pas déductibles** car ce sont des dépenses liées à l'acquisition du capital.

Zoom n° 44

Ne soyez pas obnubilé par l'économie d'impôt

Il faut se méfier des montages de **défiscalisation** ! L'économie d'impôt permet d'optimiser la rentabilité globale d'un investissement mais ne doit pas masquer un manque de rentabilité économique. Plus le projet est rentable économiquement (loyer net de charges / prix d'acquisition), plus vous payez d'impôts, mieux c'est ! Si l'équilibre du projet résulte essentiellement d'une économie d'impôt, le montage est fragile car vous investissez sur une période de 15 à 20 ans pendant laquelle votre situation personnelle peut se retourner. Il faut donc privilégier **la rentabilité économique**, puis mettre en place une structure fiscale qui optimise la rentabilité financière du montage grâce à une économie d'impôt.

Cas n° 49

Ne soyez pas obnubilé par l'économie d'impôt

Un contribuable souhaite acquérir deux studios d'une valeur unitaire de 100 000 € : un studio sera loué, l'autre sera mis gratuitement à disposition d'un enfant qui poursuit ses études. Il dispose de 100 000 € et emprunte 100 000 €. L'absence de loyer pour le studio mis à disposition ne permet pas de déduire de charges. Il faut donc acheter le studio loué par emprunt de façon à pouvoir déduire les intérêts d'emprunt du revenu foncier. Si le taux marginal d'imposition du contribuable est de 30 %, le coût du crédit (les intérêts) est réduit de 30 %.

.../...

(Suite cas n° 49)

— .../...

Il vaut mieux acheter un studio en parfait état pour l'enfant et acquérir un studio vétuste pour la location car les **travaux d'amélioration** sont déductibles du revenu foncier. Ainsi, la revalorisation du studio loué sera financée pour partie par l'État sous forme d'économie d'impôt.

Cas n° 50

Travaux déductibles

Une SCI loue un immeuble d'exploitation à une SARL d'exploitation. Les associés sont communs aux deux sociétés. Les associés envisagent de refaire l'électricité et d'installer une climatisation. La SCI est à l'IR.

Comment optimiser fiscalement ces dépenses ?

La mise aux normes de l'électricité est une **dépense d'entretien et de réparation** qui est déductible du revenu foncier de la SCI. En revanche, l'installation d'une climatisation est une **dépense d'amélioration** qui n'est pas déductible des revenus fonciers. La dépense pourrait être engagée par la SARL. Elle serait alors immobilisée pour être ensuite déduite du résultat imposable sous forme d'amortissements sur la durée d'utilisation. Pour que la déductibilité de ces amortissements ne soit pas remise en cause pour acte anormal de gestion, il faudrait que le loyer payé par la SARL soit moins élevé qu'un loyer correspondant à des locaux climatisés.

7.2.3. La gestion du déficit foncier d'une SCI

Le déficit foncier de la SCI est réparti entre les associés au prorata de leurs droits dans le résultat.
Le déficit foncier est cependant réputé appartenir au **nu-propriétaire**, selon l'administration fiscale.

La quote-part de déficit ainsi déterminée :

- Est imputable sur le revenu global des associés dans la limite de 10 700 €, s'il résulte de dépenses autres que les intérêts d'emprunt. Si les revenus catégoriels (salaires, dividendes...) ne sont pas suffisants pour absorber ce déficit, le déficit non imputé est reportable sur le revenu global du contribuable des **six années** suivantes.

- Le surplus non imputable sur le revenu global est reportable sur les revenus fonciers des **dix années** suivantes. Passé ce délai, il est perdu (prescrit).

Cas n° 51

La gestion du déficit foncier d'une SCI

Une SCI soumise à l'impôt sur le revenu réalise un déficit foncier dont les éléments en euros vous sont communiqués ci-après.

Quelle est la part du déficit foncier imputable sur les autres revenus du contribuable dans chacune des hypothèses ?

Hypothèses	1	2	3	4
Revenu brut	30 000 €	30 000 €	30 000 €	15 000 €
Intérêts d'emprunt	18 000 €	15 000 €	38 000 €	18 000 €
Autres frais et charges	27 000 €	23 000 €	12 000 €	4 600 €
Déficit foncier	**15 000 €**	**8 000 €**	**20 000 €**	**7 600 €**

Le déficit est imputable sur les autres revenus de l'associé dans la limite de 10 700 €. Au-delà, le déficit foncier est reportable sur les revenus fonciers des dix années suivantes. Les calculs se font à partir de la déclaration n° 2044 (voir suppléments sur Internet).

Nous obtenons ainsi :

Hypothèses	1	2	3	4
Part du déficit				
• imputable sur le revenu global[1]	10 700 €	8 000 €	10 700 €	4 600 €
• reportable sur les revenus fonciers des dix années suivantes[2]	4 300 €	0 €	9 300 €	3 000 €
	15 000 €	**8 000 €**	**20 000 €**	**7 600 €**

1. C'est le montant à reporter sur la déclaration n° 2042, ligne BC, point 4 (voir suppléments sur Internet).
2. C'est le montant à reporter sur la déclaration n° 2042, ligne BB, point 4 (voir suppléments sur Internet).

7.4. Calcul de l'imposition quand la SCI est soumise à l'impôt sur les sociétés

Lorsqu'une SCI relevant de l'impôt sur les sociétés donne en location un immeuble dont elle est propriétaire, les loyers qu'elle perçoit sont imposables au niveau de la SCI selon le régime des bénéfices industriels et commerciaux (BIC). Nous exposons les principales caractéristiques de ce régime par rapport aux « revenus fonciers » dans le tableau page suivante.

Si la SCI distribue ses bénéfices, les associés sont imposés sur le revenu au titre des dividendes encaissés dans la catégorie des revenus de capitaux mobiliers. Les dividendes distribués par une SCI soumise à l'IS bénéficient d'un abattement de 40 % de leur montant.

Calcul de l'imposition d'une SCI

	La SCI est soumise à...	
	l'impôt sur les sociétés (IS)	**l'impôt sur le revenu (IR)**
Régime applicable	**Bénéfices industriels et commerciaux** (BIC) + particularités liées à l'IS.	**Revenus fonciers**.
Loyers imposables	Dans les recettes doivent figurer toutes **les créances acquises**. Si le locataire ne paie pas son loyer pendant une année, la SCI soumise à l'IS sera imposée comme si elle l'avait encaissé.	Les loyers à déclarer au titre d'une année sont ceux qui ont été effectivement **encaissés,** même s'ils se rapportent à une autre année. Si le locataire ne paie pas son loyer pendant une année, la SCI soumise à l'IR ne sera pas imposée au titre des revenus fonciers.
Charges déductibles[1]	Les charges sont déductibles si elles sont **engagées dans l'intérêt de l'exploitation**.	Les charges déductibles sont limitativement **énumérées par la loi** (CGI). Elles doivent être **décaissées**.

.../...

1. La SCI n'est pas redevable de la **taxe professionnelle** car elle se contente de gérer un patrimoine privé.

…/…

	À défaut, elles constituent un acte anormal de gestion. Ainsi, les charges de propriété (frais d'acquisition, commissions payées, tous les travaux...) et l'amortissement de l'immeuble sont déductibles.	Les frais d'acquisition ne sont pas déductibles.
Impôt à payer	Impôt sur les sociétés (IS) au niveau de la SCI au taux de 15 %. En principe, la SCI ne paie pas l'IFA[1].	Impôt sur le revenu (IR) au niveau des associés. Le résultat de la SCI est donc soumis au taux progressif de **l'impôt sur le revenu qui peut atteindre 40 %.**

Cas n° 52

Imposition des dividendes payés par une SCI soumise à l'IS

Un associé imposé sur le revenu au taux marginal de 40 %, perçoit des dividendes de 10 000 € payés par une SCI soumise à l'IS.

Le mode d'imposition est le suivant :

Dividende	10 000
Abattement de 40 %	– 4 000
Dividende imposable[2]	6 000
Taux marginal d'imposition	40 %
Impôt sur le revenu[3]	**2 400**

1. L'IFA est un impôt exigible quand le chiffre d'affaires HT dépasse 15 M€.
2. Un abattement de 1 525 € ou 3 050 €, selon que le contribuable est célibataire ou marié, s'applique.
3. Un crédit d'impôt de 115 € ou 280 € est imputé.

Taux des prélèvements sociaux	12 %
Prélèvements sociaux[1]	**1 200**
Imposition globale	
– en €	**3 600**
– en %	**35 %**

N.B. : Une option pour le **prélèvement libératoire** permet une imposition du dividende brut **au taux de 18 %**. Mais la CSG de 5,8 % n'est pas déductible du revenu imposable.

Zoom n° 45

Dividendes et SCI soumis à l'IS

- Si la SCI s'est endettée pour acquérir l'immeuble social, elle ne peut pas verser de dividendes aux associés, qui ne sont donc pas imposés directement.
- Si au contraire, sa trésorerie lui permet de distribuer des dividendes, la distribution des bénéfices par la SCI entraîne l'imposition des associés au titre des revenus mobiliers, à leur taux personnel d'imposition. L'abattement de 40 % atténue cependant la double imposition.

Zoom n° 46

CSG, CRDS et prélèvement social : pas d'évasion fiscale possible !

Le prélèvement total de 12,1 % s'applique :
- aux revenus fonciers dégagés par une SCI soumise à l'IR ;
- aux dividendes bruts avant abattement distribués par une SCI soumise à l'IS ;
- aux plus-values immobilières lors de la cession des parts sociales de la SCI ou de l'immeuble.

La partie déductible de ce prélèvement (5,80 %), payé par le contribuable en année N, vient s'imputer sur le revenu global imposable réalisé en année N.

.../...

1. Calculés sur le dividende perçu.

(Suite zoom n° 46)

— .../...

	Total	Déductible	Non déductible
CSG	8,20 %	5,80 %[1]	2,40 %
CRDS	0,50 %		0,50 %
Prélèvement social	2,30 %		2,30 %
	12,10 %	**5,80 %**	**6,30 %**

7.5. Détermination du résultat imposable et établissement des déclarations fiscales de la SCI

Cas n° 53

Détermination du résultat imposable d'une SCI

Une SCI donne en location huit studios non meublés. La SCI a été constituée à parts égales entre les deux associés Martin et Dupont. Martin a contracté un emprunt pour acquérir ses parts sociales dans la SCI. Les intérêts qu'il a payés en année N s'élèvent à 4 220 €. La SCI a distribué 10 000 € aux associés au cours de l'année N. Les associés sont à une tranche d'impôt sur le revenu de 40 %. Les éléments qui suivent sont communiqués au titre de l'année N.

Déterminer le résultat fiscalement imposable et remplir la déclaration fiscale de résultat :
- **Hypothèse n° 1 : la SCI est soumise à l'IR.**
- **Hypothèse n° 2 : la SCI est soumise à l'IS.**

Éléments concernant l'année N

Loyers encaissés (loyers mensuels de 5 000 €, les locataires ont payé seulement 10 mois de loyers)	50 000 €
Subventions de l'Agence nationale pour l'amélioration de l'habitat	4 000 €
Travaux normalement à la charge du propriétaire mais qui ont été mis à la charge du locataire	1 750 €

1. La CSG de 5,80 % n'est pas déductible pour les plus-values immobilières.

Recettes provenant de la location d'un panneau d'affichage	2 000 €
Taxe d'enlèvement des ordures ménagères	200 €
Dépenses de réparation réglées et supportées par le propriétaire	7 425 €
Taxe foncière	5 000 €
Frais de gérance	1 950 €
Frais de correspondance, fournitures diverses	640 €
Amortissement des appartements et des frais d'acquisition	32 000 €
Frais d'enregistrement du bail	300 €
Prime d'assurance liée à l'appartement	4 500 €
Installation du câble	2 200 €
Frais de procédure en raison d'un litige avec un locataire	2 500 €

Étape n° 1 La SCI détermine son résultat fiscal

Hypothèse n° 1 : la SCI est soumise à l'IR

Le résultat de la SCI est imposable au niveau des associés dans la catégorie des revenus fonciers. La détermination du revenu imposable dans la catégorie des revenus fonciers s'opère en deux temps. Il convient tout d'abord de déterminer le revenu brut puis de déterminer le revenu net foncier, après la prise en compte d'un certain nombre de charges.

1. Détermination du revenu brut

Le revenu brut est calculé en tenant compte des loyers encaissés, auxquels il convient d'ajouter les subventions de l'Agence nationale pour l'amélioration de l'habitat. Les travaux normalement à la charge du propriétaire, mais qui ont été mis à la charge du locataire en vertu du bail, doivent être pris en compte dans le revenu, car il s'agit d'un avantage dont a bénéficié le propriétaire. Les recettes provenant de la location d'un emplacement publicitaire constituent des revenus imposables en qualité de revenus fonciers. La taxe d'enlèvement des ordures ménagères est une dépense locative qui est à la charge du locataire.

Le revenu brut s'élève ainsi à :

Loyers encaissés	50 000 €
Subventions de l'Agence nationale pour l'amélioration de l'habitat	4 000 €
Travaux à la charge du propriétaire	1 750 €
Recettes brutes diverses	2 000 €
	57 750 €

2. Détermination du revenu net foncier

Les charges déductibles sont limitativement **énumérées par la loi** (CGI). Elles doivent être **décaissées**. Les frais de gestion courante s'élèvent à 20 € × 8 locaux = 160 €. La taxe d'enlèvement des ordures ménagères est supportée par le locataire.

Nous obtenons :

Revenu brut	57 750 €
Dépenses de réparation	– 7 425 €
Taxe foncière	– 5 000 €
Frais de gérance	– 1 950 €
Installation du câble	– 2 200 €
Frais de gestion courante	– 160 €
Prime d'assurance	– 4 500 €
Frais de procédure	– 2 500 €
	34 015 €

3. Imposition du revenu net foncier au niveau de chaque associé

Chaque associé ajoute à son revenu global imposable la quote-part de bénéfice qui lui revient dans la SCI, dans la catégorie des revenus fonciers. Les intérêts de l'emprunt contracté par l'associé Martin sont déductibles de sa quote-part de revenus fonciers sans limitation de montant ou de délai. L'associé paie l'impôt sur le revenu en fonction de sa tranche d'imposition.

Les dividendes distribués ne sont pas imposables chez l'associé car le bénéfice correspondant a déjà été imposé.

Martin

Quote-part de dividende (50 %)	*exonéré*
Quote-part de revenu net foncier (50 %)	17 008 €
Intérêts d'emprunt pour l'acquisition des parts sociales	– 4 220 €
	12 788 €
Impôt sur le revenu	**5 115 €**

Dupont

Quote-part de dividende (50 %)	*exonéré*
Quote-part de revenu net foncier (50 %)	17 008 €
Impôt sur le revenu	**6 803 €**

Imposition totale (IR Martin + IR Dupont)	**11 918 €**

Hypothèse n° 2 : la SCI est soumise à l'IS

Le bénéfice imposable réalisé par la SCI est déterminé selon les règles des bénéfices industriels et commerciaux, puis soumis à l'impôt sur les sociétés (IS) à 15 %. Le dividende distribué par la SCI est imposable au niveau des associés dans la catégorie des revenus de capitaux mobiliers.

Dans les recettes doivent figurer toutes les créances acquises, même non encaissées. Les loyers imposables s'élèvent donc à :
5 000 € × 12 = 60 000 €.

Toutes les charges sont déductibles, notamment les frais de correspondance, de fournitures, d'assurance, les frais d'enregistrement du bail et l'amortissement des appartements. La base amortissable des appartements peut inclure les frais d'acquisition. Ces frais auraient pu être entièrement déduits de l'exercice d'acquisition des immeubles.

Produits imposables

Loyers concernant l'année		60 000 €
Subventions de l'Agence nationale pour l'amélioration de l'habitat		4 000 €
Travaux à la charge du propriétaire		1 750 €
Recettes brutes diverses		2 000 €
	Total	**67 750 €**

Charges déductibles

Dépenses de réparation réglées et supportées par le propriétaire		7 425 €
Taxe foncière		5 000 €
Frais de gérance		1 950 €
Frais de correspondance, fournitures diverses		640 €
Amortissement des appartements		32 000 €
Frais d'enregistrement du bail		300 €
Prime d'assurance liée à l'appartement		4 500 €
Frais de procédure		2 500 €
Installation du câble		2 200 €
	Total	**56 515 €**
Résultat net imposable		**11 235 €**
Impôt payé par la SCI (IS)		**– 1 685 €**
Résultat après impôt		**9 550 €**

Imposition au niveau de chaque associé

Martin

Quote-part de dividende (50 %)	5 000 €
Abattement de 40 %	– 2 000 €
	2 000 €
Impôt sur le revenu	**1 200 €**

Dupont

Impôt sur le revenu (mêmes calculs)	**1 200 €**
Imposition totale (IR Martin + IR Dupont + IS SCI)	**4 085 €**

Étape n° 2 La SCI et les associés remplissent les déclarations fiscales

Hypothèse n° 1 : la SCI est soumise à l'IR

Pour déclarer le revenu de la SCI, il faut passer du résultat comptable au revenu foncier. Il est conseillé d'utiliser un tableau de passage. Ce tableau de passage est rempli page 242.

Cependant, une SCI à l'IR peut, **par simplification**, tenir **une comptabilité de caisse**. Elle comptabilise uniquement les loyers encaissés et les charges décaissées. Cette comptabilité lui permet d'établir directement sa déclaration de revenus fonciers n° 2072 sans utiliser ce tableau de passage.

Nous pouvons alors établir l'ensemble des déclarations fiscales. Ces déclarations sont présentées dans les suppléments Internet.

Elles s'emboîtent les unes dans les autres en respectant l'ordre suivant :

- L'imprimé n° 2072 permet de déclarer le **revenu foncier de la SCI**. Le n° 2072-RA-K répartit le revenu foncier entre les deux associés Martin et Dupont. La partie « BIC/IS » et « BA » n'est remplie que si les associés sont des entreprises imposées selon les règles BIC, IS ou BA.
- Chaque associé pourra alors remplir sa propre déclaration des revenus fonciers n° 2044. Seule la rubrique n° 110 sera remplie – « Parts de sociétés immobilières ». Si l'associé détient directement des immeubles, les autres rubriques seront alors servies.
- Enfin, chaque associé déclarera l'ensemble de ses revenus sur la déclaration n° 2042 : salaires, activité BIC (artisan, commerçant ou industriel) ou BNC (profession libérale), dividendes... et les revenus fonciers. Les revenus fonciers de la déclaration n° 2044 sont centralisés dans la rubrique n° 4 « Revenus fonciers » de la déclaration n° 2042.

N.B. : pour l'associé Dupont, il faudra « fausser » la logique d'enchaînement des imprimés fiscaux car les intérêts d'emprunt pour l'acquisition des parts sociales sont personnels. On pourra les indiquer sur l'imprimé n° 2044 avec une mention.

Hypothèse n° 2 : la SCI est soumise à l'IS

La SCI doit remplir la même déclaration qu'une société commerciale (comme une SARL). Comme les loyers annuels sont inférieurs à 230 000 €, elle relève du régime réel simplifié. C'est cette déclaration fiscale que nous présentons dans les suppléments Internet.

Les associés doivent déclarer uniquement les dividendes distribués par le SCI, dans la catégorie des revenus de capitaux mobiliers sur la déclaration de revenus n° 2042, avec leurs autres revenus (salaires, BIC...).

Zoom n° 47

Remplir en ligne ou télécharger les imprimés fiscaux

Sur le site www.service-public.fr dans la rubrique « formulaires » puis « formulaires pour professionnels », vous pouvez remplir en ligne l'imprimé fiscal, le télécharger et obtenir des informations complémentaires (À quoi sert le formulaire ? Où envoyer le formulaire ? Les textes de référence avec un renvoi au site www.legifrance.gouv.fr).

8. La gestion fiscale de l'ISF

L'impôt de solidarité sur la fortune s'applique si la fortune du contribuable dépasse 790 000 €. En principe, tous les biens sont soumis à l'ISF. Cependant, il existe des biens qui sont exonérés de façon expresse. Ce sont essentiellement les biens professionnels, biens qui sont affectés à l'exercice d'une activité professionnelle.

8.1. Immeuble professionnel isolé au sein d'une SCI

Un immeuble affecté à l'activité professionnelle peut être isolé au sein d'une SCI. Les parts sociales de la SCI seront, en principe, considérées comme un actif professionnel exonéré d'ISF.

Cas n° 54

SCI et entreprise individuelle

M. Bara exerce à titre principal la profession de commerçant dans une entreprise individuelle. L'immeuble affecté à l'exploitation a été isolé au sein d'une SCI dont il détient les parts sociales. Par ailleurs, il a acheté une exploitation agricole qu'il gère lui-même avec la qualité d'agriculteur.

- **Hypothèse n° 1 : les parts sociales de la SCI sont inscrites à l'actif de l'entreprise individuelle.**
- **Hypothèse n° 2 : les parts sociales de la SCI sont maintenues dans le patrimoine privé.**

Les parts sociales de la SCI sont considérées comme un bien professionnel car l'immeuble est affecté à l'exercice de la profession. Peu importe que les parts sociales soient inscrites (hypothèse n° 1) ou non (hypothèse n° 2) à l'actif de l'entreprise. Quant à l'exploitation agricole, les biens affectés à cette activité secondaire ne sont pas exonérés d'ISF car ils ne sont pas considérés comme des biens professionnels.

Cas n° 55

SCI et société d'exploitation

Une SCI est propriétaire d'un immeuble professionnel donné en location à une société d'exploitation. La valeur actuelle de la SCI est de 20 millions d'euros. Les deux sociétés comprennent les associés suivants :

Associés	SCI	Société
Braconnier	40 %	10 %
Marcelli	30 %	25 %
Saramago	20 %	40 %
Lebesque	0 %	25 %
Joyce	10 %	0 %
	100 %	**100 %**

La société d'exploitation dont la direction est confiée à l'un ou à l'autre des cinq associés est :

- **Hypothèse n° 1 : une SNC imposée sur le revenu.**
- **Hypothèse n° 2 : une SARL soumise à l'impôt sur les sociétés.**

Les parts sociales d'un associé de la SCI bénéficient de l'exonération attachée aux biens professionnels dans la mesure où, en tant qu'associé de la société d'exploitation, il remplit les conditions pour bénéficier de l'exonération attachée à l'outil de travail. Sa participation dans la SCI ne bénéficiera du régime des biens professionnels qu'à hauteur de sa participation dans le capital de la société d'exploitation.

Hypothèse n° 1. Les parts sociales de la SNC sont considérées comme un élément d'actif affecté à l'exercice de la profession. Pour l'associé qui exerce son activité principale dans la SNC, ses parts sociales sont exonérées d'ISF quel que soit son pourcentage de participation dans la SNC.

Nous obtenons donc :

Associés	Participation		Participation exonérée d'ISF			
	SNC	SCI	SNC		SCI	
			Exonéré	Imposé	Exonéré	Imposé
Braconnier	10 %	40 %	10 %		10 %	30 %
Marcelli	25 %	30 %	25 %		25 %	5 %
Saramago	40 %	20 %	40 %		20 %	0 %
Lebesque	25 %	0 %	25 %		0 %	0 %
Joyce	0 %	10 %			0 %	10 %
	100 %	**100 %**	**100 %**	**0 %**	**55 %**	**45 %**

Hypothèse n° 2. Les parts sociales de la SARL sont exonérées d'ISF si elles représentent l'outil de travail de l'associé. L'associé doit être dirigeant, bien payé et posséder au moins 25 % des droits financiers et des droits de vote de la société.

Nous obtenons donc :

Associés	Participation		Participation exonérée d'ISF			
	SARL	SCI	SARL		SCI	
			Exonéré	Imposé	Exonéré	Imposé
Braconnier	10 %	40 %	0 %	10 %	0 %	40 %
Marcelli	25 %	30 %	25 %	0 %	25 %	5 %
Saramago	40 %	20 %	40 %	0 %	20 %	0 %
Lebesque	25 %	0 %	25 %	0 %	0 %	0 %
Joyce	0 %	10 %	0 %	0 %	0 %	10 %
	100 %	**100 %**	**100 %**	**10 %**	**45 %**	**55 %**

Zoom n° 48

Pour échapper à l'ISF : célibat, mariage, divorce de complaisance, concubinage, PACS ou usufruit ?

L'ISF est calculé par foyer fiscal comme l'impôt sur le revenu. On additionne donc la fortune du mari, de sa femme et de ses enfants mineurs non émancipés. Si le mari et la femme ont chacun une fortune de 700 000 €, ils seront soumis à l'ISF car leur fortune globale (1 400 000 €) dépasse 790 000 €. Ils auraient été exonérés s'ils avaient été célibataires. Le divorce de convenance n'est pas une solution car la règle d'imposition par foyer joue en cas de concubinage notoire. Il en est de même pour un couple hétérosexuel ou homosexuel dès qu'il est « pacsé ».
Les parents peuvent donner la nue-propriété des parts de la SCI à leurs enfants et conserver l'usufruit afin de diminuer la base imposable à l'ISF. Cependant, pour éviter cette évasion fiscale, c'est l'usufruitier[1] qui est soumis à l'ISF pour la valeur en pleine propriété des biens. En revanche, c'est aux enfants, nue-propriétaires, de déclarer le déficit foncier car les nue-propriétaires sont responsables du passif social. Ainsi, les parents ne pourront pas bénéficier de l'économie d'impôt liée au déficit foncier.

8.2. Minorer les comptes courants pour diminuer la base imposable à l'ISF

Quand l'immeuble professionnel loué à la société d'exploitation est isolé au sein d'une SCI, les **parts sociales de la SCI** sont considérées comme un **outil de travail exonéré d'ISF**.

Si le chef d'entreprise associé de la SCI détient un compte courant sur la SCI, celui-ci fait partie du patrimoine imposable à l'ISF. **Réduire la base imposable à l'ISF consiste alors à réduire le compte courant de l'associé**. Plusieurs solutions sont envisageables pour cela.

La SCI est constituée avec un capital élevé non libéré. Le résultat est affecté en compte courant. Le capital est ensuite libéré par compensation avec le compte courant.

1. Dans les hypothèses qui suivent, l'usufruit et la nue-propriété sont évalués en applicant le barème forfaitaire (CGI, art. 669) : vente de nue-propriété avec réserve de l'usufruit, à la condition cependant que l'acheteur ne soit pas un successible vendeur ; usufruit légal du conjoint survivant.

L'augmentation du capital par incorporation du compte courant avant le 1er janvier de l'année d'imposition efface le compte courant.

En revenus fonciers, il n'y a pas d'amortissement fiscalement déductible. Cependant, on peut constater un amortissement économique par application du principe comptable d'« image fidèle ». L'amortissement diminue le résultat affecté en compte courant. Si l'amortissement créé un résultat négatif, l'affectation de ce résultat peut rendre le compte courant débiteur, qui doit alors être déclaré au passif de l'ISF.

Il est préférable d'affecter le résultat positif en réserve au lieu de l'affecter en compte courant. En effet, les réserves augmentent la situation nette et donc la valeur des parts sociales qui sont exonérées d'ISF. En revanche, les comptes courants sont imposables à l'ISF.

8.3. La décote de la société civile immobilière

8.3.1. La décote pour des parts sociales en pleine propriété

La détention d'un patrimoine *via* une société civile permet de pratiquer un abattement de 10 à 20 %. Ainsi, les parts sociales d'une SCI qui détient un immeuble d'une valeur vénale de 100 K€ seront valorisées à 80 K€, compte tenu de la présence de clauses d'agrément.

La décote est liée aux facteurs suivants :

- absence de marché pour l'acquisition des parts de la société civile ;
- présence de clauses d'agrément ;
- détention minoritaires, etc.

8.3.2. La décote pour des parts sociales démembrées

Quand les parts sociales d'une société civile sont démembrées, l'usufruitier doit déclarer à l'ISF la valeur en pleine propriété des parts sociales. La valeur marchande d'un bien en pleine propriété est affectée par le démembrement. Économiquement, la décote pour démembrement est justifiée. Fiscalement, la jurisprudence limite la décote pour démembrement aux valeurs mobilières non cotées.

Une détention en cascade de parts de sociétés civiles associée à un démembrement pourrait permettre une très forte dilution de la valeur du patrimoine. L'évaluation risquerait d'être remise en cause sur la base de l'abus de droit par l'administration fiscale.

8.3.3. Cas pratique : évaluation ISF, décote et sociétés en cascade

Une société civile de patrimoine détient participation dans un groupement foncier agricole (GFA) qui loue un domaine viticole à une société d'exploitation agricole. Ces parts de GFA sont considérées comme un bien professionnel exonéré d'ISF. Elle détient également 100 % (par convention) des parts d'une société civile immobilière qui gère un immeuble de rapport. Enfin, la trésorerie a été investie dans un portefeuille de valeurs mobilières. Les parts de la société civile de patrimoine sont démembrées : la nue-propriété a été donnée aux enfants.

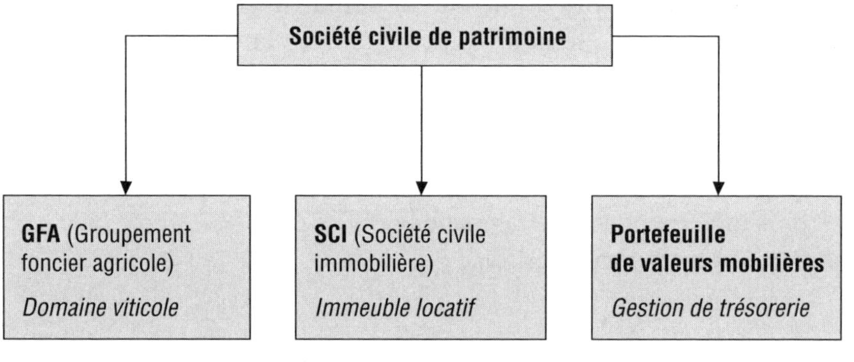

Les parts de la SCI ont été souscrites à la création de la SCI. Leur prix d'acquisition correspond donc au montant du capital de la SCI. Ce capital n'a pas été libéré. L'immeuble détenu par la SCI a une valeur vénale de 6 000 K€.

Le bilan de la SCI se présente comme suit au 31 décembre de l'année N :

Actif (en K€)		Passif (en K€)	
Capital non appelé Frais d'établissement Immeuble Créances	10 40 5 000 70	Capital Réserves Emprunts	10 10 5 100
	5 120		**5 120**

La valeur vénale départ de la SCI est déterminée comme suit :

Capitaux propres		20
Capital non appelé		– 10
Actifs fictifs (charges activées)		– 40
Plus-values latentes sur immeuble		1 000
• valeur vénale	6 000	
• valeur comptable	– 5 000	
	1 000	
Actif net corrigé au 31/12/N		970
Décote détention SCI	15 %	
Valeur des parts sociales		**825**

On élimine le « capital non appelé », car il s'agit d'une créance sur la société civile de patrimoine. L'objectif est de valoriser l'ensemble du groupe (en consolidation, on élimine les créances et les dettes intragroupe).

Les charges inscrites à l'actif (frais de constitution, etc.) ne constituent pas un véritable actif. On les élimine.

On évalue l'immeuble à sa valeur actuelle, d'où, une plus-value latente. Enfin, on applique une décote aux parts de SCI, car elles ne sont pas liquides.

On a d'abord commencé par évaluer la filiale SCI, car cette estimation a un impact sur l'évaluation de la société-mère SCP.

Le bilan de la société civile de patrimoine, qui joue le rôle de holding, est le suivant :

Actif (en K€)		Passif (en K€)	
Frais d'établissement	0	Capital	20 000
Parts GFA	3 000	Réserves	100
Parts SCI	10	Emprunts	2 000
Portefeuille VM	18 100	Dette de libération	10
Créances	1 000		
	22 110		**22 110**

La valeur vénale du portefeuille de valeurs mobilières est de 19 K€.

La valeur vénale départ de la société civile de patrimoine est déterminée comme suit :

Capitaux propres		20 100
Dette de libération		10
Biens professionnels exclus		– 1 000
• parts de GFA	3 000	
• emprunts	– 2 000	
	1 000	
Plus-values latentes sur portefeuille		900
• valeur vénale	19 000	
• valeur comptable	– 18 100	
	900	
Plus-values latentes sur parts de SCI		815
• valeur vénale	825	
• valeur comptable	– 10	
	815	
Actif net corrigé au 31/12/N		**20 825**
Décote détention SCI	15 %	– 3 124
Valeur des parts sociales		17 701
Décote démenbrement	10 %	– 1 770
Valeur des parts sociales		**15 931**

La « dette de libération » est éliminée, car il s'agit d'une dette intra-groupe. Les biens professionnels sont exclus, car ils sont exonérés d'ISF.

On intègre les plus-values latentes sur le portefeuille de valeurs mobilières et sur les parts de SCI.

On a tout également une des cotes de 15 % sur la valeur des parts de la société, car elles ne sont pas liquides. Enfin, on applique une décote de 10 %, car les parts ne sont pas détenues en pleine propriété.

9. La gestion comptable de la SCI

9.1. La SCI doit-elle tenir une comptabilité ?

La tenue d'une comptabilité commerciale est obligatoire si la SCI a opté pour la TVA ou l'IS, ou si des parts de la SCI sont inscrites au bilan d'une entreprise commerciale. Cependant, dans tous les cas, la comptabilité est nécessaire pour permettre aux associés de connaître leurs droits au sein de la SCI, pour répondre aux contrôles de l'administration fiscale, ou pour permettre l'entrée de nouveaux associés.

Pour mieux apprécier la gestion de la société civile, il convient de mettre en place des **tableaux de bord de gestion** qui prendront appui, pour partie, sur la comptabilité.

La SCI doit-elle tenir une comptabilité ?
La tenue d'une comptabilité de type commercial est obligatoire dans les cas suivants[1]
• SCI assujettie à la TVA • SCI soumise à l'IS • Un des associés est imposé au BIC • Les statuts prévoient l'obligation pour le gérant de tenir une comptabilité

.../...

1. Il existe deux obligations légales de tenue de comptabilité qui ne s'appliquent pas, en principe, aux SCI de gestion : les sociétés civiles faisant publiquement appel à l'épargne ; les sociétés civiles importantes ayant une activité économique (la SCI doit dépasser deux des critères suivants : 50 salariés, 3,1 millions de chiffre d'affaires HT ou 1,55 million de total de bilan).

La tenue d'une comptabilité est nécessaire	
Rapport de gestion des associés	« Les gérants doivent, au moins une fois dans l'année, rendre compte de leur gestion aux associés. Cette reddition de compte doit comporter un rapport écrit d'ensemble sur l'activité de la société au cours de l'année, ou de l'exercice écoulé, comportant l'indication des bénéfices réalisés ou prévisibles et les pertes encourues ou prévues » (C. civ., art. 1856).
Droit de communication des associés	« Les associés ont le droit d'obtenir, au moins une fois par an, communication des livres et des documents sociaux » (C. civ., art. 1855).
Évaluer es droits des associés	La tenue d'une comptabilité en bonne et due forme perme de justifier des droits des divers associés, surtout dans le cas d'une donation anticipée de la nue-propriété des parts sociales aux enfants, ou pour déterminer la valeur des parts à l'occasion d'une cession.
Redressement et liquidation judiciaire	La loi du 25 janvier 1985 relative au redressement et à la liquidation judiciaire sanctionne à titre personnel les associés dirigeants d'une société à l'encontre de laquelle il est relevé l'absence d'une comptabilité (art. 180 et 182 de ladite loi). Ces sanctions s'appliquent également lorsque les dirigeants ne sont pas associés.
Réclamations de l'administration fiscale	L'administration fiscale peut réclamer à tout moment les pièces justificatives des déclarations effectuées. La tenue d'une comptabilité facilite la réponse du gérant à la réclamation.
SCI fictive	L'absence de tenue de comptabilité est l'un des éléments retenus par la jurisprudence pour déclarer la SCI fictive. L'administration pourra mettre en œuvre l'abus de droit.

9.1.1. La tenue d'une comptabilité permet d'évaluer les droits des associés

La tenue d'une comptabilité est nécessaire pour valoriser les comptes courants des associés. La valorisation des comptes courants permet aux associés de remplir leur éventuelle déclaration ISF ou de faire valoir leurs droits dans le cadre d'un projet de cession des parts sociales.

Cas n° 56

Une SCI au capital de 10 000 €, constituée entre deux associés détenant chacun 50 % du capital, a acheté un immeuble de 500 000 €. La comptabilité permettra de déterminer les droits de chaque associé.

…/…

(Suite cas n° 56)

— .../...

- Si le financement a été fait par un emprunt contracté par la SCI, chaque associé a les mêmes droits.
- Si le financement a été réalisé par l'apport en compte courant non encore remboursé d'un seul associé, les droits de chacun des associés ne sont pas identiques.

9.1.2. La tenue d'une comptabilité permet d'éviter certaines taxations

Cas n° 57

Afin de transmettre leur patrimoine à leurs enfants, des parents ont constitué une SCI et donné à leurs enfants la nue-propriété de leurs parts. La SCI fait des bénéfices comptables qui ne sont pas distribués et mis en réserve. Ces bénéfices, au décès des parents, appartiennent donc aux enfants.
À défaut de comptabilité, l'administration fiscale peut estimer que les bénéfices ont été distribués aux parents qui les ont laissés à la disposition de la SCI en compte courant. L'administration peut alors, au décès des parents, taxer dans la succession ces comptes courants.

9.2. Comment tenir la comptabilité d'une SCI ?

Si **la SCI a opté pour l'impôt sur les sociétés**, elle a l'obligation de tenir une **comptabilité** commerciale **d'engagements** basée sur les créances acquises et les dettes certaines (comme un commerçant). Elle doit respecter les dispositions comptables générales du Code du commerce. Elle apportera au résultat comptable des corrections afin de déterminer le résultat fiscalement imposable.

Pour déterminer son résultat comptable, la SCI doit comptabiliser les produits et les charges concernant l'exercice comptable, et non les encaissements et les décaissements. Comme une entreprise commerciale, la SCI tient une comptabilité d'engagements (comptabilisation des créances et des dettes), et non une comptabilité de caisse (comptabilisation des encaissements et des décaissements). Les numéros de compte à utiliser sont donnés dans le tableau de passage page 242.

Chaque écriture doit s'appuyer sur une pièce justificative datée et susceptible d'être présentée à toute demande. À défaut, la comptabilité n'a pas de valeur probante vis-à-vis de l'administration fiscale. Les comptes annuels se composent d'un bilan, d'un compte de résultat et d'une annexe qui complète les informations données par le bilan et le compte de résultat.

Si la SCI relève des **revenus fonciers**, elle doit pouvoir justifier les sommes inscrites dans sa déclaration n° 2072 de revenus fonciers. **Par simplification**, elle peut tenir **une comptabilité de caisse**. Elle comptabilise uniquement les loyers encaissés et les charges décaissées. Cette comptabilité lui permet d'établir facilement sa déclaration de revenus fonciers. La comptabilité peut alors être tenue selon les modalités fixées par le gérant (sur Excel, sur un cahier de caisse...). Il faudra veiller à bien suivre les droits des associés (apports en compte courants...).

Zoom n° 49

SCI et IFRS : pas d'excès de zèle !?

Une SCI aux **revenus fonciers** peut tenir une comptabilité d'engagements dans les règles de l'art... Les loyers facturés et les amortissements de l'immeuble sont comptabilisés. La comptabilité permettra de mieux suivre les impayés et de mieux refléter la valeur économique de l'entreprise. Mais en contrepartie, il faudra retraiter la comptabilité pour l'établissement de la déclaration de revenus fonciers, car les loyers ne sont imposables que quand ils sont encaissés et l'amortissement économique n'est pas déductible. De plus, la constatation comptable d'un amortissement peut être préjudiciable pour la SCI si elle bascule à l'impôt sur les sociétés (IS). En effet, l'amortissement déductible sera alors calculé sur la valeur inscrite au bilan, qui est une valeur nette d'amortissements : on aura perdu la possibilité de déduire pendant la phase IS les amortissements comptabilisés qu'on a pas pu déduire auparavant pendant la phase revenus fonciers !

En revanche, il faut impérativement inscrire les frais d'acquisition (honoraires du notaire et droits d'enregistrement) dans le coût d'acquisition de la construction. En effet, ces frais ne sont pas déductibles en revenus fonciers mais le seront *via* les amortissements, quand on basculera à l'IS.

9.3. Comment déterminer le résultat fiscal à partir du résultat comptable ?

Pour déterminer son résultat imposable, la SCI part de son résultat comptable auquel elle apporte des rectifications afin de tenir compte des règles fiscales. Ces rectifications se font hors de la comptabilité. Le passage du résultat comptable au résultat fiscal s'effectue donc de manière « extra-comptable ». Le tableau de passage du résultat comptable au résultat fiscal page 242 peut être utilisé.

Cas n° 58

Passage du résultat comptable au résultat fiscal – Cas simple

Une SCI donne en location un local professionnel. Les loyers sont de 10 000 € par mois. Le locataire n'a pas payé le dernier trimestre. L'amortissement de l'immeuble s'élèvent à 40 000 €. Les autres charges s'élèvent à 30 000 € dont 5 000 € n'ont pas encore été payés.

- **Hypothèse n° 1 : la SCI relève de l'IR.**
- **Hypothèse n° 2 : la SCI relève de l'IS.**
- **Hypothèse n° 3 : la SCI n'a pas opté pour l'IS, mais 50 % des parts sociales sont inscrites au bilan de l'entreprise commerciale d'un associé.**

Ces hypothèses sont développées respectivement aux paragraphes suivants : 9.3.1., 9.3.2. et 9.3.3.

Détermination du résultat comptable

Produits	**120 000 €**
• Loyers = 10 000 € × 12 mois	120 000 €
Charges	**70 000 €**
• Amortissement	40 000 €
•Autres charges	30 000 €
Résultat comptable	**50 000 €**

9.3.1. La SCI relève de l'IR

Le résultat fiscal est déterminé selon les règles des revenus fonciers :

- il faut prendre en compte uniquement les loyers encaissés et les charges décaissées ;
- l'amortissement n'est pas déductible.

En partant du résultat comptable, il faut apporter des corrections extra-comptables pour respecter les règles fiscales.

Résultat comptable	**50 000 €**
Corrections extra-comptables	
Loyers non encaissés	– 30 000 €
Autres charges non décaissées	5000 €
Amortissement non déductible	40 000 €
Résultat fiscal	**65 000 €**

9.3.2. La SCI relève de l'IS

Le résultat fiscal est le même que le résultat comptable. Il pourrait y avoir des corrections extra-comptables : intérêts de comptes courants d'associés non déductibles qu'il faudrait réintégrer au résultat comptable (ajouter au résultat comptable – voir page 132).

Résultat fiscal	**50 000 €**

9.3.3. La SCI n'a pas opté pour l'IS, mais des parts sociales sont inscrites au bilan de l'entreprise commerciale d'un associé

Le gérant de la SCI doit déterminer deux résultats fiscaux :

- un résultat fiscal selon les règles BIC dont 50 % (hypothèse n° 3) reviennent à l'associé dont les parts sont inscrites au bilan de son entreprise ① ;

- un résultat fiscal selon les revenus fonciers dont 50 % reviennent à l'associé personne physique ②.

① Résultat fiscal pour l'associé dont les parts sociales sont inscrites au bilan de son entreprise : 50 000 € × 50 %	**25 000 €**
② Résultat fiscal pour l'associé dont les parts font partie de son patrimoine privé : 65 000 € × 50 %	**32 500 €**

9.3.4. *Passage du résultat comptable au résultat fiscal*

Cas n° 59

Passage du résultat comptable au résultat fiscal – Cas de synthèse

Reprenons les données du cas n° 53 page 221. Nous avons déterminé le résultat imposable d'une SCI en envisageant deux hypothèses :
- Hypothèse n° 1 : la SCI est soumise à l'IR.
- Hypothèse n° 2 : la SCI est soumise à l'IS.

Quand la SCI est soumise à l'IR, la SCI doit calculer son résultat fiscal en fonction des encaissements et décaissements pour déterminer son revenu foncier.

Quand la SCI est soumise à l'IS, la SCI doit tenir une comptabilité commerciale.

Pour passer du résultat comptable (qui correspond au résultat IS) au revenu foncier (qui correspond au résultat IR), nous allons utiliser le tableau de passage du résultat comptable au résultat fiscal page 242.

Ce tableau de passage est conseillé pour remplir la déclaration fiscale n° 2072.

TABLEAU DE PASSAGE DU RÉSULTAT COMPTABLE (BIC) AUX REVENUS FONCIERS						
Comptabilité BIC[1]			Retraitements		Revenus fonciers[2]	
N° de compte	Intitulé des comptes[3]	Montants au 31/12/N	Augmentation	Diminution	Montants au 31/12/N	N° de ligne déclaration n° 2072
	Comptes de produits					
706	Loyers	60 000			60 000	**1**
487	Loyers perçus d'avance au 31/12/N				0	
487	Loyers perçus d'avance au 31/12/N-1				0	
411	Clients au 31/12/N			10 000	– 10 000	
411	Clients au 31/12/N-1				0	
	Montant brut des loyers	**60 000**	**0**	**10 000**	**50 000**	**1**
7911	Remboursement par les locataires des frais locatifs payés par la SCI					**1**
7912	Remboursement par les locataires des autres frais à leur charge (taxe foncière, assurance…)	1 750			1 750	**3**
708	Produits des activités annexes				0	**4**
740/ 750	Subvention ANAH, indemnités d'assurance	4 000			4 000	**4**
765	Escomptes obtenus				0	**4**
750	Autres produits	2 000			2 000	
	TOTAL des lignes 1 à 4	**67 750**	**0**	**10 000**	**57 750**	**5**

…/…

1. Comptabilité BIC en créances et dettes (produits et charges concernant l'année).
2. Comptabilité de caisse (produits encaissés et charges décaissées durant l'année).
3. Les rubriques sont à compléter en fonction de la nature des produits et des charges comptabilisés par la SCI.

	Comptes de charges					
6141	Charges locatives récupérables auprès des locataires				0	**6**
6140	Charges de copropriété	940	160	940	160	**6**
6161	Assurances	4 500			4 500	**6**
63512	Taxe d'enlèvement des ordures ménagères				0	**6**
6354	Droit de bail récupérable auprès des locataires				0	**6**
	Sous-total ligne 6	**5 440**	**160**	**940**	**4 660**	**6**
650	Indemnités d'éviction, frais relogement…	2 500			2 500	**7**
	Revenu brut (ligne 5 – lignes 6 à 8)	**59 810**	**– 160**	**9 060**	**50 590**	**9**
6165	Assurances perte de loyers				0	**11**
6226	Honoraires gérance extérieure	1 950			1 950	**11**
6226	Autres honoraires				0	**11**
6411	Rémunération des gardes et concierges				0	**11**
645	Charges sociales des gardes et concierges				0	**11**
	Sous-total ligne 11	**1 950**	**0**	**0**	**1 950**	**11**
615	Travaux de réparation, d'amélioration…	9 625			9 625	**12**
2135	Amélioration des locaux affectés à l'habitation[1]					**12**
	Sous-total ligne 12	**9 625**	**0**	**0**	**9 625**	**12**

…/…

615	Dépenses d'entretien					**13**
6161	Primes d'assurance sur immeubles ruraux					**17**
63512	Taxes foncières et autres impositions	5 000			5 000	**17**
	Total des déductions, frais et charges (lignes 6 à 7 et 11 à 17)	**24 515**			**23 735**	**19**
6611	Intérêts des emprunts contractés pour l'acquisition, la construction, la réparation, l'amélioration ou la conservation de l'immeuble					**20**
6615	Intérêts des comptes courants d'associés					**20**
6226	Frais sur emprunts					**20**
6615	Intérêts sur comptes bancaires					**20**
	Sous-total ligne 20					
	Revenu ou déficit (ligne 5 – lignes 19 + 20)	**43 235**			**34 015**	**21**
641	Rémunération du gérant associé					**24**
6811	Dotations aux amortissements	32 000				
	RÉSULTAT	**11 235**			**34 015**	

1. Dépenses d'investissement en comptabilité mais déductibles pour la détermination des revenus fonciers (dépenses d'adaptation de l'immeuble aux conditions actuelles de confort).

9.4. Faut-il amortir l'immeuble de la SCI ?

Imposition de la SCI	En fiscalité	En comptabilité
SCI soumise à l'impôt sur les sociétés[1]	**L'amortissement de l'immeuble est obligatoirement comptabilisé** chaque année en fonction de la durée d'utilisation du bien[2].	
SCI imposée sur le revenu	L'amortissement n'est pas déductible pour la détermination des revenus fonciers.	**L'amortissement de l'immeuble est facultatif**.

Lorsque la SCI est soumise à l'IS, les amortissements sont obligatoirement comptabilisés chaque année en fonction de la durée d'utilisation du bien.

Lorsque la SCI n'est pas soumise à l'IS, le gérant peut s'abstenir de comptabiliser l'amortissement de l'immeuble social. Dans ce cas, le choix de la comptabilisation d'un amortissement :

- n'a **aucune incidence sur l'imposition du revenu** : le revenu foncier n'est pas minoré de l'amortissement de l'immeuble social ;

Zoom n° 50

Comptabilisation des amortissements dans une SCI

Lorsque la SCI compte parmi ses associés des personnes physiques commerçantes ou des personnes morales, la comptabilisation des amortissements est obligatoire au niveau de la SCI, même si ces associés détiennent une fraction infime du capital social.

- n'a **aucune incidence sur l'imposition des plus-values** en cas de cession ultérieure de l'immeuble amorti : la plus-value est déterminée selon les règles des plus-values des particuliers qui ne prennent pas en compte l'amortissement de l'immeuble ;

1. Ou SCI assujettie à la TVA, ou l'un des associés est imposé au BIC.
2. La SCI tient une comptabilité commerciale selon les règles du Code du commerce, et détermine son résultat fiscal selon les règles BIC. Les amortissements sont fiscalement déductibles.

- a une **incidence non négligeable sur l'évaluation de la SCI**. Le choix de comptabiliser un amortissement devra donc être pesé en fonction des objectifs poursuivis par les associés de la SCI.

Objectifs poursuivis par la SCI	**Comptabilisation d'un amortissement** *Lorsque la SCI n'est pas soumise à l'IS, le gérant peut s'abstenir de comptabiliser l'amortissement de l'immeuble social*
Transmission patrimoniale	**Il faut comptabiliser les amortissements** car cela permet de minorer l'actif successoral transmis au décès du propriétaire ou de l'usufruitier des parts de la SCI ⇒ **réduction des droits de succession.**
Réalisation d'une plus-value immobilière	**Il ne faut pas comptabiliser d'amortissement**. L'absence d'amortissement pratiqué chaque année sur l'immeuble augmente le bénéfice comptable de la SCI. Ce bénéfice comptable est alors distribué aux associés de la SCI sous forme d'une augmentation du compte courant des associés. (La SCI n'a généralement pas assez de trésorerie pour décaisser le dividende.) En cas de vente des parts sociales, les associés pourront négocier leur compte courant. **Cette cession[1] des comptes courants n'est pas imposable sur le revenu, et n'est pas soumise aux droits d'enregistrement**.

9.5. Les conséquences des modalités d'affectation du résultat de la SCI

L'assemblée générale annuelle de la SCI approuve les comptes de la SCI et statue sur l'affectation des résultats. Lorsque la SCI a réalisé des bénéfices comptables, l'assemblée générale peut décider :

- de les mettre en réserve (ils sont conservés par la SCI) ;
- ou de les distribuer aux associés (ils sont décaissés ou affectés aux comptes courants des associés).

Le **bénéfice distribuable** est défini par les statuts. Les dispositions statutaires s'imposent à l'assemblée des associés qui affectent le résultat.

1. La cession d'un compte courant correspond à une cession de créance et doit être notifiée à la SCI selon les modalités prévues par l'article 1690 du Code civil.

Ainsi, le bénéfice distribuable pourrait être constitué du bénéfice comptable diminué de la somme affectée en réserve (comme dans la SA est la SARL).

Cependant, le bénéfice ne doit pas être mis intégralement en réserve. À défaut, l'usufruitier ne pourrait pas percevoir les revenus fonciers pour une SCI ou les revenus financiers pour une société civile de portefeuille. Les statuts peuvent aussi stipuler une distribution systématique du résultat aux associés.

L'affectation des bénéfices est très importante car elle permet de faciliter les buts poursuivis par la SCI : préparer une succession soumise à des droits minorés, préparer une cession en réduisant les impôts dus à cette occasion…

En général, la répartition du bénéfice est proportionnelle aux parts sociales détenues. Les statuts peuvent cependant prévoir une répartition inégalitaire du bénéfice (art. 1844-1 du Code civil). Un **dividende prioritaire** peut être attribué à l'associé minoritaire ou à l'usufruitier. Ce dividende est alors prélevé sur le bénéfice distribuable avant tout autre affectation. Le dividende peut représenter, par exemple, un certain pourcentage du bénéfice comptable. Le dividende prioritaire peut être cumulatif et sans limitation de durée : si le dividende d'une année n'a pas pu être payé, il le sera sur les exercices suivants. Les statuts peuvent prévoir qu'à l'extinction de l'usufruit, les parts sociales seront privées du droit à dividende prioritaire.

Objectifs de la SCI	Affectation des bénéfices
Transmission patrimoniale	Afin de transmettre leur patrimoine à leurs enfants, des parents ont constitué une SCI et donné à leurs enfants la nue-propriété de leurs parts. **Il faut mettre les bénéfices en réserve afin d'éviter la création de comptes courants en faveur des parents et diminuer ainsi l'imposition de la transmission**. En effet : • **si la SCI affecte les résultats en réserve,** cela permet de transmettre ces résultats aux enfants sans imposition ; • **si la SCI distribue les résultats sous forme d'une augmentation du compte courant** des parents, car la SCI n'a pas assez de trésorerie pour payer cette distribution, les comptes courants seront taxés dans la succession.

…/…

.../...

Un associé exige le paiement des dividendes	Une SCI peut réaliser un bénéfice comptable sans avoir la trésorerie correspondante. **Il faut mettre les bénéfices en réserve**. Si la SCI distribue son bénéfice, elle ne pourra pas payer les dividendes dus. L'associé peut réclamer en justice le paiement de ses dividendes. Cette réclamation judiciaire peut conduire la SCI à déposer son bilan.
Minoration de la plus-value de cession des parts sociales	Afin de **diminuer la plus-value en cas de cession ultérieure des parts sociales**, le montage suivant peut être adopté : 1. La SCI distribue ses résultats sous forme d'une augmentation du compte courant, car la SCI n'a pas assez de trésorerie pour payer cette distribution. 2. Les associés procèdent à une augmentation de capital par incorporation des comptes courants. 3. La plus-value en cas de cession des parts sociales est ainsi diminuée (la plus-value est la différence entre le prix de cession et le prix d'acquisition des parts sociales). **À savoir** : une augmentation de capital réalisée par incorporation de réserves ne permet pas de réduire la plus-value.
Impôt sur la fortune (ISF)	Si la SCI détient des biens professionnels utilisés pour les besoins de l'activité de l'associé, la valeur des parts de la SCI est exonérée d'ISF[1]. En revanche, les comptes courants ne sont jamais exonérés d'ISF. • Si la SCI distribue les résultats sous forme d'une augmentation de compte courant des associés, la base d'imposition à l'ISF sera augmentée. • Si la SCI affecte les résultats en réserve ou à la libération du capital (capital élevé non libéré), la valeur des parts sera plus importante mais restera exonérée d'ISF.

Cas n° 60

Une SCI peut réaliser un bénéfice comptable sans avoir la trésorerie correspondante

Une SCI au capital de 100 000 € est constituée par deux personnes physiques afin de financer l'acquisition d'un appartement de 500 000 €. La SCI emprunte 450 000 € au taux de 6,8 % sur 15 ans.

.../...

1. La valeur des parts de la SCI est exonérée d'ISF en tant que biens professionnels dans la mesure où l'associé qui a la qualité d'exploitant (il exerce sa profession à titre individuel) ou d'associé (il exerce sa profession dans le cadre d'une société) réunit les conditions pour bénéficier de l'exonération attachée à l'outil de travail.

(Suite cas n° 60)

— .../...

L'emprunt est remboursable par mensualités constantes de 4 000 €. Le loyer mensuel est de 4 000 €. Les 100 000 € de capital entièrement libéré servent au financement des frais d'acquisition (10 % de droits d'enregistrement, de frais de notaire...), et à l'apport minimal de 10 % exigé par le banquier. La SCI ne comptabilise pas d'amortissement.

La situation est la suivante :

	Trésorerie	**Résultat**
Constitution de la SCI et acquisition de l'appartement		
Apports des associés	100 000 €	
Emprunt	450 000 €	
Acquisition de l'appartement	– 500 000 €	
Frais d'acquisition	– 50 000 €	
Solde	**0 €**	
	Trésorerie	**Résultat**
Un an après la constitution		
Loyers encaissés	48 000 €	48 000 €
Remboursement de l'emprunt	– 48 000 €	– 30 150 €
• dont capital remboursé	17 850 €	
• dont intérêts versés à la banque	30 150 €	30 150 €
Solde	**0 €**	**17 850 €**

Au bout d'un an de fonctionnement, la SCI a réalisé un bénéfice comptable de 17 850 €, alors que sa situation de trésorerie est nulle. Si la SCI décide de distribuer 17 850 € de dividende, elle ne pourra pas les payer. Elle pourra comptabiliser cette distribution en compte courant.

4

LA SORTIE DE LA SCI

1. La vente des parts de la SCI

Un associé d'une SCI peut céder ses parts sociales. Cette cession entraîne un changement d'associé : l'acquéreur des parts sociales devient le nouvel associé de la SCI. Ce changement d'associé est soumis à une réglementation détaillée en raison du caractère fermé de la SCI.

1.1. La marche à suivre pour céder les parts sociales

La procédure de la cession des parts sociales est déterminée par la loi et les statuts. Elle se déroule en cinq étapes.

1.1.1. Évaluer les parts sociales

Le cédant (celui qui vend les parts de la SCI) et le cessionnaire (celui qui achète les parts de la SCI) fixent librement la valeur des parts sociales.

Ils peuvent retenir comme base de négociation :

- la valeur mathématique des parts qui correspond à l'actif net de la SCI majoré des plus-values latentes sur l'immeuble ;
- pondérée par un coefficient dépendant du pourcentage de capital cédé. La décote peut varier de 5 à 20 % selon la situation : plus la participation cédée sera minoritaire, plus la décote sera importante.

Cas n° 61

Détermination de la valeur mathématique des parts d'une SCI

Un associé souhaite vendre ses parts sociales d'une SCI soumise à l'impôt sur le revenu. Il détient 20 % du capital de la SCI (parts sociales d'une valeur nominale de 100 €). La SCI a une créance sur un locataire qui ne sera certainement pas réglée. La valeur de l'immeuble à usage professionnel détenu par la SCI est estimée par un expert à 700 000 €. Compte tenu du pourcentage de participation de l'associé, une décote de 15 % doit être appliquée à la valeur mathématique des parts pour déterminer la valeur vénale réelle des droits sociaux. Vous trouverez ci-dessous le dernier bilan de la SCI.

Actif		Passif	
Immeuble	500 000 €	Capital (100 parts)	10 000 €
Amortissement	– 130 000 €	Réserves	140 000 €
Arriéré de loyers	20 000 €	**Capitaux propres**	**150 000 €**
Banque	10 000 €		
		Emprunt	250 000 €
	400 000 €		**400 000 €**

Valeur vénale réelle des parts sociales cédées (en euros)

Actif net comptable (= capitaux propres de la SCI)		150 000 €
Plus-value latente sur l'immeuble		330 000 €
• estimation de l'expert	700 000 €	
• valeur au bilan	370 000 €	
	330 000 €	

Créance irrécouvrable	– 20 000 €
Actif net comptable corrigé	460 000 €
Nombre de parts sociales	100
Valeur mathématique d'une part	**4 600 €**
Valeur mathématique des 20 parts du cédant	**92 000 €**
Décote de 15 %	– 13 800 €
Valeur vénale réelle des parts sociales cédées	**78 200 €**

***N.B.* :**

- La valeur nominale des parts (100 €) ne correspond plus à la réalité financière (4 600 €) car la SCI a réalisé des bénéfices qu'elle a affectés en réserve.
- La comptabilité est très importante pour la détermination du prix de cession.

1.1.2. Établir un acte de cession

La cession de parts sociales doit être constatée par un écrit (C. civ., art. 1865) qui peut être un acte sous seing privé soumis au droit de timbre (C. civ., art. 1861, al. 4 impose l'acte notarié lors de la cession de parts sociales entre époux déjà associés dans la SCI).

1.1.3. Obtenir l'agrément du cessionnaire

Une SCI est une société créée entre un nombre limité d'associés qui se connaissent bien, qui se font confiance. La cession de parts sociales à des tiers (ou leur transmission à un héritier suite au décès d'un associé) pourrait introduire dans la SCI un tiers dont les associés ne veulent pas nécessairement. Il est donc logique que les associés donnent leur avis sur **l'agrément du cessionnaire**.

Les parts sociales ne peuvent être cédées qu'avec l'agrément de tous les associés (C. civ., art. 1861, al. 1) cependant :

- les cessions de parts sociales en faveur d'un associé[1], ou du conjoint d'un associé sont soumises à agrément sauf clause contraire des statuts ;
- les cessions en faveur des ascendants ou descendants du cédant ne sont pas soumises à agrément sauf clause contraire des statuts ;
- les cessions en faveur de toute autre personne sont obligatoirement soumises à l'agrément ;
- l'agrément doit être donné par l'unanimité des associés, mais les statuts peuvent fixer une majorité différente[2] ;
- l'agrément peut être donné par le ou les gérants[3], si le pacte statutaire le prévoit.

1.1.3.1. Quelles options faut-il prendre au moment de la rédaction des statuts de la SCI ?

Au moment de la rédaction des statuts, rédigez avec le plus grand soin les clauses concernant les cessions ou les transmissions de parts selon que vous souhaitez que la SCI soit ouverte ou fermée	
Cessionnaire	**Les options à prendre**
Cessions à des tiers	Les cessions en faveur d'un tiers sont obligatoirement soumises à l'agrément. Aucune option ne peut être prise car toute clause contraire serait réputée non écrite.
Cessions entre associés, entre conjoints, entre ascendants et descendants	Vous pouvez limiter la liberté de cession de parts entre associés. Vous ne pouvez pas rendre les cessions de parts entre associés plus difficiles que celles consenties à des tiers.

…/…

1. Le conjoint d'un associé qui a libéré ses parts au moyen de biens communs peut se voir reconnaître la qualité d'associé : si vous n'imposez pas dans les statuts l'agrément du conjoint, il peut, à tout moment, devenir associé, il lui suffit de notifier à la société son intention d'être personnellement associé pour la moitié des parts ainsi souscrites ou acquises.
2. Le cédant participe au vote, mais il ne peut voter contre, en raison de l'obligation de garantie qu'il a envers le cessionnaire.
3. Certaines cessions peuvent être soumises à l'agrément des associés, et d'autres cessions à celui du gérant.

.../...

Transmissions par décès	Vous pouvez limiter la libre transmissibilité des parts sociales en stipulant dans les statuts que la société continuera : • entre les seuls associés survivants : les héritiers sont alors seulement créanciers de la société et n'ont droit qu'à la valeur des parts sociales de l'associé décédé (ils n'ont jamais la qualité d'associé) ; • entre les associés survivants et les héritiers qui auront été agréés par la société ; • entre les associés survivants et une personne désignée dans les statuts (le conjoint survivant, un ou plusieurs des héritiers...). Bien sûr, vous ne pouvez pas imposer des conditions plus difficiles que celles qui sont applicables aux cessions consenties à des tiers.

1.1.3.2. Déroulement de la procédure d'agrément

Étapes	Modalités
Demande d'agrément	**Notification du projet de cession** • Le projet de cession doit être notifié à la SCI, ainsi qu'à chacun des associés, par lettre recommandée avec demande d'avis de réception (par acte d'huissier éventuellement). • Le projet de cession est notifié uniquement à la société lorsque les statuts prévoient que l'agrément est accordé par le gérant.
À la réception de la demande d'agrément	**Décision des associés** À la réception de la demande d'agrément, les associés ou le gérant doivent prendre position : • **Si la décision appartient à tous les associés**, leur position doit s'exprimer dans la forme des décisions collectives. Les statuts peuvent également prévoir une autre majorité (art. 1861-1 du Code civil). Le gérant doit convoquer l'assemblée des associés pour qu'elle délibère sur le projet de cession de parts sociales ou, si les statuts le permettent, consulter les associés par écrit sur le projet de cession. • **Si le gérant est habilité à prendre seul la décision**, il doit néanmoins, préalablement au refus d'agrément, par lettre recommandée, aviser les associés de la cession projetée et leur rappeler les dispositions des articles 1862 et 1863 du Code civil et, s'il y a lieu, les dispositions statutaires aménageant et complétant ces articles. Cette notification du gérant est destinée à permettre aux associés de faire une éventuelle offre d'achat. Le refus d'agrément doit être notifié au cédant par lettre recommandée avec accusé de réception.

.../...

Refus d'agrément	
Dans les 6 mois de la demande d'agrément	En cas de refus d'agrément, dans un délai de 6 mois à compter de la demande d'agrément : • Les associés sont tenus d'acquérir ou de faire acquérir les parts à un prix déterminé[1]. • Les associés peuvent aussi décider, avec le consentement de l'associé cédant, de réduire le capital de la SCI du montant de la valeur nominale des parts de cet associé et de racheter ces parts au prix déterminé (voir page 233 sur le retrait de l'associé). Dans tous les cas, le nom du ou des acquéreurs proposés, associés ou tiers, ou l'offre de rachat par la société, ainsi que le prix offert sont notifiés au cédant par lettre recommandée avec accusé de réception (C. civ., art. 1862 et 49 du décret n° 78-704). Si aucune solution (acquisition ou rachat des parts) n'est intervenue à l'expiration du délai de 6 mois, l'associé peut réaliser la cession.
Absence de décision	
Dans les 6 mois de la demande d'agrément	Si la société n'a pas fait connaître sa décision dans le délai de 6 mois à compter de la dernière des notifications faites par le cédant à la société et aux associés, la société est réputée donner son accord.

1.1.4. Informer la SCI de la cession

Pour être opposable à la SCI, la cession doit être constatée par le dépôt d'un original de l'acte de cession au siège social, contre remise par le gérant d'une attestation de ce dépôt (l'acte peut être signifié par exploit d'huissier ou accepté dans un acte authentique).

1. En cas de contestation pour la détermination du prix, le prix est fixé par un expert désigné par les parties, ou à défaut d'accord entre elles, par ordonnance du président du tribunal statuant en la forme des référés et sans recours possible. Aucun délai pour la fixation définitive du prix n'est imposé. La cession peut donc intervenir bien après le délai de 6 mois si les parties ne s'entendent pas sur le prix.
Lorsque plusieurs associés expriment leur volonté d'acquérir, ils sont réputés acquéreurs à proportion du nombre de parts qu'ils détenaient antérieurement. Les statuts peuvent prévoir un mode de répartition différent entre les associés des parts à acquérir. Il semble nécessaire, dans tous les cas, que les associés acquéreurs établissent entre eux un protocole pour fixer les conditions du rachat.

Les statuts peuvent prévoir que la cession sera rendue opposable à la société par transfert sur les registres de la société.

1.1.5. Informer les tiers de la cession

L'accomplissement des formalités de publicité rend la cession opposable aux tiers.

- enregistrement de l'acte dans le mois de sa date d'émission ;
- dépôt de deux originaux de l'acte de cession en annexe au registre du commerce et des sociétés si l'acte de cession est sous seing privé (deux expéditions de l'acte constatant la cession, s'il a été établi dans la forme authentique).

1.2. Les conséquences juridiques de la cession des parts sociales

La cession des parts de la SCI entraîne le transfert de la propriété de ces parts dans le patrimoine du **cessionnaire, qui devient associé de la SCI** :

- le cessionnaire ne devient associé qu'au jour de l'agrément de la cession par la société ;
- le cessionnaire bénéficie de tous les droits attachés à sa qualité d'associé et doit répondre aux obligations découlant de son statut d'associé (participation à la vie de la SCI, aux gains ou pertes financières de la SCI...).

Les conséquences de la cession des parts sociales	
Sur les réserves de la SCI	**Le cédant n'a plus aucun droit sur les réserves de la SCI.** Le prix de vente de ses parts sociales inclut sa quote-part de réserves puisque la détermination de la valeur des parts sociales prend en considération le montant des réserves de la SCI.
Sur les dividendes distribués par la SCI	**Qui a droit aux dividendes de l'exercice au cours duquel la cession intervient ?** • les dividendes appartiennent en totalité à celui qui a la qualité d'associé au jour de la distribution (le cessionnaire s'il est agréé) ;

.../...

…/…

	• les bénéfices dont la distribution résulte d'une clause statutaire ou d'une décision effective prise en assemblée avant la cession sont réputés s'acquérir au jour le jour (les dividendes s'analysent comme des fruits civils). Le cessionnaire devra alors rembourser *prorata temporis* au cédant les dividendes perçus. **À savoir** : l'acte de cession doit définir le mode de répartition des bénéfices – les parties peuvent prévoir dans l'acte de cession le remboursement *prorata temporis* des dividendes perçus par le cessionnaire.
Sur les dettes de la SCI existant au jour de la cession	**« À l'égard des tiers, les associés répondent indéfiniment des dettes sociales à proportion de leur part dans le capital social à la date de l'exigibilité** » (C. civ., art. 1857). • Dettes exigibles **avant** la cession : le **cédant** en reste indéfiniment **responsable**, à proportion des parts cédées ; • Dettes exigibles **après** la cession : le **cessionnaire** en est **responsable** (peu importe la date à laquelle la dette est née) ; • **Dettes contractuelles** : l'associé, au jour de la signature du contrat, en est responsable (ce principe, impératif vis-à-vis des tiers, peut être modifié conventionnellement entre les parties).
Sur le passif inconnu de la SCI au jour de la cession	**Le cessionnaire est responsable du passif inconnu au jour de la cession et qui a une origine antérieure.** • Le cessionnaire doit chercher à se protéger d'un passif inconnu au jour de la cession, par une **convention de « garantie du passif** ». Dans cette convention, le cédant s'engage à prendre à sa charge, au prorata des droits transmis, tout passif qui ne figurerait pas sur la situation comptable arrêtée au jour de la cession et qui aurait une origine antérieure à cette date (la clause de garantie de passif est très peu utilisée dans les SCI dont le patrimoine est composé essentiellement de biens immobiliers). • La clause de garantie de passif peut être complétée par une **garantie bancaire**, ou réelle, destinée à couvrir le risque d'insolvabilité ultérieure du cédant.

1.3. Les conséquences fiscales de la cession des parts sociales

Le cédant réalise une plus-value qui est imposée, et le cessionnaire doit payer des droits d'enregistrement sur l'acquisition des parts sociales.

1.3.1. Les droits d'enregistrement sur l'acquisition des parts sociales

La personne qui acquiert les parts sociales d'une SCI doit payer un **droit d'enregistrement au taux de 5 % sur le prix d'acquisition des parts sociales**, quel que soit le régime d'imposition de la SCI (impôt sur le revenu ou impôt sur les sociétés) :

- l'acte de cession des parts sociales doit être enregistré dans le mois de la signature à la recette des impôts du domicile de l'une des parties (ou de celui du notaire lorsque l'acte est authentique) ;
- l'enregistrement de l'acte donne lieu à la perception d'un droit de 5 % sur le montant exprimé dans l'acte, augmenté des charges s'y ajoutant éventuellement, **ou sur la valeur réelle des titres cédés si elle est supérieure**.

Zoom n° 51

SA, SAS, SARL ou SCI pour faire une économie de droits d'enregistrement lors de la cession des titres d'une société à prépondérance immobilière ?

Quelle que soit sa forme juridique (SA, SAS, SARL ou SCI), une société dont plus de la moitié de l'actif se compose d'immeubles donnés en location est une **société à prépondérance immobilière**. La cession de titres de société à prépondérance immobilière est toujours soumise aux droits d'enregistrement de 5 %. Ainsi, la cession d'actions d'une SA ou d'une SAS ne sera pas imposée au taux de 1,1 % plafonné à 4 000 € par transaction, mais à 5 %. La neutralité fiscale est parfaite. De plus, l'abattement de 23 000 € sur le prix de cession des parts de SARL ne s'applique pas.

Cas n° 62

La cession des parts d'une SCI est plus simple et plus économique que la cession d'un immeuble

Une SCI soumise à l'impôt sur le revenu détient un immeuble à usage professionnel estimé par un expert à 700 000 €. Vous trouverez ci-dessous le dernier bilan de la SCI. M. Kessel souhaite acquérir l'immeuble.

- **Hypothèse n° 1 : M. Kessel achète l'immeuble à la SCI.**
- **Hypothèse n° 2 : M. Kessel achète les parts sociales de la SCI aux associés.**

Actif		Passif	
Immeuble	500 000 €	Capital (100 parts)	10 000 €
Amortissement	– 130 000 €	Réserves	120 000 €
Banque	10 000 €	**Capitaux propres**	**130 000 €**
		Emprunt	250 000 €
	380 000 €		**380 000 €**

Valeur vénale réelle des parts sociales cédées

Actif net comptable (= capitaux propres de la SCI)		130 000 €
Plus-value latente sur l'immeuble		330 000 €
• estimation de l'expert	700 000 €	
• valeur au bilan	370 000 €	
	330 000 €	
Prix d'acquisition des parts sociales		**460 000 €**

Droits de mutation à payer par l'acquéreur

	Base	**Taux**	**Montant**
• vente de l'immeuble	700 000 €	5 %	35 000 €
• vente des parts sociales	460 000 €	5 %	23 000 €
• **Économie**	240 000 €	**0 %**	**12 000 €**

Hypothèse n° 1 : M. Kessel achète l'immeuble à la SCI

L'acte de cession est obligatoirement un acte notarié qui fait l'objet d'une publicité à la conservation des hypothèques.

La taxe de publicité foncière à payer s'élève à 35 000 €.

Hypothèse n° 2 : M. Kessel achète les parts sociales de la SCI aux associés

L'acte de cession peut être un acte sous seing privé et ne fait pas l'objet d'une publicité à la conservation des hypothèques.

La taxe de publicité foncière à payer s'élève à 23 000 €.

En conclusion :

La constitution d'une SCI permet à l'acquéreur de réaliser une économie de 12 000 € de droits d'enregistrement. Il sera donc plus facile pour le vendeur de négocier un prix de vente plus élevé.

La cession des comptes courants est enregistrée au droit fixe de 230 € car elle est assimilée à une cession de créance.

La constitution d'une SCI avec un capital faible pour acquérir un immeuble financé par des comptes courants permet de transmettre les parts sociales de la SCI avec une fiscalité pour le cessionnaire très faible (5 % sur le montant de ce capital et 230 € sur le compte courant).

Cas n° 63

La cession des parts sociales d'une SCI avec un capital faible et un compte courant élevé permet de réduire les droits de mutation

Une SCI au capital faible possède un immeuble financé par des comptes courants d'associés. Les associés cèdent leurs parts sociales et leurs comptes courants. Le bilan de la SCI vous est communiqué ci-dessous.

Actif		Passif	
Immeuble	500 000 €	Capital (100 parts)	10 000 €
Amortissement	– 130 000 €	Réserves	20 000 €
		Capitaux propres	**30 000 €**
		Comptes courants	340 000 €
	370 000 €		**370 000 €**

Valeur des parts sociales cédées	30 000 €
Montant du compte courant cédé	340 000 €

Droits de mutation à payer par l'acquéreur

	Base	Taux	Montant
• cession des parts sociales	300 000 €	5 %	1 500 €
• cession du compte courant	340 000 €	Droit fixe de 230 €	230 €

Attention ! L'administration fiscale peut recourir à l'abus de droit en démontrant que la SCI est fictive car elle n'a été créée que pour ne pas payer les droits de mutation à titre onéreux sur les immeubles sociaux (voir page 58).

1.3.2. L'imposition de la plus-value sur la vente des parts sociales

L'associé qui cède ses parts sociales est imposé sur les plus-values de cession de ses parts sociales. Le régime d'imposition de la plus-value dépend de la qualité de l'associé.

Le régime d'imposition de la plus-value de cession des parts d'une SCI dépend de la qualité de l'associé[1]		
L'associé est...		**La plus-value est imposée selon...**
Un particulier	Un particulier gère son patrimoine privé dans le cadre d'une SCI.	Le régime des plus-values **immobilières** des particuliers (fiscalité des ménages).
Une entreprise	Les parts sociales de la SCI sont inscrites à l'actif d'une entreprise individuelle ou d'une société.	Le régime des plus-values professionnelles (fiscalité des entreprises).

1. Si l'associé est un **marchand de biens**, l'administration fiscale considère que les parts cédées constituent un stock. Les profits réalisés sont imposés comme un simple résultat selon les règles du régime des BIC.

1.3.2.1. L'associé qui cède ses parts sociales est un particulier

1.3.2.1.1. Modalités d'imposition

Lorsque l'associé qui cède ses parts sociales est une personne physique qui gère son patrimoine personnel dans le cadre d'une SCI, la plus-value de cession est imposée selon le régime des **plus-values immobilières** des particuliers. La cession des parts sociales est alors imposée **comme une cession d'immeuble**, avec cependant des règles spécifiques car la cession porte sur des parts sociales et non sur un immeuble.

Si la SCI a opté pour l'IS, la plus-value de cession est imposée à 30 % (IR à 18 % + PS de 12 %) en tant que **plus-value mobilière des particuliers**.

Zoom n° 52

SA, SAS ou SCI pour faire une économie d'imposition des plus-values lors de la cession des titres d'une société à prépondérance immobilière ?

Quelle que soit sa forme juridique (SA, SAS ou SCI) et son régime fiscal (IS ou IR), une société dont plus de la moitié de l'actif est composé d'immeubles donnés en location est une société à prépondérance immobilière. La cession de titres de société à prépondérance immobilière est imposée comme une cession d'immeuble selon le régime des plus-values immobilières, uniquement **si la société est imposée à l'impôt sur le revenu**.
Si la société est soumise à l'impôt sur les sociétés, la plus-value est imposée selon le régime des plus-values mobilières des particuliers. Ce régime s'applique uniquement si les associés sont des personnes physiques.
Si la société n'est pas à prépondérance immobilière (cas très rare), la plus-value de cession des titres de la société est imposée selon le régime des plus-values mobilières des particuliers.

La plus-value est égale à la différence entre le prix de cession des parts sociales et leur prix d'acquisition. Le prix d'acquisition est majoré des frais d'acquisition pour leur montant réel[1].

La plus-value est ensuite minorée d'un abattement de 10 % par année de détention au-delà de la cinquième année. La plus-value est donc

1. Les frais d'acquisition à titre onéreux peuvent être évalués à 7,5 % du prix d'acquisition pour le calcul des plus-values sur cession d'immeubles.

exonérée au bout de 15 ans de détention des parts sociales (5 ans × 0 % + 10 ans × 10 % = 100 %).

La plus-value ainsi obtenue bénéficie d'un abattement de 1 000 € par cession.

La plus-value est imposée sur le revenu au taux de 18 % majoré des prélèvements sociaux de 12 %. Soit une **imposition globale de 30 %**. Mais la CSG de 5,80 % qui est déductible du revenu imposable l'année suivante pour les autres revenus (dividendes, revenus fonciers…) ne l'est pas pour les plus-values immobilières.

La plus-value doit être déclarée sur l'**imprimé n° 2048 M** et l'impôt doit être payé à la recette des impôts du domicile du vendeur. Aucune déclaration n'est à souscrire en l'absence de plus-value imposable.

Si la différence entre le prix de cession des parts sociales et leur prix d'acquisition dégage une **moins-value**, cette moins-value est **définitivement perdue** car elle ne peut pas être imputée sur d'autres plus-values immobilières ou sur le revenu global (elle ne permet donc pas de faire d'économie d'impôt).

1.3.2.1.2. Attention au risque de double taxation !

Si une société civile imposée à l'IR affecte son résultat en réserve, l'augmentation des réserves entraîne une hausse de la valeur des parts sociales de la société civile. En cas de vente, le prix de vente des parts sociales est plus élevé. La plus-value dégagée est alors plus importante, ainsi que son imposition.

En revanche, si cette société civile distribue un dividende à ses associés, ce dividende n'est pas imposé à l'impôt sur le revenu, car le bénéfice de la société civile a déjà été imposé (le dividende distribué s'analyse comme un simple flux de trésorerie pour éviter une double taxation).

Au final, la non-distribution des résultats de la société civile augmente l'actif et génère une plus-value latente qui sera imposée en cas de cession. Il y a donc **double imposition** : le bénéfice de la société civile a été imposé directement au niveau des associés en revenus fonciers, puis ce bénéfice est imposé en tant que plus-value mobilière des particuliers lors de la cession.

Cette double taxation n'existe pas si la société civile opte pour l'IS.

1.3.2.1.3. Cession de parts démembrées

En cas de cession conjointe de titres démembrés par le nu-propriétaire et par l'usufruitier, la plus-value est imposable au nom de chacun des titulaires des droits démembrés.

Zoom n° 53

Cession de parts sociales et d'un compte courant

En cas de cession de parts sociales assortie d'une cession de comptes courants (la SCI a distribué des bénéfices qui ont été crédités aux comptes courants des associés), le prix de cession comprend souvent le montant des comptes courants. Pour le calcul de la plus-value, seule la fraction du prix de vente correspondant aux parts sociales doit être prise en compte.

Cas n° 64

Calcul d'une plus-value sur cession de parts sociales d'une SCI

Deux époux ont constitué en janvier N une SCI avec un capital de 100 000 € pour acquérir en janvier N un immeuble, pour un prix de 500 000 €, financé par un emprunt de 450 000 € – au taux de 6 %, remboursable par annuités constantes sur 15 ans. Les loyers annuels correspondent aux annuités. L'immeuble est amorti sur 30 ans. Les époux veulent vendre l'immeuble pour un prix de 700 000 € en janvier N+7. Vous trouverez ci-dessous le bilan de la SCI au moment de la cession.

- **Hypothèse n° 1 : les époux vendent leurs parts sociales.**
- **Hypothèse n° 2 : les époux vendent l'immeuble social.**

Actif		Passif	
Immeuble	500 000 €	Capital (100 parts)	100 000 €
Amortissement	– 150 000 €	Réserves	20 000 €
Frais d'acquisition	0 €	**Capitaux propres**	**120 000 €**
		Emprunt	230 000 €
	350 000 €		**350 000 €**

Hypothèse n° 1 : vente des parts sociales

Valeur vénale réelle des parts sociales cédées		
Actif net comptable (= capitaux propres de la SCI)		120 000 €
Plus-value latente sur l'immeuble		350 000 €
• estimation de l'expert	700 000 €	
• valeur au bilan	350 000 €	
	350 000 €	
Valeur vénale réelle des parts sociales		**470 000 €**
Prix de cession des parts sociales		470 000 €
Valeur d'acquisition des parts sociales		– 100 000 €
Plus-value		370 000 €
Abattement de 10 % par année au-delà de la cinquième (10 % × 4 ans = 40 %)		– 148 000 €
		222 000 €
Abattement général		– 1 000 €
Plus-value imposable		**221 000 €**
Impôts (16 % + 12 %)		**61 880 €**

Hypothèse n° 2 : vente de l'immeuble social

Prix de cession de l'immeuble social		700 000 €
Valeur d'acquisition de l'immeuble social		– 462 500 €
• prix d'acquisition	500 000 €	
• frais d'acquisition[1]	37 500 €	
	462 500 €	
Plus-value		237 500 €
Abattement de 10 % par année au-delà de la cinquième (10 % × 4 ans = 40 %)		– 95 000 €
		142 500 €
Abattement général		– 1 000 €
Plus-value imposable		**141 500 €**
Impôts (16 % + 12 %)		**– 39 620 €**

Conclusion : la plus-value imposable dans le cas de la vente des parts sociales est plus importante car le capital de la SCI est faible.

1. Ils peuvent être évalués à 7,50 % du prix d'acquisition.

1.3.2.1.4. Incidence de la date d'acquisition des parts sociales sur la plus-value imposable

La date d'acquisition des parts sociales est importante car elle détermine le montant de la plus-value imposable. En effet, le montant de la plus-value est réduit de 10 % par année de détention des parts sociales au-delà de la cinquième.

- Même si les parts sociales n'ont pas été libérées au moment de la constitution de la SCI, la date d'acquisition correspond à la date de souscription des parts et non à la date de libération du capital social. Les parts sociales doivent cependant être libérées au moment de la cession.
- Même si l'immeuble est acquis par la SCI juste avant la cession des parts sociales, la réduction de 10 % par année de détention se calcule par rapport à la date d'acquisition des parts sociales.

Cas n° 65

Incidence de la date d'acquisition des parts sociales sur la plus-value imposable

Deux époux ont constitué une SCI en janvier N-20 pour réaliser un projet immobilier qu'ils ont finalement abandonné. Cependant, ils décident d'acquérir par l'intermédiaire de la SCI un appartement d'une valeur de 900 000 €, en juillet N. Ils revendent en mars N l'ensemble de leurs parts sociales et réalisent, à cette occasion, une plus-value de 200 000 €.

Bien que l'immeuble soit acquis depuis moins d'un an, **la plus-value est exonérée d'imposition** car les parts sociales ont été acquises depuis plus de 15 ans.

1.3.2.1.5. Fixer le capital social au maximum pour réduire les plus-values

La plus-value est égale à la différence entre le prix de cession des parts sociales et leur prix d'acquisition. Pour réduire la plus-value imposable, il faut augmenter le prix d'acquisition des parts sociales :

- **Fixer le capital social initial au maximum** : en fixant le capital social au maximum lors de la constitution de la SCI, les associés augmentent la valeur de souscription des parts sociales, et donc le prix d'acquisition des parts sociales (les associés peuvent fixer le capital à un montant correspondant au prix d'acquisition ou de construction de l'immeuble social). Le prix d'acquisition correspond toujours au prix de souscription, même si la libération du capital est fractionnée sur plusieurs années. Les associés peuvent libérer au départ le capital en fonction des fonds dont ils disposent (la loi ne prévoit aucune obligation en matière de libération du capital dans les SCI). Quand les emprunts sont remboursés, les associés peuvent libérer le capital au fur et à mesure de la réalisation des bénéfices par la SCI grâce à l'encaissement des loyers.

- **Procéder à une augmentation de capital si le capital initial est faible** :
  - **Par incorporation de réserves** : l'augmentation de capital par incorporation de réserves est inefficace et peut même être défavorable à l'associé.
  - **Par un apport complémentaire des associés** : l'administration prend en compte la valeur et la date de cet apport complémentaire pour le calcul de la plus-value.
  - **Par compensation des comptes courants d'associés**.

Zoom n° 54

Augmentation de capital pour réduire les plus-values

Procéder à l'augmentation de capital par augmentation de la valeur nominale des titres, afin de bénéficier de la date d'origine d'acquisition des parts sociales pour l'abattement pour durée de détention.

Zoom n° 55

La tenue d'une comptabilité est importante

La tenue d'une comptabilité est importante pour prouver que les bénéfices comptables de la SCI ont été distribués sous forme de comptes courants, et que l'augmentation de capital résulte d'une incorporation des comptes courants (à défaut, l'administration peut estimer que les bénéfices ont été mis en réserve et incorporés dans le capital social. Cette augmentation de capital serait alors inopérante pour minorer les plus-values).

Augmentation du capital de la SCI réalisée par incorporation de réserves	
Le nominal des parts sociales est augmenté	Il n'est pas tenu compte de cette augmentation pour le calcul de la plus-value (instruction administrative du 7 décembre 1978).
Le nombre de parts sociales est augmenté	Les parts sociales attribuées gratuitement doivent être comptées pour une valeur nulle, et la date d'acquisition à retenir est celle de la distribution. La situation de l'associé cédant ses titres est plus défavorable que s'il n'y avait pas eu d'augmentation de capital.

Cas n° 66

Fixer le capital social au maximum pour réduire les plus-values

Nous reprenons les chiffres du cas n° 64 page 265. La SCI dispose de 20 000 € de réserves correspondant aux bénéfices qu'elle a réalisés (loyers, intérêts, amortissement). Elle décide de distribuer ces réserves à ses associés. Elle est obligée de les inscrire en compte courant car elle n'a pas la trésorerie nécessaire pour les payer (les loyers encaissés correspondent aux annuités décaissées). Les associés décident d'augmenter le capital par incorporation de leurs comptes courants.

Le bilan se présente ainsi :

Actif		Passif	
Immeuble	500 000 €	Capital (100 parts)	120 000 €
Amortissement	– 150 000 €	Réserves	0 €
Frais d'acquisition	0 €	**Capitaux propres**	**120 000 €**
		Emprunt	230 000 €
	350 000 €		**350 000 €**

Calculons la plus-value :

Valeur vénale réelle des parts sociales cédées

Actif net comptable (= capitaux propres de la SCI)		120 000 €
Plus-value latente sur l'immeuble		350 000 €
• estimation de l'expert	700 000 €	
• valeur au bilan	350 000 €	
	350 000 €	
Valeur vénale réelle des parts sociales		**470 000 €**

Prix de cession des parts sociales	470 000 €
Valeur d'acquisition des parts sociales	– 120 000 €
Plus-value	350 000 €
Abattement de 10 % par année au-delà de la cinquième (10 % × 4 ans = 40 %)	– 140 000 €
	210 000 €
Abattement général	– 1 000 €
Plus-value imposable	**209 000 €**

Plus-value imposable

• avec incorporation des comptes courants d'associés	209 000 €
• sans incorporation des comptes courants d'associés	221 000 €
Économie réalisée	**12 000 €**

1.3.2.1.6. SCI et exonérations des plus-values

SCI et exonération des plus-values		
Exonération	**Immeuble détenu directement par un particulier**	**Immeuble détenu par l'intermédiaire d'une SCI**
Résidence principale	Toute plus-value réalisée à l'occasion de la cession d'une résidence principale est **exonérée**[1].	
Durée de détention	Les plus-values sur la cession d'immeubles, de terrains ou de parts de SCI acquis depuis plus de 15 ans sont **exonérées**.	
Cessions inférieures à 15 000 €	Les plus-values sur des **ventes annuelles** d'immeubles et/ou de parts de SCI **inférieures à 15 000 €** par opération sont **exonérées**.	
Retraités non imposés	Les plus-values réalisées par des retraités non assujettis à l'impôt sur le revenu au titre de l'année de la réalisation de la plus-value sont **exonérées**.	

1. La jurisprudence et l'administration fiscale considèrent que la plus-value de cession est exonérée en cas de vente de l'immeuble social par la SCI. En cas de vente des parts de la SCI par l'associé, seule la jurisprudence considère que la plus-value de cession est exonérée.

1.3.2.2. L'associé qui cède ses parts sociales est une entreprise

Si les parts sociales de la SCI sont inscrites à l'actif d'une entreprise individuelle ou d'une société, la cession des parts sociales est imposée selon le régime des plus-values professionnelles.

Le régime des plus-values professionnelles		
	Les parts de la SCI sont inscrites à l'actif de l'entreprise depuis...	
L'entreprise est une...	**Moins de deux ans ⇒ la plus-value est à court terme**	**Plus de deux ans ⇒ la plus-value est à long terme**
Entreprise individuelle ou une société soumise à l'IR (SNC...)	La plus-value est un simple produit ajouté au résultat de l'entreprise qui est imposé sur le revenu au niveau de l'entrepreneur individuel ou de l'associé (pour la quote-part qui lui revient). **Le taux de l'IR peut atteindre 40 %**.	La plus-value est imposée au taux de **30 %**.
Une société soumise à l'IS (SA, SARL...) ET les titres sont comptabilisés en titre de participation	La plus-value est un simple produit ajouté au résultat de l'entreprise qui est soumise à l'impôt sur les sociétés au niveau de la société. **Le taux de l'IS peut atteindre 15 % ou $33^{1/3}$ %**.	La plus-value est exonérée d'imposition. Une quote-part pour frais et charges de 5 % du résultat de cession est imposée. Pour une SCI, la plus-value est imposée à l'IS de droit commun (15 % ou $33^{1/3}$ %), car il s'agit d'une société à prépondérance immobilière.
Une société soumise à l'IS ET les titres ne sont pas comptabilisés en titre de participation	La plus-value est un simple produit ajouté au résultat de l'entreprise qui est soumise à l'impôt sur les sociétés au niveau de la société. **Le taux de l'IS peut atteindre 15 % ou $33^{1/3}$ %**.	

2. La transmission des parts de la SCI

Les parts sociales de la SCI peuvent être transmises à titre gratuit :

- par **succession** : l'associé décède et ses parts sont transmises à ses héritiers ;
- ou par **donation** : l'associé donne ses parts sociales de son vivant.

La transmission de parts sociales est fréquente dans les SCI familiales car leur objectif essentiel est de transmettre un patrimoine.

2.1. Les conséquences juridiques de la transmission des parts sociales

2.1.1. Transmission des parts sociales par succession

Quand l'associé décède, ses parts sociales sont librement transmises à ses héritiers ou à ses légataires. **La transmission par succession n'est** donc **pas soumise à agrément** sauf clause contraire des statuts[1].

Zoom n° 56

L'essentiel sur la transmission des parts de SCI par succession

- Le décès d'un associé ne fait pas disparaître la société.
- Les héritiers peuvent renoncer à la succession.
- L'héritier ou le légataire devient associé de la SCI le jour où il accepte la succession ou le legs.
- S'il existe plusieurs héritiers, les parts sociales leur sont transmises en indivision. Dans ce cas, les héritiers doivent désigner un mandataire commun parmi les associés survivants.
- Lorsque l'héritier est mineur, il devient associé et responsable, à ce titre, des dettes sociales.

1. « La société civile n'est pas dissoute par le décès d'un associé mais continue avec ses héritiers ou légataires, sauf à prévoir dans les statuts qu'ils doivent être agréés par les associés. » (C. civ., art. 1870, al. 1)

Agrément des héritiers et des légataires
Les parts sociales sont librement transmises aux héritiers ou aux légataires. Cependant, afin d'éviter l'arrivée de personnes indésirables (préserver le caractère d'intuitu personae *de la SCI), une clause des statuts peut subordonner l'entrée des héritiers ou des légataires à l'agrément préalable des associés survivants*
La clause d'agrément peut : 1. reprendre les règles fixées pour les cessions de parts ; 2. préciser si l'agrément doit être global pour tous les héritiers ou si seulement certains d'entre eux peuvent être agréés ; 3. définir le sort des parts sociales du défunt jusqu'à l'agrément, notamment vis-à-vis des votes effectués en assemblée (les parts peuvent rester en indivision ou être gelées) ; 4. exclure les héritiers en prévoyant que les parts du défunt seront transmises aux autres associés. Les héritiers deviennent de simples créanciers des associés survivants pour la valeur des parts transmises ; 5. prévoir que les parts du défunt seront transmises à une personne désignée par avance, ou à la personne qui remplira une condition déterminée par avance. Une clause d'agrément peut compléter cette clause afin de permettre un deuxième contrôle par les associés ; 6. laisser le soin aux associés survivants d'opter, au jour du décès, pour l'une des modalités définies ci-dessus.
La personne morale légataire doit être agréée Lorsque le légataire est une personne morale, elle ne deviendra associée que si elle est agréée, sauf clause contraire des statuts. L'agrément des autres associés est donné selon les conditions statutaires ou, à défaut, par l'accord unanime des associés. (C. civ., art. 1870, al. 4.)
Refus d'agrément En cas de refus d'agrément, les héritiers ou les légataires ne deviennent pas associés. Ils n'ont alors droit qu'à la valeur des parts sociales. Cette valeur doit leur être payée par les nouveaux titulaires des parts ou par la société elle-même si celle-ci les a rachetées en vue de leur annulation (C. civ., art. 1870-1). La valeur des parts est déterminée au jour du décès, et en cas de contestation par un expert désigné, soit par les parties, soit, à défaut d'accord entre elles, par ordonnance du président du tribunal statuant en la forme des référés et sans recours possible (C. civ., art. 1843-4).

Zoom n° 57

Responsabilité de l'héritier mineur

La responsabilité de l'héritier mineur est indéfinie pour les dettes nées après son entrée dans la SCI. Cependant, sa responsabilité est limitée à hauteur de l'actif recueilli pour les dettes nées avant son entrée dans la société, s'il a accepté la succession sous bénéfice d'inventaire.

Zoom n° 58

Parts de SCI représentatives de biens démembrés

Si les parts que possédait l'associé décédé étaient représentatives d'un bien dont le droit de propriété était démantelé, la situation est la suivante :

- si seul l'usufruit d'un bien a été apporté à la société, l'héritier nu-propriétaire retrouve la totalité de son droit de propriété et les parts sociales doivent être annulées ;
- si seule la nue-propriété a été apportée, la société devient titulaire de l'usufruit puisqu'elle était nue-propriétaire.

2.1.2. Transmission des parts sociales par donation

La marche à suivre pour la donation de parts sociales est la même que pour la cession de parts. Les donations de parts sociales :

- doivent être constatées par un écrit notarié ;
- sont soumises aux mêmes formalités de publicité que les cessions de parts ;
- sont soumises aux mêmes conditions d'agrément que les cessions de parts (le Code civil ne fait pas expressément référence aux donations en matière de transmission de parts sociales. La jurisprudence assimile la donation aux cessions en ce qui concerne l'agrément).

Zoom n° 59

L'essentiel sur la transmission des parts de SCI par donation

- La donation des parts sociales ne peut intervenir qu'une fois la SCI immatriculée au registre du commerce et des sociétés. En effet, ce n'est qu'à cette date que les associés deviennent titulaires de droits incorporels représentés par les parts sociales mentionnées dans les statuts.
- La donation peut porter sur la pleine propriété des parts, ou sur leur nue-propriété (voir page 279 pour les avantages cette deuxième solution).

2.2. Les conséquences fiscales de la transmission des parts sociales

En cas de transmission à titre gratuit des parts sociales, la plus-value latente sur les parts sociales n'est pas imposée. Cependant, les droits de mutation à titre gratuit seront dus sur la valeur vénale des parts sociales transmises.

2.2.1. La plus-value latente sur les parts sociales transmises à titre gratuit n'est pas imposée

Les plus-values immobilières ne sont imposées qu'en cas de cession à titre onéreux (vente...), ce qui exclut les cessions à titre gratuit. Si un particulier désire effacer une importante plus-value latente sur ses parts sociales, il lui suffit d'en faire donation à l'un de ses enfants. En cas de revente, la nouvelle plus-value acquise par les parts de la SCI est imposable.

Cas n° 67

Effacer une importante plus-value latente sur les parts sociales par une donation

Un particulier possède des parts sociales d'une SCI qu'il a acquis pour 100 000 € à la constitution de la SCI.
Ces parts sociales ont une valeur de 1 000 000 € (l'emprunt est remboursé – la valeur de l'immeuble social a augmenté).

① Comment faire profiter le fils de cet enrichissement ?
② Faut-il sous-évaluer la valeur des parts sociales afin d'économiser des droits de mutation à titre gratuit ?

---

① Le père donne ses parts dans la SCI à son fils. **Cette donation efface définitivement la plus-value de 900 000 € (le compteur est remis à zéro).** Si le fils revend ses parts sociales pour 1 200 000 €, seule la nouvelle plus-value de 200 000 € sera imposée.

② Sous-évaluer la valeur des parts sociales permet d'économiser des droits de mutation à titre gratuit (avec les risques que cela comporte). En contrepartie, cela augmente la plus-value imposable en cas de revente.

2.2.2. Les droits de mutation à titre gratuit

Quand la cession des parts sociales résulte d'une succession ou d'une donation, la transmission est soumise aux droits de mutation à titre gratuit (droits de succession ou de donation).

2.2.2.1. Les droits de succession

Les successions doivent être déclarées à l'administration dans les 6 mois qui suivent le décès (le notaire chargé de liquider la succession accomplit les formalités fiscales).

Tous les biens qui appartenaient au défunt à la date du décès doivent être déclarés à leur valeur vénale à la date du décès (c'est l'actif successoral). Les héritiers doivent donc déclarer :

- la **valeur estimative des parts sociales de la SCI** au jour du décès (CGI, art. 758) ;
- la **valeur comptable du compte courant** du défunt sur la SCI.

Zoom n° 60

Évaluation du compte courant à la date du décès

Le compte courant n'est pas réévalué. Cette règle permet d'éluder les droits lorsque le compte courant est très ancien en raison de l'inflation monétaire.
En cas d'insolvabilité de la SCI, l'administration fiscale accepte de ne pas taxer les comptes courants qui constituent des créances irrécouvrables.

Pour lutter contre la tentation des héritiers de ne pas déclarer tous les biens, la loi établit des présomptions de propriété. Ainsi, sont présumés appartenir au défunt, sauf preuve contraire de la part des héritiers :

- les valeurs mobilières (notamment les parts sociales de SCI) et les créances (notamment les comptes courants d'une SCI), lorsque, dans l'année qui a précédé son décès, le défunt a perçu les revenus correspondants ou a effectué une opération quelconque sur ces biens (CGI, art. 752) ;
- les biens dont le défunt était usufruitier, alors que la nue-propriété appartient à ses successibles (CGI, art. 751).

Pour calculer les droits de succession, il faut appliquer à l'actif imposable, après déduction de certains abattements (voir tableau page suivante), un barème progressif dont les taux et les tranches varient selon le degré de parenté.

Le paiement des droits de succession doit en principe intervenir au moment de la déclaration de succession :

- Si les biens reçus comprennent essentiellement des valeurs non liquides (parts de SCI, immeubles, fonds de commerce...), les héritiers peuvent demander que le paiement soit étalé sur cinq ans, voire dix ans, moyennant le versement d'un intérêt annuel.
- Lorsqu'un héritier reçoit un bien en nue-propriété (notamment des parts de SCI), le paiement des droits est différé jusqu'à la réunion de la nue-propriété et de l'usufruit (généralement au décès de l'usufruitier). Pour la base de calcul des droits, l'héritier peut demander le calcul des droits :
  - sur la seule valeur de la nue-propriété et payer des intérêts annuels jusqu'à la date d'exigibilité des droits ;
  - OU sur la valeur actuelle de la pleine propriété, ce qui entraîne dispense de paiement des intérêts.

2.2.2.1.1. Les abattements pour les successions et les donations

Les successions entre **époux** et partenaires pacsés sont **exonérées de droits de succession**. Les **donations** bénéficient d'un **abattement de 79 222 €**.

*L'actif imposable (actif successoral moins les dettes qui n'étaient pas encore réglées à la date du décès) est minoré de certains abattements qui dépendent de la qualité des héritiers (**CGI, art. 779**)*	
156 359 €	pour chacun des enfants vivants ou représentés, et pour chacun des ascendants.
156 359 €	quand le bénéficiaire est un handicapé physique ou mental. Cet abattement est cumulable : l'abattement sera par exemple de 312 718 € si l'héritier est un descendant handicapé.
1 564 €	si aucun autre abattement n'est prévu.

2.2.2.1.2. *Le tarif des droits de succession et de donation*

*Pour calculer les droits de succession, il faut appliquer à l'actif imposable, après déduction des abattements, un barème progressif dont les taux et les tranches varient selon le degré de parenté (**CGI, art. 777**)*		
Taux	**Entre époux et partenaires pacsés pour les donations (les successions sont exonérées)**	**Entre ascendants et descendants**
	Fraction de l'actif imposable :	**Fraction de l'actif imposable :**
5 %	• n'excédant pas 7 922 €	• n'excédant pas 7 922 €
10 %	• comprise entre 7 922 et 15 636 €	• comprise entre 7 922 et 11 883 €
15 %	• comprise entre 15 636 et 31 272 €	• comprise entre 11 883 et 15 636 €
20 %	• comprise entre 31 272 et 542 043 €	• comprise entre 15 636 et 5242 043 €
30 %	• comprise entre 542 043 et 886 032 €	• comprise entre 5242 043 et 886 032 €
35 %	• comprise entre 886 032 et 1 772 064 €	• comprise entre 886 03 et 1 772 064 €
40 %	• dépassant 1 772 064 €	• dépassant 1 772 064 €
	Entre frères et sœurs	
	Fraction de l'actif imposable :	
35 %	• inférieure à 23 975 €	
45 %	• supérieure à 23 975 €	
55 %	**Entre oncles et neveux et entre cousins germains**	
60 %	**Entre parents au-delà du 4e degré et entre personnes non parentes**	

2.2.2.2. Les droits de donation

Les donations sont taxées, en principe, **dans les mêmes conditions que les successions** : les mêmes abattements et les mêmes taux s'appliquent (voir ci-dessus). Cependant, il n'existe pas de mesure d'étalement des droits ; en revanche, si le donateur prend en charge le paiement des droits, cet avantage n'est pas analysé comme une libéralité supplémentaire soumise à taxation.

De plus, **les donations bénéficient de mesures de faveur**, afin d'inciter les contribuables à organiser de leur vivant la transmission, totale ou partielle, de leur patrimoine :

- les allégement de droits ;
- les donations avec réserve d'usufruit ;
- la remise à zéro tous les six ans du compteur des donations.

2.2.2.2.1. Allégements des droits en cas de donation

Les allègements des droits dus en cas de donation varient selon l'âge du donateur et la nature de la donation (CGI, art. 790).

Âge du donateur	Donation de la nue-propriété	Donation de la pleine propriété et de l'usufruit
Moins de 70 ans	35 %	50 %
Plus de 70 ans et moins de 80 ans	10 %	30 %

2.2.2.2.2. Les donations avec réserve d'usufruit

L'associé d'une SCI peut ne faire donation que de la nue-propriété des parts de la SCI, et conserver l'usufruit jusqu'à la fin de ses jours, afin de bénéficier d'une source régulière de revenus. Dans ce cas, les droits de donation se calculent sur la valeur de la nue-propriété[1] des parts qui est fonction de l'âge du donateur (CGI, art. 669). Au décès du donateur, il y aura reconstitution de la pleine propriété sur la tête du nu-propriétaire, sans paiement d'aucun droit supplémentaire.

1. Pour le calcul des droits sur les actes à titre onéreux (cession, apport en société...), ou pour la détermination du prix de vente, les parties peuvent évaluer l'usufruit et la nue-propriété à partir des tables actuelles de mortalité (les tables utilisées par les compagnies d'assurances).

Valeurs de l'usufruit et de la nue-propriété		
Âge de l'usufruitier	**Valeur de l'usufruit**	**Valeur de la nue-propriété**
Moins de 21 ans	90 %	10 %
Moins de 31 ans	80 %	20 %
Moins de 41 ans	70 %	30 %
Moins de 51 ans	60 %	40 %
Moins de 61 ans	50 %	50 %
Moins de 71 ans	40 %	60 %
Moins de 81 ans	30 %	70 %
Moins de 91 ans	20 %	80 %
Plus de 91 ans	10 %	90 %

2.2.2.2.3. La remise à zéro tous les six ans du compteur des donations

En principe, pour le calcul des droits de succession, les héritiers et les légataires bénéficient d'un abattement dont le montant varie selon le degré de parenté. Cet abattement ne peut jouer qu'une seule fois car l'héritier ou le légataire doit déclarer les donations dont il a bénéficié auparavant. Les nouveaux droits de mutation à titre gratuit sont calculés sur le total cumulé, sous déduction des droits antérieurement payés.

Cependant, l'héritier ou le légataire n'a pas à déclarer les donations dont il a bénéficié auparavant si elles remontent à plus de six ans. En effet, il y a dispense de rappel des donations antérieures régulièrement enregistrées dans ce cas là. Le compteur des donations est remis à zéro tous les six ans. En combinant cette dispense de rappel avec les abattements, **un parent peut donner 50 000 € à chacun de ses enfants tous les six ans sans payer de droits de donation**.

Cas n° 68

Remise à zéro tous les six ans du compteur des donations

Des parents ont constitué une SCI pour gérer et transmettre leur immobilier. Ils sont âgés de 65 ans et veulent transmettre leur patrimoine à leurs deux enfants de leur vivant, sans payer de droits de mutation à titre gratuit. Par simplification, nous retenons un abattement de 150 000 € par enfant.

Que peuvent transmettre les parents à leurs enfants pour leur éviter de payer des droits de donation ?

① Les parents peuvent transmettre en pleine propriété tous les six ans pour 600 000 € de parts de leur SCI, sans payer de droits :

- Chaque enfant a droit à un abattement de 150 000 €, soit 300 000 € au total.
- Chacun des parents peut prendre la qualité de donateur, soit 600 000 €.

② Les parents peuvent transmettre en nue-propriété tous les six ans pour 1 000 000 € de parts de leur SCI, sans payer de droits :

- Chaque enfant a droit à un abattement de 150 000 €, soit 300 000 € au total.
- Chacun des parents peut prendre la qualité de donateur, soit 600 000 €.
- Quand l'usufruitier a moins de 71 ans, la valeur de la nue-propriété est de 60 %, soit 600 000 € / 0,60 = 1 000 000 €.

③ Les parents peuvent faire des donations plus importantes afin de bénéficier des allégements de droits (voir page 279).

④ Les parents peuvent également prendre en charge le paiement des droits de donation. L'administration fiscale ne considère pas cet avantage comme une libéralité supplémentaire soumise à taxation.

3. Le retrait d'un associé de la SCI

Le retrait d'un associé peut être la conséquence de la mésentente au sein de la société civile. Il s'effectue souvent sous la forme d'un partage partiel d'actif avec réduction de capital.

Il y a retrait d'un associé de la SCI **lorsque l'associé quitte la SCI sans être remplacé par une autre personne**. Le retrait d'un associé se traduit par une réduction du capital de la SCI pour le montant nominal des parts de l'associé. (*N.B.* : Lorsque l'agrément n'est pas accordé, la cession de parts sociales peut se transformer en retrait pur et simple si la SCI décide de racheter elle-même les titres du cédant pour les annuler)

3.1. Les modalités du retrait d'un associé

Le retrait d'un associé peut être :

- **volontaire** : l'associé donne sa démission ;
- **ou forcé** : l'associé est exclu par les autres associés.

Les modalités du retrait d'un associé doivent être prévues par une clause statutaire afin d'éviter les éventuels conflits. Les modalités du retrait varient selon que la SCI a un capital variable ou fixe.

Les modalités du retrait d'un associé *Les modalités de retrait d'un associé varient selon que la SCI a un capital variable ou fixe, et selon que le retrait de l'associé est volontaire ou forcé*		
	Retrait volontaire de l'associé	**Retrait forcé de l'associé**
Les motifs	**L'associé donne sa démission** La décision d'un associé de se retirer de la SCI peut être motivée par la mésentente avec les autres associés, le besoin d'argent...	**L'associé est exclu par les autres associés** Les associés peuvent exclure l'associé qui entrave la bonne marche[1] de la SCI afin de débloquer la situation.

.../...

1. L'associé entrave la bonne marche de la SCI s'il ne répond pas aux appels de fonds de la SCI, s'il vote systématiquement contre les projets soumis par la gérance, s'il ne respecte pas le règlement intérieur de la société, s'il dénigre la société, s'il n'exécute pas son obligation d'apport...

…/…

SCI à capital fixe	**Retrait possible selon les modalités prévues par les statuts** • L'associé peut se retirer (C. civ., art. 1869) selon les modalités définies par les statuts[1]. • À défaut de clause statutaire, le retrait ne peut intervenir qu'avec l'accord unanime des associés. • En cas d'impossibilité de retrait, l'associé doit entamer une procédure judiciaire pour être autorisé à quitter la SCI s'il invoque de justes motifs.	**Exclusion possible selon les modalités prévues par les statuts**[2] • À défaut de clause d'exclusion dans les statuts ⇒ l'exclusion d'un associé n'est pas possible[3]. • En présence d'une clause d'exclusion dans les statuts, cette clause d'exclusion est valide. Cependant, les tribunaux se réservent le droit d'en contrôler les modalités[4].
SCI à capital variable[5]	**Liberté de retrait** • La liberté de retrait est d'ordre public. • Les statuts peuvent réglementer la liberté de retrait sans pouvoir l'interdire. • À défaut de clause statutaire, l'associé peut librement se retirer. • Le capital social ne peut descendre en dessous du minimum fixé par les statuts. L'associé qui désire se retirer ne peut pas récupérer ses fonds, si ce retrait implique une réduction de capital en dessous du seuil statutaire.	**Liberté d'exclusion** L'exclusion est prévue par la loi qui impose deux conditions : • la faculté d'exclusion doit être prévue par les statuts ; • la décision ne peut être prise que par l'assemblée générale extraordinaire. De plus, l'exclusion n'est pas possible si le retrait de l'associé exclu entraîne une diminution du capital en dessous du seuil statutaire.

1. Si les statuts ne définissent pas les modalités de retrait, l'associé qui désire se retirer risque de rencontrer des obstacles : obtention de l'unanimité des associés ou action judiciaire.
2. En cas de faillite personnelle de l'associé, l'exclusion est automatique même si les statuts prévoient le contraire : « s'il y a déconfiture, faillite personnelle, liquidation de biens ou règlement judiciaire atteignant l'un des associés, il est procédé au remboursement des droits sociaux de l'intéressé, lequel perdra alors la qualité d'associé » (C. civ., art. 1860).
3. L'exclusion d'un associé n'est pas possible car elle s'oppose à l'un des droits fondamentaux de l'associé que constitue le droit au maintien dans la société.
4. La clause statutaire d'exclusion doit être rédigée avec beaucoup de soin. Elle doit prévoir les motifs de l'exclusion, l'organe social habilité à statuer sur cette exclusion, la procédure à suivre ainsi que les conditions de remboursement des parts sociales.
5. Prévoir un capital variable si la SCI est susceptible d'une modification fréquente de ses associés.

3.2. Les conséquences civiles du retrait d'un associé

Le retrait d'un associé entraîne une réduction de capital de la SCI pour le montant nominal des parts sociales. Sur le plan civil, les conséquences du retrait d'un associé varient selon que la SCI a un capital variable ou fixe. Si la SCI a un capital fixe, la réduction s'analyse comme une cession de parts sociales.

Les conséquences civiles du retrait d'un associé *Les conséquences du retrait d'un associé varient selon que la SCI a un capital variable ou fixe*		
	SCI à capital fixe	**SCI à capital variable**
Formalités de publicité	Mêmes formalités de publicité que pour une cession de parts sociales.	Les formalités de publicité ne sont pas obligatoires.
Réduction du capital de la SCI	Respecter le formalisme pour la modification des statuts (tenue d'une assemblée générale extraordinaire).	Pas de formalité particulière à respecter.
La responsabilité de l'associé des dettes sociales	L'associé est responsable des dettes sociales exigibles avant son départ comme dans le cadre de la cession de parts sociales.	La responsabilité de l'associé est limitée à une période de 5 ans.
Les droits de l'associé	L'associé a droit : • au remboursement de la valeur de ses droits sociaux (C. civ., art. 1869, al. 2). À défaut d'accord amiable, la valeur est fixée par un expert ; • sur sa demande, à la reprise de l'apport en nature qu'il a effectué, sauf clause contraire des statuts. Il peut aussi reprendre d'autres biens sociaux avec l'accord de tous ses coassociés ou d'une clause spéciale.	L'associé a droit : • à la reprise de ses apports sous déduction de sa part dans les dettes ; • à sa part dans les réserves.

3.3. Les conséquences fiscales du retrait d'un associé

Le retrait d'un associé entraîne les mêmes conséquences fiscales qu'une réduction de capital.

3.3.1. Les droits d'enregistrement

L'acte constatant la réduction de capital doit être enregistré dans le mois de sa date d'émission.

3.3.1.1. La SCI est soumise à l'impôt sur le revenu

L'associé qui se retire a droit à un remboursement :

- en espèces correspondant à la valeur de ses droits sociaux ;
- ou en nature par attribution de biens de la SCI qui peuvent être :
  - des acquêts sociaux, c'est-à-dire des biens acquis par la SCI ;
  - ou des biens apportés par l'un des associés.

Réduction de capital par remboursement en espèces :

- Si les parties prennent la précaution de ne rédiger qu'un seul acte constatant à la fois le rachat des droits sociaux et la réduction de capital, l'opération est soumise **au droit de partage de 1 %** car elle est analysée comme un partage partiel.
- Si les parties rédigent deux actes successifs :
  - le rachat des droits sociaux supporte le droit de 5 % ;
  - la réduction de capital est soumise au droit fixe de 230 €.

Réduction de capital par attribution de biens de la SCI :

- Si le bien attribué est un acquêt social, le droit de partage de 1 % est exigible si l'on prend la précaution de ne rédiger qu'un seul acte.
- Si le bien attribué a été apporté par l'un des associés, il convient de faire application de la théorie de la mutation conditionnelle :
  - si le bien est repris par l'apporteur lui-même, aucun droit n'est exigible ;

– si le bien est attribué à un associé autre que l'apporteur, cet associé devra acquitter les droits de mutation correspondant à la nature du bien comme s'il y avait vente du bien (5 %).

3.3.1.2. La SCI est soumise à l'impôt sur les sociétés

- L'opération est soumise **au droit de partage de 1 %** car elle est analysée comme un partage partiel.
- Cependant, pour les immeubles apportés depuis le 1er janvier 1991, la théorie de la mutation conditionnelle s'applique. Le même régime que celui des SCI soumises à l'impôt sur le revenu s'applique (voir ci-dessus).

3.3.2. Les impôts directs

3.3.2.1. La SCI est soumise à l'IS

La réduction de capital et le remboursement des parts annulées s'analysent comme une distribution de bénéfices. Le gain réalisé par l'associé est taxé comme un boni de liquidation, sans ouvrir droit à l'avoir fiscal car la distribution ne profite pas à l'ensemble des associés au prorata de leurs droits (gain = excédent du prix de remboursement sur le prix d'acquisition).

3.3.2.2. La SCI est soumise à l'IR

- **Réduction de capital par remboursement en espèces** ⇒ aucune taxation.
- **Réduction de capital par attribution d'un immeuble de la SCI** ⇒ l'opération s'analyse comme une dissolution partielle et sera taxable au régime des plus-values immobilières comme si la SCI avait cédé l'immeuble. Cette plus-value semble devoir être supportée par l'ensemble des associés[1].

1. Si l'opération est considérée comme une dissolution partielle, tous les associés doivent supporter la charge de la plus-value. Si l'opération est considérée comme une cession de parts, seul le cédant est redevable de l'impôt.

4. Dissolution, liquidation et partage de la SCI

Après la dissolution et la liquidation de la SCI, les associés peuvent se partager l'actif social.

4.1. La dissolution de la SCI

Les associés peuvent décider la dissolution anticipée de la SCI. Les causes de la dissolution (art. 1844-7 du Code civil) peuvent être : l'arrivée du terme, la réalisation ou l'extinction de l'objet, l'annulation du contrat de société, la dissolution anticipée décidée par les associés, la dissolution anticipée prononcée par le tribunal à la demande d'un associé pour juste motif (un associé n'exécute pas ses obligations ; la mésentente entre les associés paralyse le fonctionnement de la société, etc.), l'effet d'un jugement ordonnant la liquidation judiciaire ou la cessation des actifs de la société, ou toute autre cause prévue dans les statuts.

L'acte de dissolution doit :

- être **enregistré** dans le mois de sa date d'émission **à la recette des impôts** du domicile du notaire ou de l'une des parties (s'il est sous seing privé). Cet enregistrement est soumis au droit fixe de 230 € qui n'est pas perçu si les droits de partage sont plus élevés ;
- faire l'objet d'une **insertion dans un journal d'annonces légales** dans le mois de sa date d'émission ;
- être **déposé au greffe du tribunal de commerce** du lieu du siège social en vue de l'inscription modificative au registre du commerce et des sociétés et de la publication de la dissolution au BODACC par le greffier. La dissolution n'entraîne pas la radiation de la SCI, car elle conserve sa personnalité pour les besoins de la liquidation.

4.2. La liquidation de la SCI

Comme la dissolution met fin aux fonctions du gérant, il faut nommer un liquidateur. La nomination et les pouvoirs du liquidateur peuvent être fixés librement par les statuts (une clause des statuts peut prévoir que le gérant deviendra liquidateur). Le liquidateur engage sa responsabilité civile et pénale en cas de faute.

À la fin des opérations de liquidation, le liquidateur établit un bilan de clôture qu'il soumet aux associés en vue de son approbation. La clôture de la liquidation doit être publiée dans un journal d'annonces légales, et être déposée au greffe afin d'opérer la radiation de la SCI du registre du commerce et des sociétés.

Dans la plupart des SCI, les opérations de liquidation sont très simples car le bilan de la SCI se compose d'un immeuble social, d'un compte bancaire, de comptes courants et d'un emprunt bancaire. Si l'emprunt est remboursé, la liquidation se limite à l'établissement d'un inventaire des éléments de l'actif et du passif de la SCI qui constitue le bilan de clôture.

4.3. Le partage de la SCI

La radiation de la SCI entraîne la disparition de sa personnalité morale. Les associés deviennent indivisaires de l'actif social. Ils doivent alors procéder aux opérations de partage dont les effets rétroagissent au jour de la radiation de la SCI.

Les opérations de partage entraînent :

- le remboursement du capital social ;
- puis la répartition du boni de liquidation qui s'effectue en proportion des droits de chaque associé dans les bénéfices sociaux (une clause statutaire peut prévoir une répartition différente dans une optique de transmission.

Certains biens peuvent être attribués à certains associés par une clause des statuts ou par une décision de tous les associés. À défaut, chaque associé a le droit de réclamer la reprise de l'apport qu'il a effectué, si cet apport est présent au jour du partage. À défaut, les associés peuvent éventuellement demander l'attribution préférentielle légale dans les mêmes conditions qu'en matière de partage successoral.

4.4. Les incidences fiscales du partage de la SCI

Les impôts à payer varient en fonction du régime d'imposition de la SCI.

4.4.1. La SCI est soumise à l'impôt sur le revenu

La dissolution de la SCI soumise à l'IR entraîne **l'imposition immédiate des bénéfices et des plus-values non encore taxées au niveau des associés**. La société doit produire une déclaration de résultats dans un délai de soixante jours.

Les associés se partagent le boni de liquidation en proportion de leur participation dans le capital. Un droit de 1 % sur l'actif net partagé entre les associés est exigible.

4.4.2. La SCI est soumise à l'impôt sur les sociétés

Comme dans une SCI soumise à l'IR, la dissolution d'une société civile à l'IS entraîne l'imposition immédiate des bénéfices et des plus-values latentes et rend exigible un droit de 1 % sur le boni de liquidation. Mais ce dernier est considéré comme un revenu distribué imposable au nom des associés au prorata de leurs droits dans la catégorie des revenus de capitaux mobiliers.

4.4.2.1. L'imposition des bénéfices

La SCI soumise à l'IS doit souscrire dans les deux mois de la clôture des opérations de liquidation une déclaration de résultat. La SCI doit acquitter l'impôt au taux de $33^{1/3}$ % sur les résultats d'exploitation et sur les plus-values à court terme[1].

1. Le régime des plus-values à long terme exonérées d'imposition concerne uniquement les cessions de titres de participation (ce qui est rare dans une SCI, car elle gère des immeubles et non un portefeuille de participations). Dans une petite SCI, le taux d'imposition est de 15 % dans la limite d'un bénéfice de 38 120 €.

4.4.2.2. Les droits d'enregistrement

Le même régime que celui du retrait de l'associé est applicable (voir page 236).

- **Si le partage est effectué sans soulte**, il donne lieu au paiement d'un droit de 1 % calculé sur l'actif net partagé. Le passif déductible comprend les dettes (y compris les comptes courants d'associés), ainsi que les frais et les impôts de la liquidation.
- **Si le partage comprend une soulte** (l'associé reçoit des valeurs de la SCI pour une somme excédant sa part), la soulte est taxée comme une vente selon la nature du bien attribué à l'associé. Le montant de la soulte est alors déduit de l'actif net partagé pour le calcul du droit de 1 %.

4.4.2.3. L'imposition des associés

Au moment du partage, les associés :

- reprennent d'abord le montant de leurs apports ⇒ cette reprise n'est pas imposable ;
- perçoivent le boni de liquidation qui est imposé comme un dividende. Si la dissolution dégage un mali de liquidation, les pertes subies par les associés ne constituent pas des charges déductibles de leurs revenus imposables.

Cas n° 69

Dissolution d'une SCI et droits d'enregistrement

M. Piumini et M. Tonnac créent une SCI le 1er janvier N. M. Piumini apporte un immeuble locatif à usage professionnel évalué à 500 000 € et M. Tonnac apporte 500 000 € en espèces afin de financer l'acquisition d'un autre immeuble dans un but spéculatif. L'immeuble spéculatif a été vendu avant les opérations de liquidation. La SCI est dissoute le 1er janvier N+10. L'actif social est évalué à 2 000 000 €, dont 1 000 000 € pour l'immeuble apporté par M. Piumini.
(Pour la résolution de ce cas, reportez-vous page 285 sur les droits d'enregistrement en cas de retrait d'un associé.)

**Hypothèse n° 1 : la SCI est imposée sur le revenu.
Pour le partage de l'actif social, l'immeuble apporté
par M. Piumini est attribué à M. Piumini.**

- À la dissolution, M. Piumini reprend l'immeuble qu'il a apporté ⇒ **aucun droit de mutation n'est exigible**, car M. Piumini est censé n'avoir jamais perdu la propriété du bien apporté (c'est l'application de la « théorie de la mutation conditionnelle »).
- Cependant, comme sur le plan juridique il y a transfert de propriété, l'opération doit être publiée à la conservation des hypothèques avec paiement de la **taxe de publicité foncière au taux de 0,60 %**.
- M. Tonnac reçoit en espèces 1 000 000 €. L'opération est soumise au **droit de partage de 1 %**.

**Hypothèse n° 2 : la SCI est imposée sur le revenu.
Pour le partage de l'actif social, l'immeuble apporté
par M. Piumini est attribué à M. Tonnac.**

- L'immeuble est attribué à un associé autre que l'apporteur.
M. Tonnac devra acquitter les droits de mutation correspondant au taux de 5 % comme s'il y avait vente de l'immeuble. Tout se passe comme si M. Piumini vendait l'immeuble à M. Tonnac.
- Monsieur Piumini reçoit en espèces 1 000 000 €. L'opération est soumise au **droit de partage de 1 %**.

Hypothèse n° 3 : La SCI est soumise à l'impôt sur les sociétés.

- La théorie de la mutation conditionnelle s'applique ⇒ les solutions des hypothèses n°s 1 et 2 sont applicables.

5. Vente de l'immeuble de la SCI et distribution du prix de vente aux associés

La SCI peut vendre l'immeuble qu'elle détient et distribuer ce prix de vente aux associés.

Vente de l'immeuble de la SCI et distribution du prix de vente aux associés *La SCI peut vendre l'immeuble qu'elle détient et distribuer ce prix de vente aux associés*		
La SCI...	**La SCI est soumise à...**	
	l'impôt sur les sociétés (IS)	**l'impôt sur le revenu (IR)**
① réalise une plus-value sur la vente de l'immeuble	La plus-value est soumise à l'IS selon le régime des plus-values professionnelles au niveau de la société, au taux de $33^{1/3}$ %.	La plus-value est soumise, au niveau des associés, à l'IR selon le régime des plus-values immobilières des particuliers.
② puis distribue le prix de vente aux associés	La répartition du prix de vente entre les associés constitue une distribution de dividendes taxés entre les mains des associés dans la catégorie des revenus de capitaux immobiliers. Ces dividendes ouvrent droit à l'abattement de 40 % qui permet d'atténuer la double imposition[1].	La répartition du prix de vente n'est pas imposée au niveau des associés, car elle s'analyse comme une distribution de réserves ou comme un remboursement de comptes courants[2] (c'est le régime de la transparence fiscale : la plus-value a été imposée directement au niveau des associés).

Cas n° 70

M. Murail, associé d'une SCI, est intéressé par l'immeuble que possède la SCI

- **Hypothèse n° 1 :** le patrimoine de la SCI est composé d'immeubles qui ont été apportés par les associés. M. Murail souhaite reprendre l'immeuble qu'il avait apporté.
- **Hypothèse n° 2 :** la SCI vend l'immeuble à M. Murail.
- **Hypothèse n° 3 :** M. Murail rachète les parts de ses coassociés, et se retrouve ainsi seul dans la SCI.

Quelle est la solution la plus avantageuse pour l'associé pour récupérer l'immeuble ?

1. Il y a double imposition car la plus-value est imposée au niveau de la SCI, puis des associés sous forme de dividende ; si l'associé ne paie pas assez d'impôt, l'avoir fiscal lui est remboursé.
2. Pour que la SCI puisse distribuer le prix de vente, il faut que le capital social soit faible. Dans ce cas, l'immeuble social a été financé par des fonds extérieurs qui se sont traduits au passif de la société par des réserves, ou des comptes courants.

Hypothèse n° 1 : la dissolution de la SCI ou la réduction de capital par attribution de biens de la SCI est intéressante, car le coût fiscal est très réduit, à condition d'attribuer à l'associé l'immeuble qu'il avait apporté (voir page 236). M. Murail ne paie, dans ce cas, que les droits de mutation sur la soulte et non sur la valeur globale de l'immeuble.

Hypothèse n° 2 : les associés supportent éventuellement l'imposition sur la plus-value. De plus, M. Murail devra régler la totalité des frais d'acquisition (droits d'enregistrement, frais de notaire). La vente de l'immeuble social n'est donc pas une solution intéressante quand l'acquéreur est lui-même associé.

Hypothèse n° 3 : M. Murail, qui rachète les parts de ses coassociés, se retrouve seul dans la SCI. La réunion de toutes les parts sociales en une seule main n'entraîne pas la dissolution de la SCI. En effet, M. Murail dispose d'un délai d'un an pour régulariser.

Incidence fiscale de la cession des parts sociales à M. Murail :

- Le **droit d'enregistrement de 5 %** est dû sur la valeur des parts cédées.
- Les associés qui cèdent leurs parts sociales sont taxés sur les **plus-values de cessions de titres** (voir page 258).

Incidence fiscale en cas de dissolution de la SCI :

- À défaut de régularisation dans le délai d'un an, tout intéressé peut demander la dissolution judiciaire de la SCI. En cas de dissolution, il n'y a pas d'opération de liquidation ni d'opération de partage (il n'y a qu'un seul associé). Il ne peut donc pas y avoir de droit de partage à défaut de partage. La dissolution sera donc enregistrée **au droit fixe de 230 €**. Cependant, la **taxe de publicité foncière au taux de 0,60 %** est perçue sur l'immeuble.
- Si l'immeuble social a été apporté par une personne autre que l'associé unique, la théorie de la mutation conditionnelle des apports s'applique et les **droits de mutation** sont dus comme s'il s'agissait d'une **vente** classique.
- La plus-value de dissolution concernant l'immeuble social est taxée (ce qui aboutit à une double taxation des plus-values : plus-value au niveau de la cession des parts et plus-value au niveau de la dissolution de la SCI).

5

USUFRUIT TEMPORAIRE ET OPTIMISATION FISCALE DE L'INVESTISSEMENT IMMOBILIER DANS LE CADRE D'UNE SCI

Quand une personne est propriétaire d'un bien, elle dispose de **droits réels** :

- Elle peut en user librement (*usus*) : elle occupe son logement.
- Elle en perçoit les revenus (*fructus*) : elle encaisse les loyers d'un immeuble ou les dividendes d'un portefeuille.
- Elle peut disposer du bien (*abusus*) : donner, vendre, échanger, etc., un immeuble.

Le droit de propriété peut faire l'objet d'un **démembrement** par dissociation de l'usufruit et de la nue-propriété :

- L'usufruitier dispose alors du droit d'usage (*usus*) et des revenus (*fructus*).
- Le nu-propriétaire dispose du bien (*abusus*).

Le démembrement peut être d'**origine** :

- **légale** : le conjoint survivant reçoit toute la succession en usufruit ou le quart en pleine propriété.

- **contractuelle** :
  - l'usufruit ou la nue-propriété peut être vendu(e), apporté(e) en société, etc. ;
  - le donateur donne la nue-propriété d'un bien et conserve l'usufruit ;
  - le donateur donne la nue-propriété à une personne (les petits-enfants) et l'usufruit à une autre (les enfants) ;

Le démembrement de propriété est une **technique de gestion patrimoniale** qui peut être combinée avec la création d'une société civile, pour la détention et la gestion d'immeubles ou d'un portefeuille de valeurs mobilières.

1. La donation temporaire de l'usufruit d'un immeuble ou des parts de SCI par des parents à leurs enfants

La donation temporaire d'usufruit peut intervenir entre deux personnes physiques, ou entre une personne physique et une personne morale.

1.1. Donation temporaire d'usufruit par des parents à leurs enfants

Des parents peuvent donner l'usufruit d'un immeuble ou de parts de SCI à leurs enfants pendant leurs études :

- Les enfants perçoivent des loyers pour financer leurs études. Si les enfants ne sont pas rattachés au foyer fiscal de leurs parents, ces loyers ne sont pas imposables à l'impôt sur le revenu des parents.
- L'immeuble sort de l'assiette de l'ISF pour les parents, car c'est l'usufruitier (les enfants) qui en est redevable.
- Les parents ne se privent que temporairement d'une source de revenus. En effet, à la fin de la donation, les parents recouvrent la pleine propriété du bien en franchise de droits. Ils perçoivent alors les loyers.

Une personne pourrait également faire une donation temporaire d'un immeuble à ses parents s'ils perçoivent une retraite insuffisante. À défaut, une pension alimentaire peut être versée aux parents qui est déductible du revenu imposable des enfants.

La durée de la donation doit être en adéquation avec la cause qu'il l'a motivée : ainsi, pour le financement des études d'un enfant, la durée de la donation peut atteindre dix ans.

Les droits de donation sont faibles. En effet, la valeur de l'usufruit temporaire équivaut à 23 % seulement, de la valeur en pleine propriété pour chaque période de dix ans. De plus, un abattement de 156 359 € s'applique pour les donations à des enfants qui ont lieu tous les six ans.

1.2. Donation temporaire d'usufruit à une association

Une personne physique peut donner l'usufruit d'un bien à une association à but non lucratif. Il en résultera une économie d'impôt sur le revenu et d'impôt sur la fortune qui permettra de compenser, pour partie, la perte de revenus. Ainsi, la donation temporaire d'usufruit permet de mener habilement des projets philanthropiques.

2. Cession temporaire de l'usufruit d'un immeuble ou d'une SCI à la société d'exploitation

La cession temporaire d'usufruit peut porter sur un bien immobilier ou sur des parts sociales de SCI.

2.1. Comment évaluer la valeur de l'usufruit ?

Deux méthodes d'évaluation peuvent être retenues :

- L'évaluation économique consiste à actualiser les flux financiers futurs de l'usufruit.
- L'évaluation fiscale résulte de l'application du barème de l'article 669 du CGI. Ce barème est fonction de l'âge de l'usufruitier.

Pour le calcul des droits d'enregistrement, il faut retenir l'évaluation fiscale de l'usufruit et de la nue-propriété pour les ventes (mutation à titre onéreux) et pour les donations (mutation à titre gratuit).

La valeur de l'usufruit temporaire est valorisé à 23 % par période de dix ans, quel que soit l'âge réel du bénéficiaire. Cependant, la valeur ne peut pas être supérieure à celle qui résulterait de l'application du barème fiscal.

2.2. Intérêt patrimonial et fiscal d'une stratégie de cession temporaire d'usufruit

Un dirigeant de société cède temporairement l'usufruit d'un immeuble à sa société d'exploitation. Si l'immeuble est détenu par une SCI, le dirigeant pourra céder l'usufruit des parts de la SCI à la société d'exploitation.

2.2.1. Conséquences pour le dirigeant de la société

2.2.1.1. Sur le plan patrimonial

La cession temporaire de l'usufruit dégage des liquidités pour le dirigeant et lui permet de transmettre partiellement son immeuble.

En vendant l'usufruit à sa société d'exploitation, le dirigeant diminue son revenu imposable et donc ses impôts, en renonçant à des loyers futurs pour une durée déterminée, mais reçoit en contrepartie un capital qu'il peut placer, investir, etc., dans un contrat d'assurance-vie exonéré d'imposition. Quand le dirigeant recouvre la pleine propriété, il perçoit à nouveau des loyers. De plus, en cas de succession ou de donation, la valeur du bien est limitée à celle de la nue-propriété. Cette réduction de base diminue les droits de succession.

2.2.1.2. Sur le plan fiscal

La cession temporaire d'usufruit permet une économie d'impôt sur le revenu, mais aggrave l'impôt sur la fortune.

La location de l'immeuble à la société d'exploitation dégage des loyers imposés dans la catégorie des revenus fonciers. Les premières années, l'impôt sur le revenu est faible, car les intérêts d'emprunts sont importants. Au fur et à mesure du remboursement de l'emprunt, les intérêts diminuent, le revenu foncier augmente ainsi que l'impôt. En cédant l'usufruit du bien, le dirigeant ne perçoit plus les loyers et ne paie plus d'impôt sur le revenu. De plus, si l'emprunt n'est pas soldé, les intérêts restent imputables sur les autres revenus fonciers du dirigeant.

L'immeuble est un actif professionnel exonéré d'ISF en tant qu'outil de travail. Le transfert de l'usufruit ne permet donc pas d'économie d'ISF. De plus, le produit de la cession de l'usufruit des biens est imposable à l'ISF. Cette technique patrimoniale aggrave donc cet impôt. Cependant, la diminution du revenu foncier entraîne une baisse des revenus imposables du contribuable. L'efficacité du mécanisme du bouclier fiscal se trouve donc améliorée.

Enfin, la plus-value de cession de l'usufruit est exonérée d'imposition si l'immeuble est détenu depuis plus de quinze ans dans le patrimoine du dirigeant.

2.2.2. Conséquences pour la société commerciale

2.2.2.1. Mode de financement et optimisation fiscale

La société d'exploitation achète l'usufruit temporaire.

L'acquisition de l'usufruit temporaire peut être financée par fonds propres. La société prélève sur ses réserves pour payer le dirigeant. À défaut, pour transférer la trésorerie aux dirigeants, elle aurait dû distribuer des dividendes lourdement imposés chez le dirigeant dans la catégorie des revenus de capitaux mobiliers (RCM).

Le financement par emprunt permettra d'imputer des intérêts sur le résultat fiscal de la société et de faire ainsi une économie d'impôt sur les sociétés. L'économie de loyer permet de faire face aux remboursements d'emprunts.

2.2.2.2. Modalités de comptabilisations et conséquences fiscales

L'usufruit est un droit réel immobilier qui doit être comptabilisé en immobilisation incorporelle. Cette analyse est conforme à l'avis du conseil national de la comptabilité et aux règlements sur les actifs (normes IFRS). L'inscription de ce droit réel à l'actif est également admise sur le fiscal (conseil d'État).

Le droit d'usufruit doit être amorti tant sur le plan comptable que fiscal. En effet, cet amortissement est conforme aux règlements sur les actifs ; à défaut, le dirigeant se rendrait coupable du délit de présentation de bilans ne donnant pas une image fidèle de l'entreprise.

Sur le plan fiscal, le juge de l'impôt admet l'amortissement de l'usufruit de titres de participation. Le droit d'un concessionnaire est amortissable. Par assimilation, le droit d'usufruit doit être amorti. L'économie d'impôt qui résulte de l'amortissement sera restituée lors de l'imposition de la plus-value quand l'usufruit s'éteindra.

2.3. Cas pratique : cession temporaire de l'usufruit d'un immeuble à la société exploitante

2.3.1. Présentation du cas pratique

Une société d'exploitation loue l'immeuble commercial détenu par une SCI. La société d'exploitation et la SCI appartiennent à l'associé exploitant. Les loyers sont imposables à la TVA, car la SCI a opté pour cette taxe. Cet immeuble a été acheté neuf. Pour diminuer les revenus fonciers de l'exploitant, la cession temporaire d'usufruit de l'immeuble est envisagée pour une période de quinze ans à la société d'exploitation. L'immeuble est évalué à 1 000 000 €. Cet immeuble dégage un revenu foncier net de charges de 70 000 €. Le taux de rentabilité est donc de 7 % par an. L'immeuble est détenu depuis plus de vingt ans. Le taux marginal d'imposition du dirigeant est de 50 %.

AVANT : Pleine propriété des parts sociales de la SCI

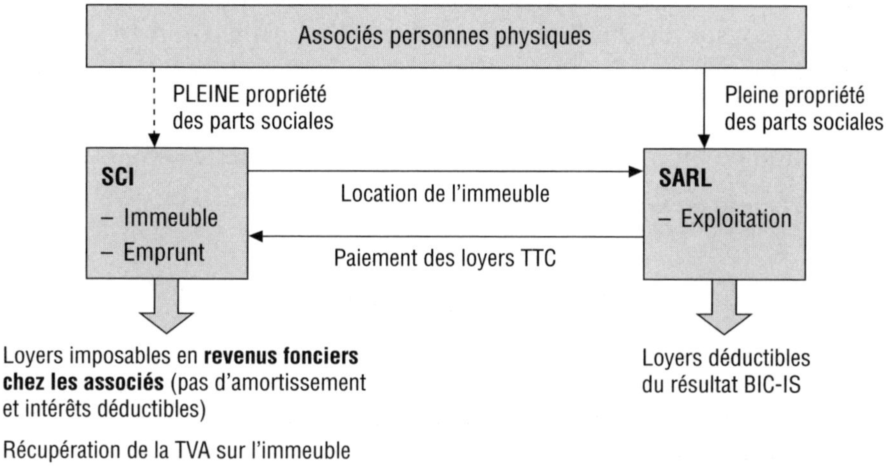

APRÈS : Démenbrement de l'immeuble

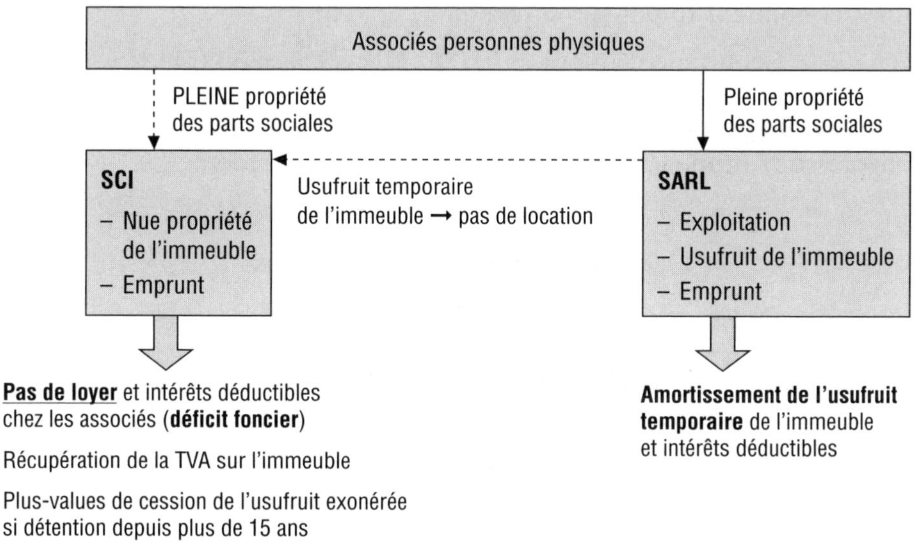

2.3.2. *Évaluation de l'usufruit*

La valeur de l'usufruit peut être déterminée en appliquant le barème fiscal (la valeur de l'usufruit est fixée à 23 % par période de dix ans) :

Évaluation fiscale de l'usufruit = 1 000 000 × 23 % × 2 = 460 000 €

La valeur de l'usufruit peut résulter d'une évaluation économique. On actualise les flux futur de profit (les revenus fonciers de l'immeuble de 70 000 €) sur la durée temporaire de l'usufruit (quinze ans), en retenant comme taux d'actualisation le taux de rentabilité de l'investissement.

Évaluation économique de l'usufruit = valeur actuelle = 690 000 €

(sur Excel : «insertion », « fonction », « finances », « VA »)

2.3.3. Conséquences fiscales pour le dirigeant

Comme cet immeuble se trouve dans le patrimoine du dirigeant depuis plus de quinze ans, la plus-value réalisée lors de la cession d'usufruit est totalement exonérée d'imposition.

Comme le dirigeant ne déclare plus de revenus fonciers, il en résulte une économie d'impôt sur le revenu :

Économie d'impôt = 70 000 € × 50 % = 35 000 €

De plus, il pourra imputer les éventuels intérêts d'emprunt qui courent encore sur l'immeuble, sur ses autres revenus fonciers.

2.3.4. Conséquences fiscales au niveau de la société

2.3.4.1. Droits d'enregistrement

Pour le calcul des droits d'enregistrement, on retient l'évaluation fiscale de l'usufruit :

Droits d'enregistrement = 460 000 € × 5 % = 23 000 €

Les droits d'enregistrement et les honoraires liés à l'acquisition (notaires, expert immobilier...) font partie du coût d'acquisition du droit d'usufruit (méthode préférentielle selon le règlement sur les actifs). Ils sont donc déductibles du résultat imposable de la société *via* les amortissements. L'entreprise a toujours la possibilité de les déduire immédiatement en les comptabilisant en charge.

2.3.4.2. Amortissement déductible

Pour l'inscription du droit réel d'usufruit à l'actif de la société, on retient l'évaluation économique qui servira également de base au calcul des amortissements.

Amortissement déductible = 690 000 €/15 ans = 46 000 €

Économie d'IS = 46 000 € × $33^{1/3}$ % = 15 000 € *(arrondi)*

À la fin de la période de cession d'usufruit, le dirigeant recouvre la pleine propriété de l'immeuble. Il faut donc sortir l'usufruit du bilan de la société. La valeur nette comptable de l'usufruit est nulle, car il est entièrement amorti. Comme l'usufruit n'a aucune valeur du fait de son extinction, aucune plus-value de cession n'est dégagée.

Comme la société ne possède pas suffisamment de trésorerie pour financer l'acquisition de l'usufruit, elle recourt à l'emprunt bancaire. Les intérêts déductibles permettent également une économie d'impôt sur les sociétés.

2.3.4.3. TVA

Comme la société d'exploitation est imposable à la TVA, elle pourra récupérer cette taxe sur les travaux d'entretien ou de grosses réparations sur l'immeuble en usufruit, car il est affecté à son activité imposable.

Comme l'immeuble d'exploitation a été acheté neuf (ou en l'état futur d'achèvement), son acquisition relevée de la TVA immobilière. Celle-ci a été déduite lors de l'acquisition de l'immeuble, car les loyers facturés à la société d'exploitation sont imposables à la TVA. La cession de l'usufruit entraîne le reversement de la TVA initialement déduite en appliquant la règle du vingtième pour la partie correspondant à l'usufruit (exemple : on reverse 15/20e de la TVA initiale si le bien est détenu depuis cinq ans). Comme l'immeuble est détenu depuis plus de vingt ans, aucun reversement de TVA n'est à effectuer.

De toute façon, ce reversement de TVA est neutre. En effet, l'acte authentique mentionne le reversement de TVA qui est à la charge de l'acquéreur (la société de location), qui pourra la déduire.

2.4. Cas pratique : cession temporaire de l'usufruit de parts de SCI à la société d'exploitation

2.4.1. Présentation du cas pratique

AVANT : Pleine propriété des parts sociales de la SCI

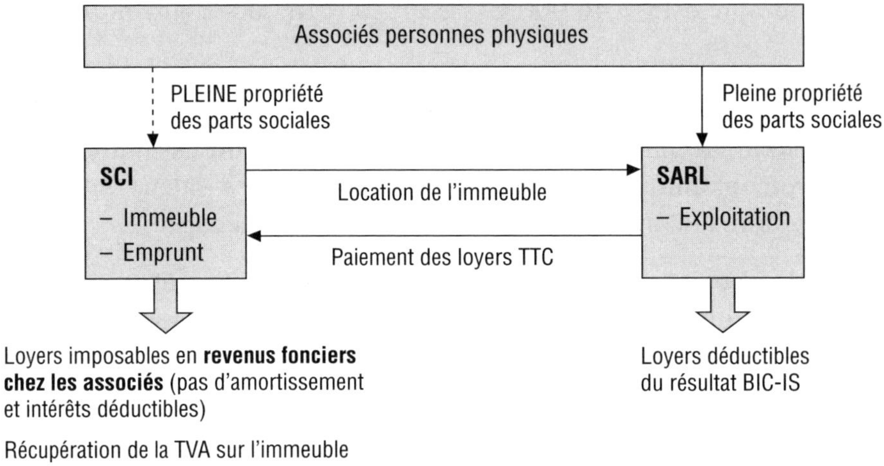

APRÈS : Démenbrement des parts sociales de la SCI

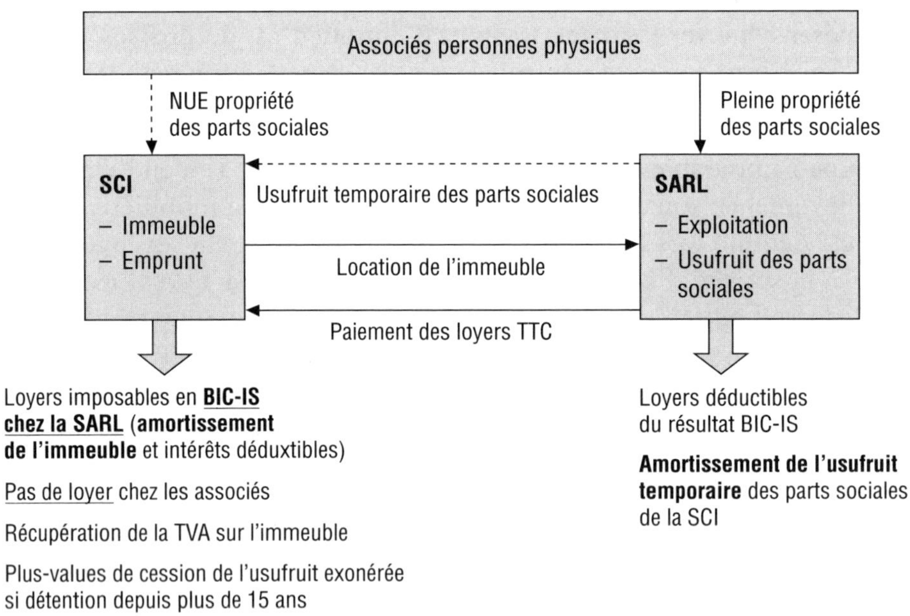

Un fonds de commerce est exploité dans le cadre d'une SARL. L'immeuble d'exploitation est détenu par une SCI, qui le loue à la société d'exploitation dans le cadre d'un bail commercial. La SCI a opté pour la TVA. Le dirigeant cède le droit d'usufruit des parts sociales de la SCI pour une durée de quinze ans. Au terme de ces quinze ans, le dirigeant qui partira à la retraite récupérera la pleine propriété des parts sociales. Il aura ainsi un complément de revenu (les loyers) pour financer sa retraite. Nous reprenons les mêmes données chiffrées que dans le cas précédent.

2.4.2. Évaluation de l'usufruit

L'évaluation fiscale et l'évaluation économique de l'usufruit aboutissent aux mêmes valeurs que dans le cas précédent. Une décote de 20 % pourrait être appliquée, car l'immeuble n'est pas détenu en direct, mais *via* une SCI.

2.4.3. Conséquences fiscales pour le dirigeant

La SCI **est transparente fiscalement**. Les conséquences fiscales sont donc les mêmes que dans le cas précédent. La plus-value de cession de l'usufruit des parts sociales est donc exonérée d'imposition. Le dirigeant ne déclare plus sa quote-part de revenus fonciers dans la SCI.

L'emprunt a été contracté par la SCI. Les intérêts d'emprunt viennent donc diminuer le résultat de la SCI. Comme c'est la société qui détient l'usufruit des parts de la SCI, le résultat est imposé au niveau de la société. Les intérêts d'emprunts ne sont donc plus déductibles des revenus fonciers du dirigeant.

2.4.4. Conséquences fiscales au niveau de la société d'exploitation

2.4.4.1. Droits d'enregistrement

Les conséquences fiscales sont les mêmes que dans le cas précédent. En effet, l'acquisition d'un immeuble ou de parts sociales est imposée au taux de 5 %.

2.4.4.2. Amortissement déductible

Comme précédemment, l'usufruit des parts sociales est également un droit réel inscrit à l'actif pour sa valeur économique. Son amortissement est fiscalement déductible.

2.4.4.3. TVA

La cession de l'usufruit porte sur des parts sociales et non sur l'immeuble. Cette cession ne remet donc pas en cause la TVA initialement déduite sur l'acquisition de l'immeuble. En effet, c'est uniquement quand la SCI cède l'immeuble qu'il faut reverser, éventuellement, la TVA initialement déduite.

La cession de l'usufruit des parts sociales n'est pas imposable à la TVA, car celles-ci n'entrent pas dans le champ d'application de la TVA.

2.4.4.4. Résultats de la SCI

2.4.4.4.1. Avant la cession de l'usufruit

Les parts sociales de la SCI sont détenues par le dirigeant, personne physique. Quand les parts sociales d'une société transparente sont détenues par une personne physique, c'est l'activité de la société qui détermine les règles fiscales applicables. Comme la SCI loue nu un immeuble, on applique les revenus fonciers. En revenus fonciers, on ne peut pas déduire d'amortissement.

2.4.4.4.2. Après la cession de l'usufruit

L'usufruit des parts sociales de la SCI est inscrit à l'actif d'une société commerciale imposée à l'IS. Quand des parts sociales d'une société transparente sont inscrites à l'actif d'une société commerciale, ce sont les règles fiscales de la société commerciale que l'on applique au niveau de la SCI. Les résultats de la SCI sont donc déterminés en appliquant l'IS.

Au niveau de la SCI, on doit donc amortir l'immeuble. À défaut, l'amortissement non pratiqué serait irrégulièrement différé et définitivement perdu fiscalement (art. 39 B du CGI).

La quote-part des résultats de la SCI est imposée au niveau de la société d'exploitation, car la SCI est transparente fiscalement (on procède à une correction extra-comptable au niveau de la société – imprimé fiscal n° 2058-A).

Au final, on déduit fiscalement **deux amortissements** au niveau de la société d'exploitation :

- l'amortissement de l'immeuble détenu par la SCI qui remonte au niveau du résultat fiscal de la société d'exploitation ;
- l'amortissement du droit d'usufruit détenu par la société d'exploitation.

L'administration pourrait alors invoquer l'abus de droit en prouvant que le montage a pour seul but d'éluder l'impôt.

2.5. Abus de droit, acte anormal de gestion et abus de biens sociaux

2.5.1. Abus de droit

L'abus de droit peut être invoqué par l'administration en présence :

- d'un **acte fictif** : une donation est déguisée en vente pour diminuer les droits d'enregistrement ;
- d'une **fraude à la loi** : une situation juridique purement artificielle est créée pour camoufler une situation réelle et diminuer ainsi l'imposition. Au final, le montage a pour seul but **d'éluder l'impôt**.

Pour écarter l'abus de droit, le montage ne doit pas avoir pour but exclusif une économie d'impôt. Bien sûr, le montage permet une économie impôt :

- sur le revenu, car le dirigeant ne perçoit plus de revenus fonciers ;
- sur les sociétés, car la société déduit un double amortissement quand la cession temporaire d'usufruit porte sur des parts de SCI.

À défaut, on ne comprendrait pas l'utilité d'un montage aussi complexe.

Mais la cession temporaire de l'usufruit est intéressante pour la société d'exploitation. La société, en détenant à son actif un droit réel d'usufruit, est certaine de disposer de l'immeuble pendant toute la durée de l'usufruit. Un bail commercial peut toujours être résilié, moyennant indemnisation. Si l'entreprise n'a plus l'utilité de l'immeuble, elle peut le donner en location, alors qu'un bail commercial n'autorise pas la sous-location, en principe.

En cas de doute, l'administration fiscale peut être interrogée dans le cadre de la procédure du rescrit, notamment pour le double amortissement.

2.5.2. Acte anormal de gestion

Une dépense n'est fiscalement déductible que si elle est engagée dans l'intérêt de l'exploitation. À défaut, si la dépense est engagée dans l'intérêt du dirigeant ou d'un tiers, elle constitue un acte anormal de gestion et n'est pas déductible fiscalement.

Ainsi, si la valeur économique de l'usufruit est surestimée, la société d'exploitation peut déduire un amortissement qui n'est pas justifié par l'intérêt de l'exploitation. Le montant de l'amortissement non déductible serait alors considéré comme un revenu distribué imposable au niveau des associés. Comme la distribution est occulte, elle n'ouvre droit à aucun abattement dans la catégorie des revenus de capitaux mobiliers (RCM).

2.5.3. Abus de biens sociaux

Le dirigeant de la société d'exploitation peut être poursuivi pour abus de biens sociaux[1] s'il a fait sciemment un usage des biens de la société contraire aux intérêts de cette dernière. Ainsi, le dirigeant peut surestimer l'usufruit cédé à la société. Cette surestimation de l'usufruit est effectuée dans l'intérêt personnel du dirigeant.

En cas de cession temporaire de l'usufruit à une société en nom collectif, une société en commandite simple ou une association, le dirigeant

1. **Abus de biens sociaux** pour une société de capitaux (SARL, SA, SAS) et **abus de confiance** pour une société de personnes (SNC) ou une société civile (SCI).

ne peut pas être poursuivi pour abus de biens sociaux, mais pour abus de confiance, car il y a détournement de fonds appartenant à la société (l'abus de biens sociaux ne s'applique qu'aux sociétés commerciales).

L'administration fiscale pourrait également demander la qualification de la transaction en abus de biens sociaux. Par ricochet, elle pourrait qualifier la transaction d'acte anormal de gestion.

6

CAS PRATIQUES D'OPTIMISATION DU PATRIMOINE

1. Location meublée avec prestations parahôtelières et revenus fonciers

Un investisseur achète un appartement en l'état futur d'achèvement à Aubervilliers (au Nord de Paris) en vue de faire de la location meublée avec des prestations parahotelières pour des étudiants.

La présentation qui suit peut être reprise pour présenter un dossier d'investissement à une banque en vue de l'obtention d'un emprunt.

1.1. Pertinence de l'investissement

L'immeuble réalisé par Eiffage immobilier est situé à proximité du RER B « La plaine-Stade de France ». Le programme est isolé au sein d'immenses friches industrielles peu engageantes... mais la zone est en pleine mutation : des immeubles de bureaux et d'habitation sont en cours de construction, la proximité du stade de France… ne peuvent que tirer vers le haut le prix de l'immobilier. Au final, l'investissement recèle d'importantes plus-values.

L'appartement est aménagé en trois pièces. Il pourra ainsi être loué à trois étudiants en co-location. Les simulations chiffrées retiennent un loyer net de charges de 300 € par étudiant, soit 900 € pour un appartement. Au final, la rentabilité est de 9,50 % du prix d'achat HT. Ce loyer est supportable par un étudiant car il perçoit une allocation logement de 150 € indépendante des revenus de ses parents. De plus, les locations en résidences étudiantes dans la banlieue Seine-Saint-Denis sont comprises entre 500 € et 600 €. La demande de logements étudiants est énorme. La location à trois étudiants au lieu d'un seul locataire assure une meilleure division des risques.

L'investisseur pourrait investir directement dans une résidence pour étudiants. Mais ce type de produit est trop « packagé » : l'avantage fiscal donné d'une main (récupération de la TVA, statut LMP...) est repris de l'autre par un prix d'acquisition surévalué par le marché. De plus, l'investissement est « ghettoïsé » : il est plus facile de revendre l'appartement décrit ci-dessus avec une forte plus-value car il n'a pas une spécificité « résidence étudiants ». Enfin, la mise en place de prestations parahôtelières ne nécessitent pas une gestion lourde : deux heures d'un homme de ménage par appartement et par semaine suffisent.

1.2. Cadre juridique et fiscal

1.2.1. Présentation synthétique

L'immobilier est acheté par une SCI constituée à cet effet. La SCI loue nu à une SARL d'exploitation dans le cadre d'un bail commercial. La SCI exerce donc une activité civile de location imposée dans la catégorie des revenus fonciers à l'impôt sur le revenu au niveau de ses associés.

La SARL loue meublé et assure des prestations parahotelières. La location est donc soumise à la TVA au taux de 5,5 %. La TVA sur l'acquisition au taux de 19,6 % est récupérée.

Au final, la SCI facture à la SARL un loyer avec une TVA à 5,5 % et récupère la TVA sur l'acquisition de l'immeuble. La SCI emprunte 100 % du montant TTC de l'immeuble. La SCI récupère la TVA et la transfère à ses associés qui l'investissent dans un contrat d'assurance-vie.

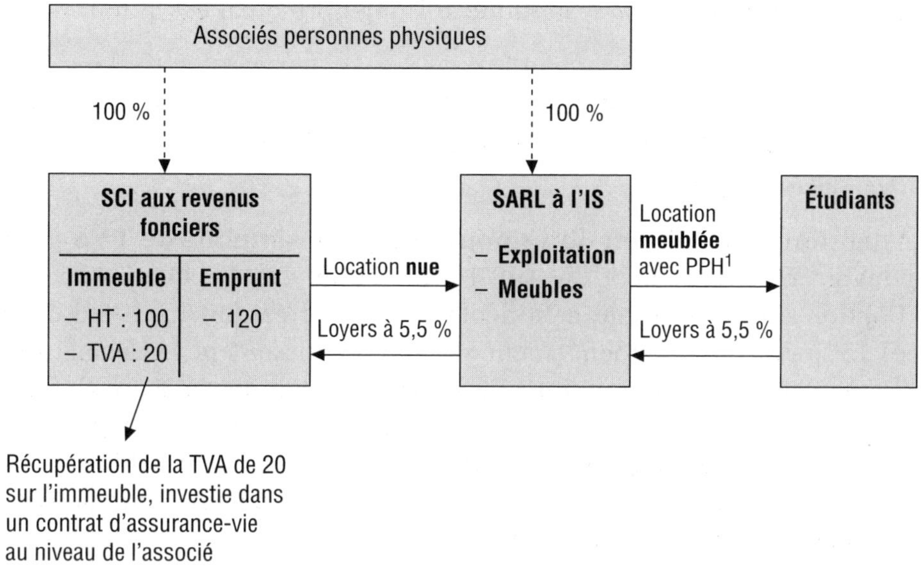

1.2.2. Approfondissement

La location meublée est imposable à la TVA si au moins trois des prestations suivantes sont fournies dans des conditions similaires à celles proposées par un hôtel : le petit déjeuner, le nettoyage régulier des locaux, la fourniture de linge de maison et la réception, même non personnalisée, de la clientèle (CGI art. 261 D, 4°-b).

Dans le cas étudié, les trois prestations assurées sont l'accueil, le ménage et le linge de maison.

La location de locaux nus consentie par bail commercial à l'exploitant d'un établissement d'hébergement assurant une location meublée avec des prestations parahôtelières est imposable à la TVA.

Dans le cas étudié, la SCI loue nu par bail commercial à une SARL d'exploitation qui assure une location meublée avec des prestations parahôtelières. La SARL est soumise à la TVA ainsi que la SCI qui peut donc récupérer la TVA sur le prix d'acquisition de l'immeuble.

1. Prestations parahôtelières.

Le taux réduit de 5,5 % s'applique si l'objet principal est la fourniture de logement.

Dans le cas étudié, la SARL d'exploitation est créée ex-nihilo et a pour objet principal la fourniture de logements, afin de sécuriser le montage sur le plan fiscal.

Attention ! La SCI **doit opter pour le régime simplifié de TVA** pour pouvoir récupérer la TVA sur l'acquisition. La déclaration écrite d'option doit être jointe à la déclaration de création d'activité dans les 15 jours du commencement de l'assujettissement et avant tout commencement d'occupation. Le remboursement de la TVA s'effectue trimestriellement avec l'imprimé n° 3519. La TVA est exigible au fur et à mesure des appels de fonds. Elle sera donc récupérable lors du paiement des appels de fonds si la SARL exerce déjà une autre activité de location imposable à la TVA.

1.3. L'emprunt

La SCI emprunt 100 % du montant TTC de l'immeuble. L'emprunt est à remboursement constant sur 15 ans. Le prêt envisagé est à taux variable capé plus ou moins 1 pour bénéficier du faible niveau des taux courts qui devrait se maintenir sur les prochaines années tout en limitant les risques d'une hausse car l'emprunt est sur le long terme.

Un taux variable de 3,50 % capé ± 1 avec une ADI de 0,25 % est obtenu. Les intérêts sont fiscalement déductibles du revenu foncier car ils ont servi à l'acquisition de l'immeuble.

1.4. L'assurance-vie

La SCI récupère la TVA et la transfère à ses associés qui l'investissent dans un contrat d'assurance-vie exonéré d'imposition. Ce transfert est possible car la SCI est transparente fiscalement. Cela ne remet donc pas en cause la déductibilité des intérêts correspondant au financement de la TVA.

Comme l'assurance-vie ne sert pas à adosser l'emprunt et n'assure pas l'équilibre financier du projet, elle peut être investie en supports dynamiques (SICAV actions).

L'assurance-vie est gérée en direct sur www.boursorama.com car le chargement est faible : 0 % de droits d'entrée ; 0,85 % de frais de gestion pour les unités de compte ; et 0,25 % de frais d'arbitrages. La gestion est transparente. Les meilleures équipes de gestion sont accessibles : Carmignac, Tocqueville Finance, Financière de l'échiquier, Richelieu finance, Ixis management…

La TVA transférée aux associés pourrait être placée dans des parts d'OPCI (Organisme de Placement Collectif Immobilier) investies dans de l'immobilier de bureau. Ces OPCI dégagent un dividende annuel de 7 % imposé à l'IR dans la catégorie des revenus fonciers (transparence fiscale). Les flux sont ainsi encaissés plus rapidement alors que dans un contrat d'assurance-vie, il faut bloquer les sommes pendant un délai de huit ans pour bénéficier de l'exonération d'impôt sur le revenu. Mais les SICAV actions dégagent un rendement plus élevé sur le long terme, exonéré d'imposition grâce au cadre fiscal de l'assurance-vie. De plus, les SICAV actions assurent une meilleure diversification du patrimoine.

1.5. La SARL d'exploitation

La SARL d'exploitation est créée *ex nihilo*. Cela sécurise le montage sur le plan fiscal car selon la doctrine administrative, le taux réduit de 5,5 % sur les loyers s'applique si l'objet principal de la société d'exploitation est la fourniture de logements.

Si la SARL est à l'IS, le capital investi dans la SARL ouvre droit aux associés à une réduction d'impôt sur le revenu de 25 % du capital investi. Ce capital servira à financer l'acquisition des meubles.

Si la SARL est composée entre les membres de la même famille, cette SARL de famille peut opter pour l'IR. Une SARL à l'IR ne semble pas intéressante. En effet, le capital apporté n'ouvre pas droit à une réduction d'impôt et le déficit n'est pas imputable sur les revenus des associés car le BIC réalisé est non professionnel.

Participation d'une SARL existante

Vous exercez votre activité professionnelle dans le cadre d'une SARL imposée à l'IS qui dispose d'une importante trésorerie. Vous souhaitez investir à titre personnel dans l'immobilier. Pour faire remonter la trésorerie de la SARL dans votre patrimoine, vous devez subir une forte imposition : les dividendes sont imposés à l'IR dans la catégorie des RCM et aux PS ; les salaires subissent des charges sociales puis sont imposés à l'IR dans la catégorie des TS. Votre SARL peut prendre une participation (10 % par exemple[1]) dans la SCI qui acquiert l'immobilier. En tant qu'associé, la SARL peut financer la SCI par un apport en compte courant.
Ce montage vous permet ainsi d'assurer le financement de l'acquisition de votre immobilier sans subir d'imposition. À terme, le compte courant devra être remboursé pour ne pas être taxé en tant que distribution.

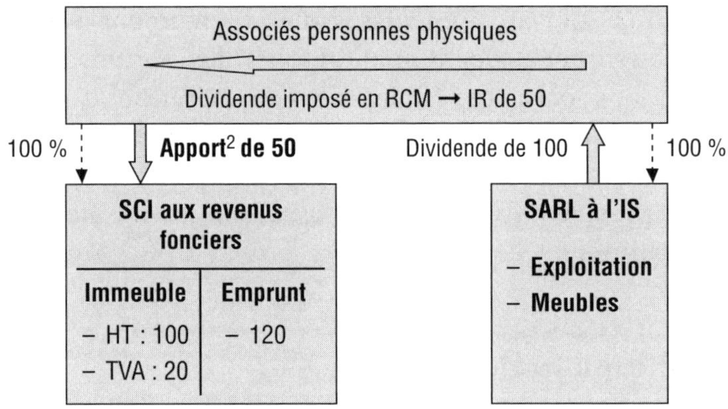

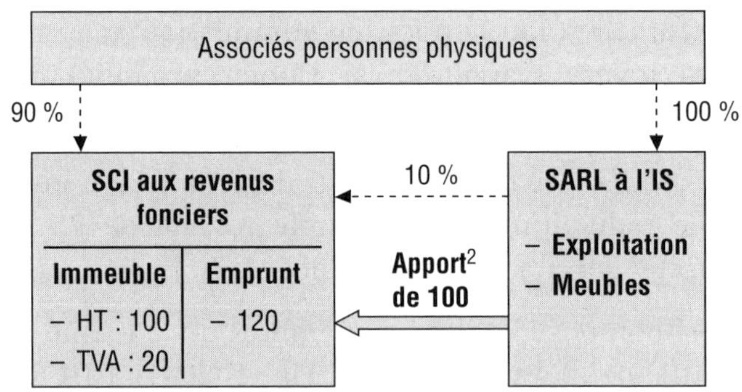

1. 5 % au minimum pour effectuer des avances en compte courant.
2. En compte courant ou en capital.

1.6. Plan de financement et compte de résultat prévisionnels, taux de rentabilité interne

Besoins de financement de la SCI (en K€)			
		M^2	Prix au m^2
La SCI achète :			*euros*
– un appartement HT tout équipé	113,4	44	2 563 € HT
– supporte une TVA récupérable	22,2		3 066 € TTC
– et devra payer les frais notariés	4,1		
Soit un budget total de	**139,8**		

Mode de financement de la SCI (en K€)	
Les associés apportent en numéraire	0,0
La SCI contracte un emprunt pour le solde	139,8
Soit un financement total de	**139,8**

Apport des associés

Capital SCI	**0,0**

Caractéristiques de l'emprunt

Durée en années	15
Taux avec ADI	3,80 %
Remboursement mensuel constant	1 020 €

Caractéristiques de l'appartement

		Annuel	*Taux de rendement HT*
Loyer mensuel	900 €	10 800	9,5 %
Indice construction	1,50 %		
Durée amortissement	30 ans		
Taxe foncière annuelle	300 €	*(exonération les 2res années)*	
Syndic annuel	120 €		

TMI des associés	30 %

Tableau de remboursement de l'emprunt

Années	1	2	3	4	5	8	15
Intérêts	5 189	4 916	4 633	4 339	4 034	3 045	248
Capital	7 049	7 321	7 604	7 899	8 204	9 193	11 989
Décaissement total	12 238	12 238	12 238	12 238	12 238	12 238	12 238

Plan de financement et compte de résultat prévisionnel

Années	1	2	3	4	5	8	15
En trésorerie							
Loyers	10 800	10 962	11 126	11 293	11 463	11 986	13 303
Charges	– 120	– 120	– 420	– 420	– 420	– 420	– 420
Emprunt	– 12 238	– 12 238	– 12 238	– 12 238	– 12 238	– 12 238	– 12 238
Trésorerie annuelle de la SCI (a)	**– 1 558**	**– 1 393**	**– 1 531**	**– 1 364**	**– 1 195**	**– 671**	**645**
IR sur RF positifs payés par les associés (b) = (c) × **TMI**	**– 1 647**	**– 1 778**	**– 1 822**	**– 1 960**	**– 2 103**	**– 2 557**	**– 3 790**
Trésorie consolidée (a) + (b)	**– 3 205**	**– 3 173**	**– 3 352**	**– 3 325**	**– 3 298**	**– 3 228**	**– 3 145**
En résultat							
Loyers	10 800	10 962	11 126	11 293	11 463	11 986	13 303
Charges	– 120	– 120	– 420	– 420	– 420	– 420	– 420
Intérêts sur emprunt	– 5 189	– 4 916	– 4 633	– 4 339	– 4 034	– 3 045	– 248
Résultat net (c)	**5 491**	**5 926**	**6 073**	**6 534**	**7 009**	**8 522**	**12 635**

Assurance-vie

Rendement annuel 10 %

Années	1	2	3	4	5	8	15
Capital début	22,2	24,5	26,9	29,6	32,6	43,3	
Rendement	2,2	2,4	2,7	3,0	3,3	4,3	
PS à 11 %						– 2,8	
Capital fin	24,5	26,9	29,6	32,6	35,8	44,9	0,0

Taux de rentabilité interne

Années	1	2	3	4	5	8	15
Assurance-vie Trésorerie montage Valeur de l'appartement	– 3,2	– 3,2	– 3,4	– 3,3	– 3,3	44,9 – 3,2	– 3,1 135,7
	– 3,2	– 3,2	– 3,4	– 3,3	– 3,3	41,6	132,5

TRI net d'impôt **24,6 %**

Parts d'OPCI

Rendement 7 %

Années	1	2	3	4	5	8	15
Capital début	22,2						
Dividendes encaissés	1,6	1,6	1,6	1,6	1,6	1,6	1,6
IR au TMI + PS (11 %)	– 0,6	– 0,6	– 0,6	– 0,6	– 0,6	– 0,6	– 0,6
Valeur OPCI							22,2
Net encaissé	0,9	0,9	0,9	0,9	0,9	0,9	23,2

Taux de rentabilité interne

Années	1	2	3	4	5	8	15
OPCI	0,9	0,9	0,9	0,9	0,9	0,9	23,2
Trésorerie montage	– 3,2	– 3,2	– 3,4	– 3,3	– 3,3	– 3,2	– 3,1
Valeur de l'appartement							135,7
	– 2,3	– 2,3	– 2,4	– 2,4	– 2,4	– 2,3	155,7

TRI net d'impôt **19,3 %**

I.7. Coût de l'échéancier pour une VEFA

Appartement à Aubervilliers

Cadre juridique et fiscal : les revenus fonciers.
Financement par emprunt avec différé d'amortissement.

Taux emprunt	3,80 %
Prix d'achat TTC	135 684 €
TVA placée	10 %
TMI des associés	30 %

Nous supposons que la société exerce déjà une activité de location imposable à la TVA. Elle peut donc récupérer la TVA au fur et à mesure des appels de fonds. Si la société est créée pour réaliser l'investissement immobilier, la TVA sur les appels de fond ne sera récupérable qu'après le début de l'activité de location (signature du bail de location).

	Appel de fonds								
Nombre de mois[1]	en %	TTC	HT	TVA	Intérêts à payer[2]	Éco, IR[3]	Intérêts après IR	TVA placée[4]	Net
24	5 %	6 784 €	5 672 €	1 112 €	516 €	– 155	361	222 €	– 139 €
24	24 %	32 564 €	27 228 €	5 337 €	2 475 €	– 742	1732	1 067 €	– 665 €
24	6 %	8 141 €	6 807 €	1 334 €	619 €	– 186	433	267 €	– 166 €
18	20 %	27 137 €	22 690 €	4 447 €	1 547 €	– 464	1083	667 €	– 416 €
18	10 %	13 568 €	11 345 €	2 224 €	773 €	– 232	541	334 €	– 208 €
12	25 %	33 921 €	28 362 €	5 559 €	1 289 €	– 387	902	556 €	– 346 €
1	4 %	5 427 €	4 538 €	889 €	17 €	– 5	12	7 €	– 5 €
1	1 %	1 357 €	1 134 €	222 €	4 €	– 1	3	2 €	– 1 €
1	5 %	6 784 €	5 672 €	1 112 €	21 €	– 6	15	9 €	– 6 €
	100 %	**135 684 €**	**113 448 €**	**22 236 €**	**7 261 €**	**– 2 178 €**	**5 083 €**	**3 132 €**	**– 1 951 €**

1. Jusqu'à la livraison.
2. TTC × taux d'emprunt × nombre de mois / 12.
3. Intérêts à payer × TMI.
4. TVA × taux de placement net d'IR × nombre de mois / 12 (assurance-vie exonérée d'imposition).

2. Location nue pour se constituer un patrimoine immobilier et arbitrage IS/IR

Zoom n° 61

Vous n'avez pas besoin d'être riche pour vous constituer un patrimoine immobilier !

Si vous n'avez pas beaucoup d'argent, vous pouvez acheter un studio en empruntant à 90 %. Le banquier prendra en compte la perception des loyers pour vous accorder l'emprunt. Compte tenu des taux d'intérêt relativement faibles et des loyers relativement élevés (il faut acheter dans une zone à forte pression immobilière comme Paris), les loyers encaissés vous permettront de rembourser l'emprunt. Pendant la période d'emprunt (15 ans en général), vous vous constituez un patrimoine immobilier (le montage ne dégage aucune trésorerie). Lorsque l'emprunt est remboursé, votre patrimoine s'est enrichi de la valeur du studio et vous encaissez alors un revenu mensuel voisin du loyer. Cependant, le fort taux de changement de locataire qui affecte les petites surfaces entraîne un risque de vacance du locataire important.
Si vous renouvelez l'opération plusieurs fois, vous vous constituez un beau patrimoine immobilier dégageant des revenus plus importants que ceux de votre travail ! Vous serez alors confronté au douloureux problème de la gestion d'un impôt sur le revenu que vous jugerez trop excessif !

Un jeune couple, M. et Mme Baglionni, souhaite se constituer un patrimoine immobilier pour s'assurer un complément de retraite. Ils ne disposent pas de revenus importants. Leur taux marginal d'imposition est donc faible et ils n'ont pas beaucoup de trésorerie à consacrer à l'opération. Ils constituent une SCI pour acheter un studio d'une valeur de 50 000 €. La SCI emprunte 90 % de cette somme.

Besoins de financement de la SCI (en K€)	
La SCI achète : • un studio ① • et devra payer les frais notariés ② = ① × 5 %	 50 2,50
Soit un budget total de	**52,50**

Modes de financement de la SCI (en K€)	
Les associés apportent en numéraire (apport en capital) La SCI contracte un emprunt pour le solde	7,50 45
Soit un financement total de	**52,50**
Caractéristiques de l'emprunt Durée en années Taux Remboursement mensuel constant	 15 5 % 356 €
Caractéristiques du studio Loyer mensuel Durée amortissement Charges mensuelles du propriétaire	 400 € 30 ans 20 €
Taux marginal d'impôt sur le revenu	20 %

Il faut d'abord construire **le tableau d'amortissement de l'emprunt**. Il vous suffit d'obtenir du banquier le remboursement mensuel (356 €) ou de le calculer avec une calculatrice financière ou un tableur. Nous obtenons pour les 12 premiers mois (en euros) :

Mois	Capital restant ①	Remboursement mensuel		
		Intérêts ② = ① × 5 %/12	Capital ③ = ④ – ②	Total ④
1	45 000	188	168	356
2	44 832	187	169	356
3	44 663	186	170	356
4	44 493	185	170	356
5	44 322	185	171	356
6	44 151	184	172	356
7	43 979	183	173	356
8	43 807	183	173	356
9	43 633	182	174	356
10	43 459	181	175	356
11	43 285	180	176	356
12	43 109	180	176	356
	Cumul	**2 203**	**2 067**	**4 270**

Nous obtenons ainsi pour la période de 15 ans :

Tableau de remboursement de l'emprunt (en euros)

Années	1	2	3	4	5	10	15
Intérêts	2 203	2 097	1 986	1 869	1 746	1 031	113
Capital	2 067	2 173	2 284	2 401	2 524	3 239	4 157
Décaissement total	4 270	4 270	4 270	4 270	4 270	4 270	4 270

La SCI est à l'IR (en euros)

Années	1	2	3	4	5	10	15
En trésorerie							
Loyers	4 800	4 800	4 800	4 800	4 800	4 800	4 800
Charges	– 240	– 240	– 240	– 240	– 240	– 240	– 240
Emprunt	– 4 270	– 4 270	– 4 270	– 4 270	– 4 270	– 4 270	– 4 270
Trésorerie annuelle (a)	**290**	**290**	**290**	**290**	**290**	**290**	**290**
Trésorerie cumulée	**290**	**579**	**869**	**1 159**	**1 449**	**2 897**	**4 346**
En résultat							
Loyers	4 800	4 800	4 800	4 800	4 800	4 800	4 800
Charges	– 240	– 240	– 240	– 240	– 240	– 240	– 240
Intérêts sur emprunt	– 2 203	– 2 097	– 1 986	– 1 869	– 1 746	– 1 031	– 113
Résultat net (b)	**2 357**	**2 463**	**2 574**	**2 691**	**2 814**	**3 529**	**4 447**
Impôts payés par les associés							
IR sur RF positifs payés par les associés (c) = (b) × 20 %	– 471	– 493	– 515	– 538	– 563	– 706	– 889
Prélèvements sociaux à 12,1 %	– 285	– 298	– 311	– 326	– 340	– 427	– 538
Imposition globale (d)	**– 757**	**– 791**	**– 826**	**– 864**	**– 903**	**– 1 133**	**– 1 427**
Trésorerie disponible pour l'associé							
• nette par année (a) – (d)	– 467	– 501	– 537	– 574	– 613	– 843	– 1 138
• en cumul	– 467	– 968	– 1 504	– 2 078	– 2 692	– 6 425	**– 11 494**

Commentaires

La SCI est transparente fiscalement. Son résultat est donc directement imposé en tant que revenus fonciers au niveau des associés à leur taux marginal d'IR (20 %). Ils doivent également payer un prélèvement de 12,1 % (CSG + CRDS + prélèvement social).

La trésorerie disponible pour l'associé correspond à la trésorerie de la SCI qu'il peut se distribuer sans imposition moins l'impôt qu'il doit payer.
À l'horizon de 15 ans, il aura décaissé en tout 11 494 € pour devenir propriétaire d'un studio d'une valeur de 50 000 €, sans tenir compte de la plus-value. Au-delà de 15 ans, le studio lui dégagera un résultat voisin du loyer (≈ 380 €).

N.B. : une partie de la CSG est déductible du revenu global et permet ainsi une économie d'impôt qui n'est pas prise en compte ici.

La SCI opte pour l'IS (en euros)

Années	1	2	3	4	5	10	15
En trésorerie							
Loyers	4 800	4 800	4 800	4 800	4 800	4 800	4 800
Charges	– 240	– 240	– 240	– 240	– 240	– 240	– 240
Emprunt	– 4 270	– 4 270	– 4 270	– 4 270	– 4 270	– 4 270	– 4 270
IS à payer	– 141	– 157	– 174	– 191	– 210	– 317	– 454
Trésorerie annuelle (a)	**149**	**133**	**116**	**99**	**80**	**– 27**	**– 165**
Trésorerie cumulée	**149**	**281**	**398**	**496**	**576**	**666**	**131**
En résultat							
Loyers	4 800	4 800	4 800	4 800	4 800	4 800	4 800
Charges	– 240	– 240	– 240	– 240	– 240	– 240	– 240
Intérêts sur emprunt	– 2 203	– 2 097	– 1 986	– 1 869	– 1 746	– 1 031	– 113
Amortissement immeuble et frais notariés[1]	– 1 417	– 1 417	– 1 417	– 1 417	– 1 417	– 1 417	– 1 417
Résultat avant IS	**940**	**1 046**	**1 157**	**1 274**	**1 397**	**2 112**	**3 030**
IS à payer à 15 %	141	157	174	191	210	317	454
Résultat net (b)	**799**	**889**	**984**	**1 083**	**1 187**	**1 795**	**2 575**
Trésorerie disponible pour l'associé							
• nette par année	149	133	116	99	80	– 27	– 165
• en cumul	149	281	398	496	576	666	**131**

Commentaires

La SCI paie elle-même l'IS au taux de 15 % car elle est opaque fiscalement (voir page 160). L'associé ne paie donc par d'impôt sur le revenu.

1. Les frais notariés peuvent être déduits immédiatement ou être inclus dans la base amortissable. L'amortissement est obtenu en divisant la base amortissable (construction – terrain estimé à 20 % + frais d'acquisition) par la durée d'utilisation (30 ans). Soit : (50 × 80 % + 2,5) / 30 ans = 1 417 € par an.

Bien qu'ayant un résultat positif, elle peut difficilement distribuer un dividende car sa trésorerie est proche de zéro (en cas de distribution d'un dividende, l'associé aurait été soumis à l'IR dans la catégorie des « revenus de capitaux mobiliers » ainsi qu'au prélèvement de 12,1 % qui s'applique au dividende brut – voir page 177).
La trésorerie disponible pour l'associé correspond donc uniquement à la trésorerie de la SCI (la SCI lui appartient – on raisonne au niveau de son patrimoine).
À l'horizon de 15 ans, il n'aura rien décaissé (il encaisse 131 €) pour devenir propriétaire d'un studio d'une valeur de 50 000 €, sans tenir compte de la plus-value. Au-delà de 15 ans, le studio lui dégagera un résultat voisin du loyer.

Conclusion

L'option pour l'IS semble favorable. En effet, à l'IR, l'investisseur a décaissé 11 K€ (11 494 €) pour devenir propriétaire d'un immeuble d'une valeur de 50 K€ alors que la SCI à l'IS n'a rien décaissé (131 €). Cet avantage pour l'IS est lié à un différentiel de taux d'imposition (32 % à l'IR – IR de 20 % + PS de 12 % – contre 15 % à l'IS), et à la déduction de l'amortissement à l'IS. Mais en cas de cession au terme de 15 ans, **la plus-value est totalement exonérée à l'IR** alors qu'elle sera fortement soumise à l'IS.

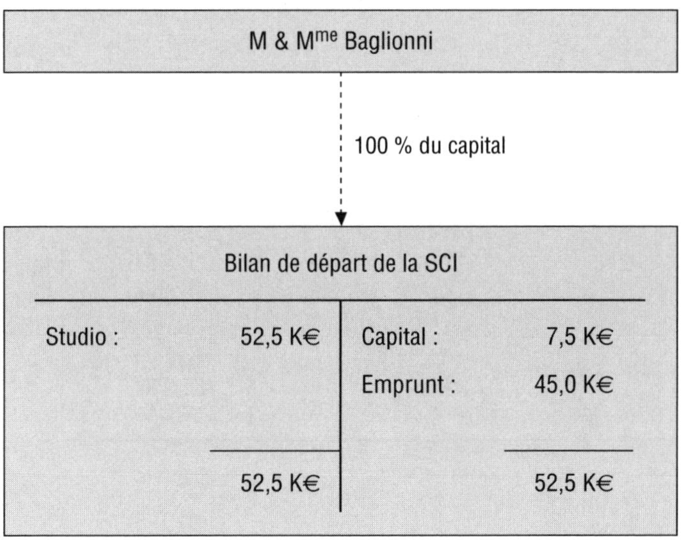

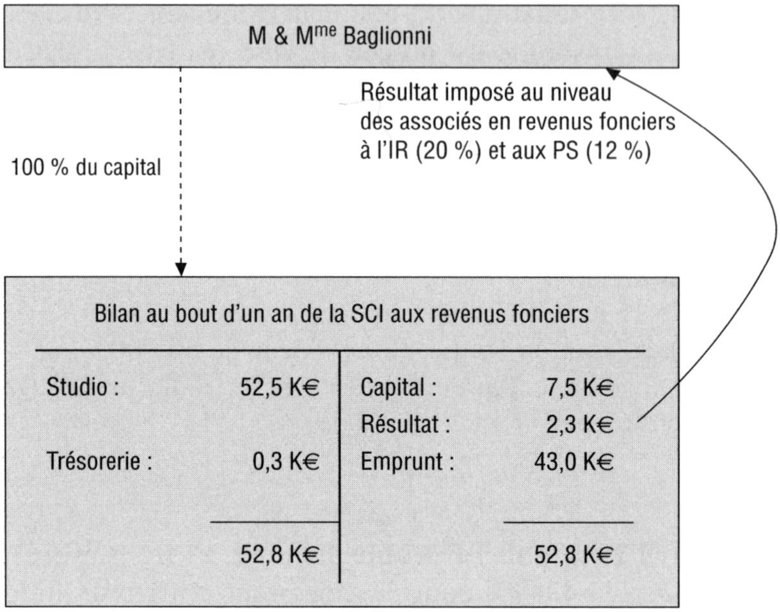
M & Mme Baglionni
Résultat imposé au niveau des associés en revenus fonciers à l'IR (20 %) et aux PS (12 %)
100 % du capital
Bilan au bout d'un an de la SCI aux revenus fonciers
Studio : 52,5 K€
Trésorerie : 0,3 K€
52,8 K€
Capital : 7,5 K€
Résultat : 2,3 K€
Emprunt : 43,0 K€
52,8 K€

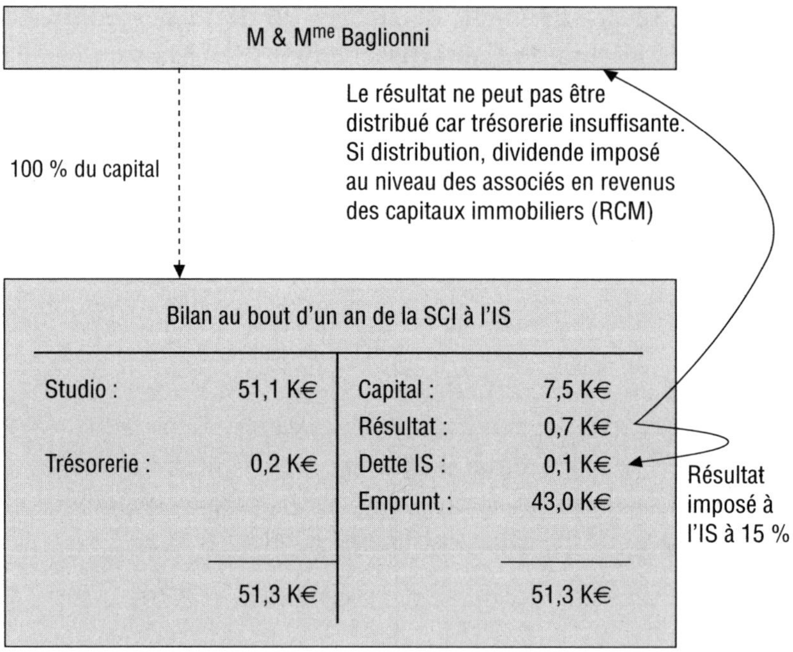
M & Mme Baglionni
Le résultat ne peut pas être distribué car trésorerie insuffisante. Si distribution, dividende imposé au niveau des associés en revenus des capitaux immobiliers (RCM)
100 % du capital
Bilan au bout d'un an de la SCI à l'IS
Studio : 51,1 K€
Trésorerie : 0,2 K€
51,3 K€
Capital : 7,5 K€
Résultat : 0,7 K€
Dette IS : 0,1 K€
Emprunt : 43,0 K€
51,3 K€
Résultat imposé à l'IS à 15 %

3. Location nue pour gérer un patrimoine immobilier et arbitrage IS/IR

Un couple est propriétaire de quatre studios d'une valeur globale de 200 000 € sans aucun endettement. Il souhaite prélever le maximum de trésorerie possible.

Caractéristiques des studios	
Loyers mensuels	1 600 €
Durée amortissement	30 ans
Charges mensuelles du propriétaire	80 €
Taux marginal d'impôt sur le revenu	40 %

La SCI est à l'IR : commentaires du tableau

La SCI est transparente fiscalement. Son résultat est donc directement imposé en tant que revenus fonciers au niveau des associés à leur taux marginal d'IR (40 %).

La trésorerie disponible pour l'associé correspond à la trésorerie de la SCI, qu'il peut se distribuer sans imposition, moins l'impôt sur le revenu et le prélèvement de 12,1 % qu'il doit payer.

À l'horizon de 15 ans, il aura encaissé en tout 131 054 € grâce à l'acquisition d'un patrimoine qui s'est entièrement autofinancé.

Pour disposer d'une trésorerie annuelle de 18 240 € avant impôt, il faut gagner :

- 23 000 € de salaire brut si vous êtes un « simple » salarié (il faut décompter 20 % de retenues sur salaire) ;
- 29 000 € de coût salarial si vous êtes votre propre employeur (vous êtes salarié de l'entreprise que vous avez créée. Vous supportez 60 % de charges patronales et salariales).

La SCI est à l'IR (en euros)

Années	1	2	3	4	5	10	15
En trésorerie							
Loyers	19 200	19 200	19 200	19 200	19 200	19 200	19 200
Charges	– 960	– 960	– 960	– 960	– 960	– 960	– 960
Emprunt							
Trésorerie annuelle (a)	**18 240**	**18 240**	**18 240**	**18 240**	**18 240**	**18 240**	**18 240**
Trésorerie cumulée	**18 240**	**36 480**	**54 720**	**72 960**	**91 200**	**182 400**	**273 600**
En résultat							
Loyers	19 200	19 200	19 200	19 200	19 200	19 200	19 200
Charges	– 960	– 960	– 960	– 960	– 960	– 960	– 960
Intérêts sur emprunt	0	0	0	0	0	0	0
Résultat net (b)	**18 240**	**18 240**	**18 240**	**18 240**	**18 240**	**18 240**	**18 240**
Impôts payés par les associés							
IR sur RF positifs payés par les associés (c) = (b) × 40 %	– 7 296	– 7 296	– 7 296	– 7 296	– 7 296	– 7 296	– 7 296
PS à 12,1 %	– 2 207	– 2 207	– 2 207	– 2 207	– 2 207	– 2 207	– 2 207
Imposition globale	**– 9 503**	**– 9 503**	**– 9 503**	**– 9 503**	**– 9 503**	**– 9 503**	**– 9 503**
Trésorerie disponible pour l'associé							
• nette par année	8 737	8 737	8 737	8 737	8 737	8 737	8 737
• en cumul	8 737	17 474	26 211	34 948	43 685	87 370	**131 054**

La SCI opte pour l'IS (en euros)

Années	1	2	3	4	5	10	15
En trésorerie							
Loyers	19 200	19 200	19 200	19 200	19 200	19 200	19 200
Charges	– 960	– 960	– 960	– 960	– 960	– 960	– 960
Emprunt	0	0	0	0	0	0	0
IS à payer	– 1 936	– 1 936	– 1 936	– 1 936	– 1 936	– 2 736	– 2 736
	16 304	**16 304**	**16 304**	**16 304**	**16 304**	**15 504**	**15 504**
Dividende	– 10 971	– 10 971	– 10 971	– 10 971	– 10 971	– 15 504	– 15 504
Trésorerie annuelle	**5 333**	**5 333**	**5 333**	**5 333**	**5 333**	**0**	**0**
Trésorerie cumulée	**5 333**	**10 667**	**16 000**	**21 333**	**26 667**	**48 000**	**48 000**
En résultat							
Loyers	19 200	19 200	19 200	19 200	19 200	19 200	19 200
Charges	– 960	– 960	– 960	– 960	– 960	– 960	– 960
Intérêts sur emprunt	0	0	0	0	0	0	0
Amortissement immeuble[1]	– 5 333	– 5 333	– 5 333	– 5 333	– 5 333		

…/…

1. L'amortissement est obtenu en divisant la base amortissable (construction – terrain estimé à 20 %) par la durée d'utilisation (30 ans). Soit : (200 × 80 %) / 30 ans = 5 333 € par an.

.../...

Résultat avant IS IS à payer à 15 %	**12 907** 1 936	**12 907** 1 936	**12 907** 1 936	**12 907** 1 936	**12 907** 1 936	**18 240** 2 736	**18 240** 2 736
Résultat net	**10 971**	**10 971**	**10 971**	**10 971**	**10 971**	**15 504**	**15 504**
Distribution aux associés Dividende Abattement de 40 %	 10 971 – 4 388	 10 971 – 4 388	 10 971 – 4 388	 10 971 – 4 388	 10 971 – 4 388	 15 504 – 6 202	 15 504 – 6 202
Dividende imposable IR à payer à 40 % PS à 12,1 %	**6 585** **2 633** **1 327**	**6 585** **2 633** **1 327**	**6 585** **2 633** **1 327**	**6 585** **2 633** **1 327**	**6 585** **2 633** **1 327**	**9 302** **3 721** **1 876**	**9 302** **3 721** **1 876**
Trésorerie disponible pour l'associé • nette par année • en cumul	 7 010 7 010	 7 010 14 021	 7 010 21 031	 7 010 28 041	 7 010 35 051	 9 907 72 999	 9 907 **122 535**

Commentaires

La SCI paie elle-même l'IS au taux de 15 % car elle est opaque fiscalement (voir page 159). L'associé ne paie donc par d'impôt sur le revenu sur le bénéfice de la SCI.

Le résultat positif dégagé par la SCI est entièrement distribué sous forme de dividende. La trésorerie correspond alors au montant de l'amortissement des studios (l'amortissement est destiné au renouvellement de l'immeuble).

Le dividende distribué est soumis entre les mains de l'associé à l'impôt sur le revenu dans la catégorie des revenus de capitaux mobiliers ainsi qu'aux prélèvements sociaux (voir page 186).

La trésorerie disponible pour l'associé est de 122 535 €. Si on fait une consolidation de son patrimoine, et que l'on ajoute la trésoreie captive au sein de la SCI, la trésorerie disponible est alors de 170 535 €.

Conclusion

	Pour l'IR	Pour l'IS
Taux d'impôt	Le taux marginal d'IR (40 %) est très élevé...	... alors que le taux de l'IS (15 %) est faible.

.../...

	Pour l'IR	Pour l'IS
Dividendes	Ils ne sont pas imposés....	... alors qu'ils sont soumis au taux de l'IR de 40 %. L'abattement de 40 % n'élimine pas la double imposition. De plus, ils subissent les prélèvements sociaux au taux de 11 %.
Conclusion	La différence entre les deux simulations est très ténue. D'autres considérations doivent donc être prises en compte pour cet arbitrage (page 169).	

4. Défiscalisation Demessine en zone de revitalisation rurale (ZRR)

4.1. Cadre juridique et fiscal

Vous pouvez acquérir en direct ou dans le cadre d'une SCI un appartement neuf dans une résidence de tourisme classée située dans une **zone de revitalisation rurale. Les parts de la SCI** ou l'immeuble **ne doivent pas être démembrées** (nu-propriétaire et usufruit). La SCI ne doit pas opter pour l'IS car les loyers doivent être imposés dans la catégorie des **revenus fonciers**.

La SCI doit **louer nu** pendant au moins **neuf ans**. Les associés doivent également conserver les parts de la SCI pendant neuf ans. La location doit prendre effet dans le mois qui suit l'achèvement ou l'acquisition si elle est postérieure. La location du bien par les associés est possible.

À l'issue de la période de neuf ans, la location peut être meublée pour bénéficier du statut de loueur en meublé professionnel.

Premier cadeau fiscal : récupération de la TVA sur l'acquisition.

La location nue est consentie par l'intermédiaire d'un bail commercial à l'exploitant de la résidence de tourisme. L'exploitant propose à sa clientèle votre logement équipé des meubles, et fournit des prestations parahôtelières (petit déjeuner, nettoyage quotidien des locaux, fourniture du linge de maison et réception de la clientèle). La SCI facture alors des loyers avec une TVA à 5,5 % mais en contrepartie elle peut récupérer la TVA sur l'acquisition au taux de 19,6 %. Le bien doit alors être loué pendant 20 ans pour éviter de reverser une partie de la TVA initialement déduite.

Second cadeau fiscal : réduction d'impôt de 25 % du prix d'acquisition plafonnée à 25 000 €.

La réduction d'impôt est de 25 % du prix d'acquisition HT du logement dans la limite de 50 000 € pour un célibataire et de 100 000 € pour un couple marié. Soit une **réduction d'impôt maximale** de 12 500 € pour un célibataire et **de 25 000 €** pour un couple marié. Elle s'applique la première fois l'année de l'achèvement ou de l'acte authentique s'il est postérieur. Elle est **étalée sur 6 ans** à raison d'un 1/6 du maximum chaque année. Une seule réduction d'impôt peut être opérée.

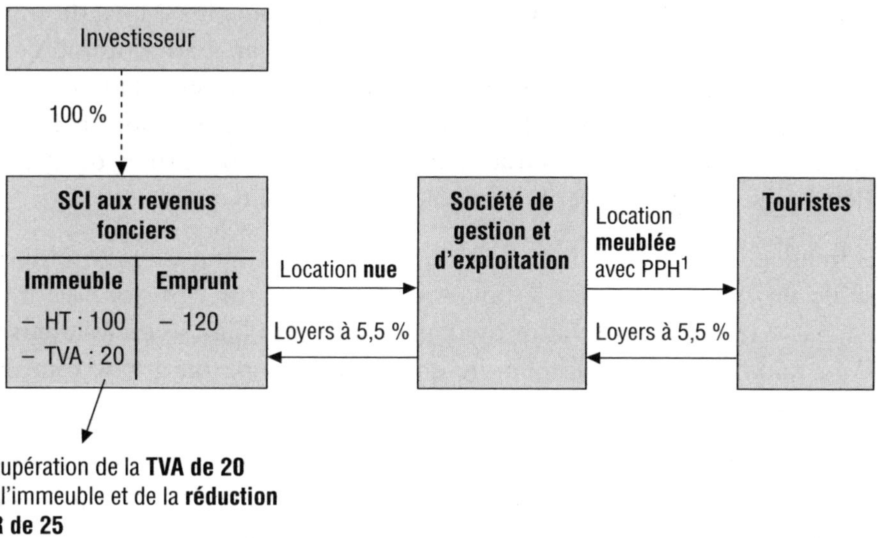

1. Prestations parahôtelières.

Zoom n° 62

Avantages d'une SCI pour gérer un investissement Demessine

- Si vous cédez l'immeuble au bout de 10 ans, par exemple, vous devez reverser la moitié de la TVA initialement déduite (10/20). En constituant une SCI, vous pouvez céder les parts sociales et non l'immeuble. Ainsi, il n'y a pas lieu de régulariser la TVA.
- Vous devez payer assez d'impôt sur le revenu pour imputer la réduction d'impôt. À défaut, elle est définitivement perdue. Deux foyers fiscaux peuvent se réunir au sein d'une SCI pour acheter un appartement en ZRR. La réduction d'impôt sera alors calculée sur la quote-part du prix d'acquisition du logement correspondant aux droits des associés.

4.2. Cas pratique

Un investisseur achète dans le cadre d'une SCI un appartement neuf dans une résidence de tourisme classée, située dans une zone de revitalisation rurale (investissement à la Montagne dans les Alpes du nord à Valmorel). La SCI loue nu l'appartement par bail commercial à l'exploitant qui loue à des touristes avec des prestations parahôtelières. À ce titre il peut récupérer la TVA sur le prix d'acquisition. La TVA est alors injectée dans le contrat d'assurance-vie qui permet de garantir l'emprunt et d'en assurer le remboursement en fin de période.

Il finance l'intégralité du prix d'acquisition TTC, par un prêt remboursable *in fine*. Le prêt est à taux variable (basé sur l'Euribor 12 mois) capé ± 2 (le taux peut varier de deux points à la hausse ou à la baisse). Il est adossé à une assurance-vie dont le capital permettra de rembourser le prêt *in fine* à l'échéance.

Il ne serait pas prudent d'envisager le remboursement de l'emprunt par la vente du bien. En effet, la valeur du bien à terme peut être inférieure à l'investissement alors que la dette remboursable *in fine* reste constante. De plus, l'immobilier n'est pas liquide. Il serait difficile de déboucler l'opération sans délai et sans coût. Le crédit est garanti par un nantissement sur l'assurance-vie.

Les intérêts sur l'emprunt sont déductibles du revenu foncier et permettent de diminuer le résultat imposable de l'investisseur (taux marginal d'imposition – TMI – de 30 %) alors que les intérêts capitalisés sur l'assurance-vie ne sont pas imposables. Le prêt *in fine* permet de diminuer les décaissements par rapport à un prêt classique à remboursement constant.

Les loyers permettent alors de payer facilement les intérêts de l'emprunt. Pour bénéficier de **l'effet de levier financier** du crédit, le taux du crédit doit être inférieur au taux de rendement de l'investissement immobilier.

L'assurance-vie a un taux de rendement net de frais de gestion de 4,40 %. Les droits d'entrée sont de 2,5 %. Les sommes sont investies essentiellement en supports euros (> 70 % – produits monétaires) et le solde en unités de compte (produits actions) pour dynamiser la gestion en prenant des risques limités. L'investisseur fait un apport initial de 25 000 € correspondant à la réduction d'impôt sur le revenu de 25 % et des abondements annuels de 4 100 €. L'argent ainsi placé permet de reconstituer le capital à rembourser du prêt *in fine*.

La réduction d'impôt est de 6 250 € par an pendant quatre ans. Les taux de rendement sont obtenus en faisant le rapport entre le loyer annuel et le prix d'acquisition HT (4,95 %) ou le prix HT après réduction de 25 % d'IR (6,60 %).

Au final, le **taux de rentabilité interne**[1] annuel net d'impôt de l'investissement est de **17 %**. Pour calculer ce taux, nous valorisons l'appartement à son coût d'acquisition TTC (pas de plus-value : hypothèse prudente pour des produits « packagés »). Nous prenons uniquement en compte les décaissements réalisés par l'investisseur (l'argent injecté dans le contrat d'assurance-vie) et les encaissements, nets d'impôt sur le revenu, que génère le montage (la valorisation de l'appartement est assimilée à un prix de vente).

1. Le taux de rentabilité interne est le taux d'actualisation qui rend égales la valeur actuelle des flux de trésorerie nets générés par le projet et la valeur actuelle des investissements dans le projet.

Besoins de financement de la SCI (en K€)	
La SCI achète : • un appartement HT tout équipé • avec une TVA récupérable • et devra payer les frais notariés	 107,2 21,0 3,5
Soit un budget total de	**131,8**

Mode de financement de la SCI (en K€)	
Les associés apportent en numéraire La SCI contracte un emprunt pour le solde	3,5 128,3
Soit un financement total de	**131,8**

Caractéristiques de l'emprunt *in fine*

Durée en années	15
Taux variable hors ADI	3,20 %
ADI	0,50 %
Taux variable	3,70 %
Frais de dossier	0 €
Frais de nantissement	0 €
Caution crédit-logement	2 246 €
	2 246 €
Taux marginal d'imposition (TMI)	30 %

Caractéristiques de l'appartement

	Mensuel	*Annuel*	*Taux de rendement*	
Loyer net de frais de gestion	442 €	5 305 €	4,95 %	6,60 %
Indice construction	1,50 %			
Taxe foncière annuelle	300 €	*(exonération les 2res années)*		
Syndic annuel	120 €			

Tableau de remboursement de l'emprunt

Années	1	2	3	4	5	10	14	15
Intérêts Capital	4 746	4 746	4 746	4 746	4 746	4 746	4 746	4 746
Décaissement total	4 746	4 746	4 746	4 746	4 746	4 746	4 746	4 746

Plan de financement et compte de résultat prévisionnel

Années	1	2	3	4	5	10	14	15
En trésorerie								
Loyers	5 305	5 385	5 465	5 547	5 631	6 066	6 438	6 534
Charges	– 5 866	– 120	– 420	– 420	– 420	– 420	– 420	– 420
Emprunt	– 4 746	– 4 746	– 4 746	– 4 746	– 4 746	– 4 746	– 4 746	– 4 746
Trésorerie annuelle	**– 5 307**	**518**	**299**	**381**	**464**	**899**	**1 272**	**1 368**
Réduction d'impôt ZRR	**4 167**	**4 167**	**4 167**	**4 167**	**4 167**			
IR sur revenus fonciers	**542**	**– 156**	**– 90**	**– 114**	**– 139**	**– 270**	**– 382**	**– 410**
Net	**– 598**	**4 530**	**4 376**	**4 433**	**4 492**	**630**	**890**	**958**
En résultat								
Loyers	5 305	5 385	5 465	5 547	5 631	6 066	6 438	6 534
Charges	– 2 366	– 120	– 420	– 420	– 420	– 420	– 420	– 420
Intérêts sur emprunt	– 4 746	– 4 746	– 4 746	– 4 746	– 4 746	– 4 746	– 4 746	– 4 746
Résultat net	**– 1 807**	**518**	**299**	**381**	**464**	**899**	**1 272**	**1 368**

Assurance-vie

Capital initial	25,0
Abondement annuel	4,10
Taux	5,0 %
Frais de gestion annuel	0,6 %
Taux net de frais de gestion	4,4 %
Droits d'entrée	2,5 %

Années	1	2	3	4	5	10	14	15
Capital début	24,4	29,4	34,7	40,3	46,0	78,9	110,8	119,7
Épargne annuelle de fin d'année	4,0	4,0	4,0	4,0	4,0	4,0	4,0	4,0
Intérêts nets de frais de gestion	1,1	1,3	1,5	1,8	2,0	3,5	4,9	5,3
Prélèvements sociaux (12,1 %)								– 0,6
Capital fin	29,4	34,7	40,3	46,0	52,1	86,4	119,7	129,0
Capital *in fine* à rembourser								**128,3**

Taux de rentabilité interne

Années	1	2	3	4	5	10	14	15
Capital début	– 25,0							
Épargne annuelle de fin d'année	– 4,1	– 4,1	– 4,1	– 4,1	– 4,1	– 4,1	– 4,1	– 4,1
TVA récupérable	21,0							
Trésorerie du montage	– 0,6	4,5	4,4	4,4	4,5	0,6	0,9	1,0
Trésorerie assurance-vie								0,7
Valeur du bien TTC								128,3
	– 8,7	0,4	0,3	0,3	0,4	– 3,5	– 3,2	125,8
TRI net d'impôt	**17 %**							

5. Défiscalisation Scellier

5.1. Cadre juridique et fiscal

Vous pouvez acquérir dans le cadre d'une SCI un appartement **neuf loué nu à usage d'habitation pendant une durée minimale de neuf ans**. Les associés doivent également conserver les parts de la SCI pendant neuf ans.

Les parts de la SCI – ou l'immeuble – **ne doivent pas être démembrées** (nu-propriétaire et usufruit). La SCI ne doit pas opter pour l'IS car les loyers doivent être imposés dans la catégorie des **revenus fonciers**.

Le **loyer** doit être **plafonné**. Le plafond est cependant proche du prix du marché. Aucune condition de ressource du locataire n'est exigée. Le plafond mensuel du loyer par mètre carré varie de 21,65 € en zone A à 9,02 € en zone C.

La SCI ne peut **pas louer à un associé** ou à un membre du foyer fiscal de l'un des associés. Cependant, la SCI **peut louer à** un ascendant (parent) ou à un descendant (**enfant**) de l'un des associés s'il n'est pas membre du foyer fiscal.

Le Scellier social ouvre droit à des avantages fiscaux complémentaires. Dans ce cas, les **ressources du locataire** sont **plafonnées**.

Ainsi, le **cadeau fiscal** est le suivant :

- Une réduction d'impôt sur le revenu de 25 % du prix de revient du logement. Ce prix est retenu dans la limite de 300 000 €. La réduction d'impôt est étalée sur neuf ans par parts égales. L'investisseur peut donc réduire au maximum son impôt de 8 333 €.
- Pour le Scellier social, une réduction d'impôt sur le revenu complémentaire de 2 % par an pendant les six années suivantes et un abattement de 30 % sur les revenus fonciers.

À l'issue de la période de neuf ans, ou de quinze ans pour le Scellier social, vous pouvez sortir du dispositif Scellier pour vendre, paugmenter le loyer, louer en meublé aifin de bénéficier du statut de loueur en meublé professionnel, etc.

5.2. Cas pratique

Un investisseur achète dans le cadre d'une SCI un appartement neuf. La SCI loue nu l'appartement pendant une durée de quinze ans (investissement à Narbonne, classée en zone B2). Il finance l'intégralité du prix d'acquisition TTC, par un prêt remboursable par mensualités constantes à taux fixe. Les intérêts sur l'emprunt sont déductibles du revenu foncier et permettent de diminuer le résultat imposable de l'investisseur (taux marginal d'imposition – TMI – de 30 %).

Au final, le taux de rentabilité interne[1] annuel net d'impôt de l'investissement est de 12 % (17 % en Scellier social). Pour calculer ce taux, nous valorisons l'appartement à son coût d'acquisition TTC (pas de plus-value : hypothèse prudente pour des produits « packagés »). Nous prenons uniquement en compte les décaissements nets d'impôt sur le revenu réalisés par l'investisseur, et la valorisation de l'appartement, assimilée à un prix de vente.

Besoins de financement de la SCI (en K€)	
La SCI achète : • un appartement TTC • et devra payer les frais notariés	 100 3
Soit un budget total de	**103**

Mode de financement de la SCI (en K€)	
Les associés apportent en numéraire La SCI contracte un emprunt pour le solde	0 103
Soit un financement total de	**103**

Caractéristiques de l'emprunt

Durée en années	15
Taux d'intérêt et ADI	4,10 %
Remboursement mensuel constant	767

Caractéristiques de l'appartement

Loyer :	
• loyer au m^2	12,31
• loyer mensuel	492
• loyer annuel	5 909
• taux de rendement	5,90 %
• indice construction	1,50 %

1. Le taux de rentabilité interne est le taux d'actualisation qui rend égales la valeur actuelle des flux de trésorerie nets générés par le projet et la valeur actuelle des investissements dans le projet.

Nombre de m^2	40	
Prix du m^2	2 500	
Syndic annuel	700	
Taxe foncière annuelle	300	*(exonération les 2res années)*
Taux marginal d'imposition (TMI)	30 %	
Taux des prélèvements sociaux (PS)	12 %	
	42 %	

Tableau de remboursement de l'emprunt

Années	1	2	3	4	5	10	14	15
Intérêts	4 128	3 916	3 695	3 465	3 225	2 162	562	201
Capital	5 076	5 288	5 509	5 739	5 979	7 043	8 642	9 003
Décaissement total	9 205	9 205	9 205	9 205	9 205	9 205	9 205	9 205

Plan de financement et compte de résultat prévisionnel – Scellier classique

Années	1	2	3	4	5	10	14	15
En trésorerie								
Loyers	5 909	5 997	6 087	6 179	6 271	6 656	7 171	7 278
Charges	– 700	– 700	– 1 000	– 1 000	– 1 000	– 1 000	– 1 000	– 1 000
Emprunt	– 9 205	– 9 205	– 9 205	– 9 205	– 9 205	– 9 205	– 9 205	– 9 205
Trésorerie annuelle	**– 3 996**	**– 3 907**	**– 4 117**	**– 4 026**	**– 3 933**	**– 3 548**	**– 3 034**	**– 2 926**
Réduction d'IR de 25 %	**2 778**	**2 778**	**2 778**	**2 778**	**2 778**	**2 778**		
IR et PS sur revenus fonciers	**– 455**	**– 581**	**– 586**	**– 721**	**– 861**	**– 1 471**	**– 2 361**	**– 2 558**
Net	**– 1 673**	**– 1 711**	**– 1 926**	**– 1 970**	**– 2 017**	**– 2 242**	**– 5 395**	**– 5 485**
En résultat								
Loyers	5 909	5 997	6 087	6 179	6 271	6 656	7 171	7 278
Charges	– 700	– 700	– 1 000	– 1 000	– 1 000	– 1 000	– 1 000	– 1 000
Intérêts su emprunt	– 4 128	– 3 916	– 3 695	– 3 465	– 3 225	– 2 162	– 562	– 201
Résultat net	**1 080**	**1 381**	**1 392**	**1 714**	**2 046**	**3 495**	**5 608**	**6 077**

Taux de rentabilité interne – Scellier classique

Années	1	2	3	4	5	10	14	15
Capital début	0							
Trésorerie du montage	– 1 673	– 1 711	– 1 926	– 1 970	– 2 017	– 2 242	– 5 395	– 5 485
Valeur du bien TTC								100 000
	– 1 673	– 1 711	– 1 926	– 1 970	– 2 017	– 2 242	– 5 395	94 515

TRI net d'impôt **12 %**

Plan de financement et compte de résultat prévisionnel – Scellier social

Années	1	2	3	4	5	10	14	15
En trésorerie								
Loyers	5 909	5 997	6 087	6 179	6 271	6 656	7 171	7 278
Charges	– 700	– 700	– 1 000	– 1 000	– 1 000	– 1 000	– 1 000	– 1 000
Emprunt	– 9 205	– 9 205	– 9 205	– 9 205	– 9 205	– 9 205	– 9 205	– 9 205
Trésorerie annuelle	**– 3 996**	**– 3 907**	**– 4 117**	**– 4 026**	**– 3 933**	**– 3 548**	**– 3 034**	**– 2 926**
Réduction d'IR de 25 % sur 9 ans	**2 778**	**2 778**	**2 778**	**2 778**	**2 778**	**2 778**		
Puis réduction d'IR de 2 % pendant 6 ans							**– 2 000**	**– 2 000**
IR et PS sur revenus fonciers	**– 318**	**– 407**	**– 410**	**– 505**	**– 603**	**– 1 030**	**– 1 146**	**– 1 791**
Net	**– 1 536**	**– 1 536**	**– 1 750**	**– 1 753**	**– 1 758**	**– 1 800**	**– 2 595**	**– 2 717**
En résultat								
Loyers	5 909	5 997	6 087	6 179	6 271	6 656	7 171	7 278
Charges	– 700	– 700	– 1 000	– 1 000	– 1 000	– 1 000	– 1 000	– 1 000
Intérêts su emprunt	– 4 128	– 3 916	– 3 695	– 3 465	– 3 225	– 2 162	– 562	– 201
Revenu foncier avant abattement	1 080	1 381	1 392	1 714	2 046	3 495	3 889	6 077
Abattement de 30 %	– 324	– 414	– 418	– 514	– 614	– 1 048	– 1 167	– 1 823
Résultat net	**756**	**967**	**974**	**1 200**	**1 432**	**2 446**	**2 722**	**4 254**

Taux de rentabilité interne – Scellier social

Années	1	2	3	4	5	10	14	15
Capital début	0							
Trésorerie du montage	– 1 536	– 1 536	– 1 750	– 1 753	– 1 758	– 1 800	– 2 595	– 2 717
Valeur du bien TTC								100 000
	– 1 536	– 1 536	– 1 750	– 1 753	– 1 758	– 1 800	– 2 595	97 283

TRI net d'impôt **17 %**

INDEX

A

M

N

O

P

Q

R

S

T

U

V

Composé par Sandrine Rénier

Dépôt légal : février 2010
N° d'éditeur : 4016
IMPRIMÉ EN FRANCE

Achevé d'imprimer le 25 janvier 2010
sur les presses de l'imprimerie « La Source d'Or »
63039 Clermont-Ferrand
Imprimeur n° 12530

Dans le cadre de sa politique de développement durable,
La Source d'Or a été référencée IMPRIM'VERT®
par son organisme consulaire de tutelle.
Cet ouvrage est imprimé - pour l'intérieur -
sur papier offset « Amber Graphic » 90 g
provenant de la gestion durable des forêts, des papeteries Arctic Paper,
dont les usines ont obtenu les certifications environnementales ISO 14001 et E.M.A.S.